Alliot, Charlier, Chaumelle,
Chef, Fuligni, Léandri

Tschö mit Ö –
Dumme Todesfälle aus der Geschichte

W0071217

BASTEI
LÜBBE
TASCHENBUCH

David Alliot
Philippe Charlier
Olivier Chaumelle
Frédéric Chef
Bruno Fuligni
Bruno Léandri

Tschö mit Ö

Dumme Todesfälle
aus der Geschichte

Aus dem Französischen
von Ulrike Werner-Richter

BASTEI
LÜBBE
TASCHENBUCH

BASTEI LÜBBE TASCHENBUCH
Band 60785

1. Auflage: Mai 2014

Dieser Titel ist auch als Hörbuch und E-Book erschienen

Vollständige Taschenbuchausgabe

Deutsche Erstausgabe

Für die Originalausgabe:
Copyright © 2012 by Éditions des Arènes, Paris
Titel der französischen Originalausgabe: »La Tortue d'Eschyle et autres Morts
Stupides de l'Histoire«
Originalverlag: Éditions des Arènes, Paris

Für die deutschsprachige Ausgabe:
Copyright © 2014 by Bastei Lübbe AG, Köln
Illustrationen im Innenteil: © Oliver Weiss Design
Textredaktion: Lisa Bitzer, Landau
Das Zitat auf Seite 49 stammt aus: Guy Bechtel / Jean-Claude Carrière:
Lexikon der Sonderlinge. Gustav Kiepenheuer Verlag, Leipzig 2001, Seite 40
Umschlaggestaltung: Pauline Schimmelpenninck Büro für Gestaltung, Berlin
Umschlagmotiv: © missbehavior.de
Satz: Schaffer Grafik + Satz, Hofheim a. Ts.
Gesetzt aus der Bembo
Druck und Verarbeitung: GGP Media GmbH, Pößneck
Printed in Germany
ISBN 978-3-404-60785-3

Sie finden uns im Internet unter
www.luebbe.de
Bitte beachten Sie auch: www.lesejury.de

Es gibt keinen schönen Tod.
Es gibt Todesarten, die schön zu erzählen sind.
Aber dabei geht es immer um den Tod anderer.

Sacha Guitry

Inhalt

Vorwort

Dies ist ein von Freunden geschriebenes Buch.

Wir, die Autoren, um nicht zu sagen: die Verantwortlichen, pflegen die liebgewordene Angewohnheit, mehrmals im Jahr miteinander zu speisen. Diese meist nicht gerade als Schonkost zu bezeichnenden Völlereien geben uns Gelegenheit, uns gegenseitig Anekdoten zu erzählen, wie wir alle sie lieben: bizarr, komisch, seltsam und jede auf ihre Weise ein Sinnbild ihrer Zeit.

Im Verlauf eines solchen Gelages kam im Frühjahr 2012 die Rede auf wunderliche Todesarten historischer Persönlichkeiten. Wir alle waren mehr oder weniger weinselig – bis auf David Alliot, der nur diese schreckliche süße Limonade trinkt und bereits deutliche Anzeichen eines Zuckerschocks zeigte. Jeder von uns kannte eine kurze witzige Geschichte, die prompt zum Besten gegeben wurde. Die von Aischylos, der von einer den Fängen eines Raubvogels entglittenen Schildkröte erschlagen wurde. Die von Euripides, der angeblich mit dem König von Makedonien auf die Jagd ging und von wilden Hunden zerrissen wurde. Oder die von Sophokles, der, schenkt man einer der um seinen Tod rankenden Legenden Glauben, an einer Traube erstickte. Die Schriftstellerin Ingeborg Bachmann schlief dummerweise mit angezündeter Zigarette im Bett ein und erlag Wochen später den Verbrennungen, die sie sich in dieser Nacht zugezogen hatte. Die große Schauspielerin Mademoiselle Mars vergiftete sich mit einer nicht näher bekannten Mischung beim Färben ihrer Haare über die Kopfhaut. Kriegsminister Maurice Berteaux wollte 1911 der Luftfahrt den Rücken stärken und wurde bei einem Flugwettbewerb vom Rotor einer Propellermaschine enthauptet.

Es fielen (außer Köpfen) noch weitere berühmte Namen: Bertrand du Guesclin, Félix Faure, Colonel Fabien, George Patton … Bei der zwanzigsten Geschichte kam uns die Idee, alle wunderlichen Todesarten in einem Buch zusammenzutragen.

Nachdem wir unseren Rausch ausgeschlafen hatten, setzten wir unseren Plan überraschenderweise in die Tat um, was das Merkwürdigste an dieser ganzen Angelegenheit ist. Normalerweise verpuffen derlei (Schnaps-)Ideen nämlich recht schnell im Licht des anbrechenden Tages. Wir aber begannen zu recherchieren, zu rezensieren und zu archivieren – jeder von uns auf seinem Lieblingsgebiet. Wir stellten Geschichten zusammen und tauschten uns mit einer Art schadenfroher Häme aus. Bis zu diesem Zeitpunkt existierte noch kein einziges Buch zu diesem Thema. Stattdessen kursierten im Internet haufenweise dubiose Listen, die gut belegte Fälle mit ziemlich unwahrscheinlichen Legenden in einen Topf warfen. Also durchforsteten wir Nachschlagewerke und Biografien und kontrollierten jede Menge Fakten, bis wir schließlich unsere wunderlichen Todesarten zusammengetragen hatten.

Ist dieses Buch notwendig? Es liest sich zugegebenermaßen manchmal nicht sehr barmherzig, hat aber den Vorteil, uns immer wieder daran zu erinnern, dass die große Weltgeschichte vor allem anderen von menschlichen Wesen, ihren Schwächen und ihrer Zerbrechlichkeit handelt. Auch ein französischer König kann auf der Jagd nach einer Hure den Kopf verlieren, und selbst einem schwedischen Monarchen schlägt es auf den Magen, wenn er vierzehn Mal vom Nachtisch genommen hat.

Die kleinen Anekdoten bringen uns außerdem dazu, über die Zufälligkeit persönlichen und kollektiven Schicksals nachzudenken: Hätte es möglicherweise den Lauf der Welt verändert, wenn all die vorzeitig aus den schwachsinnigsten Gründen Dahingeschiedenen hätten weiterleben dürfen? Das Studium der kleinen Unfälle führt auf natürliche Weise zum genussvollen Nachdenken über alternative Weltgeschichte.

Grundsätzlich ist es so, dass die Leiche eines Helden, seine sterblichen Überreste und sein Grab immer auch ein Politikum darstellen. Dasselbe gilt für den Bericht über sein Ende und ist der Grund dafür, dass viele wunderliche Todesarten von einem Mysterium umgeben sind und manchmal sogar für hitzige Diskussionen sorgen. Um in würdevoller Weise über die letzten Lebensmomente einer bewunderten Persönlichkeit zu berichten, bemüht man sich nach Kräften, einen törichten Unfall tunlichst zu verschleiern – selbst auf die Gefahr hin, dass sich die Geschichte am Ende wie eine absurde Verschwörungstheorie liest. Im Gegensatz dazu ist es natürlich immer tröstlich, einem verhassten Tyrannen, einem brutalen Schuft oder dem bösen Klassenfeind post mortem einen möglichst lächerlichen Abgang zu verschaffen.

Wir widmen dieses Werk all jenen, die Geschichte im Großen und im Kleinen lieben, die eine Anekdote genießen und von Herzen über dumme Missgeschicke lachen können. Schadenfreude ist doch immer noch die schönste Freude.

Oft wird vom Treppenwitz der Weltgeschichte gesprochen: Dieses Buch beweist, dass es ihn tatsächlich gibt.

Die Autoren

I. Die Ausschweifenden

Ist es ein peinlicher oder ein beneidenswerter Umstand, auf dem Höhepunkt der Lust sein Leben auszuhauchen oder zu sterben, während man einer begehrenswerten Frau hinterherläuft? Angeblich ist dieses Ableben das Schicksal von Glückskindern – etwas, das man sich selbst oder seinen besten Freunden wünscht. Ein schöner Tod, der Legende nach.

Ebenso hedonistisch wie elitär gilt »die letzte Leidenschaft« als eine der seltensten Todesursachen. Wir wissen nur von wenigen historischen Persönlichkeiten, die auf diese Weise zu einem (etwas schlüpfrigen) posthumen Ruhm kamen. Zu unseren Helden zählen ein Monarch, ein französischer Staatspräsident, ein afrikanischer Diktator, ein Schriftsteller, aber auch jede Menge Mitglieder des Klerus, wobei die Formulierung »Mit-Glied« in diesem Zusammenhang eine völlig neue Bedeutung erhält – ebenso wie die Idee der Heiligsprechung …

Vor den Kopf gestoßen

LUDWIG III. VON FRANKREICH (ca. 862–882)

Ludwig III. von Frankreich, ein Ur-Ur-Enkel von Karl dem Großen und ältester Sohn von Ludwig II. (der interessanterweise »der Stammler« genannt wurde), wird nach dem Tod seines Vaters am 11. April 879 zum König gekrönt.

Seine Herrschaft ist kurz und glanzlos. Drei Jahre nach der Thronbesteigung stirbt der junge König, als er sich den Schädel am Sturz einer sehr niedrigen Tür zertrümmert. Der ungeschickte (und offensichtlich auch nicht ganz ausgelastete) Monarch hatte auf dem Rücken eines Pferdes ein Mädchen verfolgt, das sich im Haus seines Vaters in Sicherheit zu bringen versuchte.

Der Schürzenjäger Ludwig III. hinterlässt den Thron seinem Bruder Karlmann. Doch das Schicksal meint es nicht gut mit der Familie. Der junge König stirbt nur zwei Jahre später, nachdem er bei einer Jagdpartie im Wald von Bézu von einem seiner Getreuen verwundet wurde. Unabsichtlich, immerhin, und weit und breit kein aus- beziehungsweise einladendes Dekolleté in Sicht. Glaubt man der Überlieferung.

Der Fluch des Türsturzes indes verfolgt die französischen Könige auch weiterhin: Sechs Jahrhunderte später beißt König Karl VIII. fast auf dieselbe Weise ins Gras wie Ludwig III. Der Monarch ist zu Fuß im Schloss Amboise unterwegs, und auch er stößt sich den Kopf an einem Türsturz. Er jagte allerdings keinem amourösen Abenteuer hinterher, sondern wollte bloß zum Ballhaus. Angeblich. (D. A.)

Die Bestattungspumpe

FÉLIX FAURE (1841–1899)

Jeder Franzose kennt die wenig erbauliche Geschichte des Präsidenten Félix Faure, der im Élysée-Palast das Zeitliche segnete. Kurz zuvor hatte er Besuch von einer »Bekannten«, die jedoch gleich nach dem überraschenden Ableben des Staatsmannes durch eine Geheimtür in seinen Privaträumen verschwunden sein soll. »Eine simple atheromatöse Arterie, die in einem nicht vom Protokoll vorgesehenen Anfall platzte, nahm uns diesen grandiosen, beinahe königsgleichen, grotesken Menschen«, schreibt der französische Journalist, Politiker und Staatsmann Georges Clemenceau zwei Jahre nach dem Vorfall.

Faure gehört dreimal der Regierung an: 1881 als Unterstaatssekretär, zuständig für den Handel und die Kolonien, von 1885 bis 1887 erneut als Unterstaatssekretär, dieses Mal verantwortlich für die Marine und die Kolonien, und 1894 als Marineminister im letzten Kabinett des linken Präsidenten Jules Ferry. Der in Paris am 31. Januar 1841 geborene Faure ist Sohn eines Möbelfabrikanten. Als gemäßigter Republikaner profiliert er sich als Konsul von Griechenland sowie stellvertretender Bürgermeister und Präsident der Handelskammer. Im Plenarsaal gilt er als Fachmann für Reedereien und koloniale Monopole und wird für seine profunde Kenntnis der Seefahrt und seine geradezu katzenhafte Vorsicht geschätzt.

Das bleibt nicht unbemerkt. Anfang 1895 zwingt der überraschende Rücktritt von Präsident Jean Paul Casimir-Périer die Parlamentarier, sich in Versailles zu versammeln, um einen Nachfolger für die Spitze der Grand Nation zu wählen. Sein sicheres Auftreten und seine weitreichenden Kontakte machen Faure zu einem interessanten Kandidaten für die Gemäßigten. Am 17. Januar 1895 wird er nach einigem Hin und Her im dritten Anlauf zum französischen Staatspräsidenten gewählt.

Von diesem Augenblick an beginnt die Verwandlung des Mannes aus einfachen Verhältnissen. Faure ist ein stattlicher Mann, er liebt den Prunk und strebt eine Aufwertung der Präsidentenfunktion an, die sich zu Beginn der 3. Republik als eher glanzlos darstellt. Er ist es, der die Jagdpartien in Rambouillet zu einem Treffpunkt der Schickeria macht, und er legt Wert darauf, alljährlich das Pferderennen in Auteuil im vierspännigen Landauer zu eröffnen.

Zu allem Überfluss ist Faure ziemlich eitel. Er lässt einen mit Orden geschmückten Präsidentenanzug entwerfen, der wie die Uniform eines Kaisers aussieht und im Ministerrat mit betretenem Schweigen zur Kenntnis genommen wird. Man nennt ihn »den Sonnenpräsidenten« – in Anlehnung an den verschwenderischen Sonnenkönig Ludwig XIV. Der Republikaner, der sich selbst als Monarchen sieht, verheiratet ist und Kinder hat, vertritt die Meinung, dass ihm (wie jedem großen Regenten) alle Frauen der Welt zustehen. Man sagt ihm eine Menge Eroberungen nach.

Auf einer Reise durch die Alpenregion wird ihm die charmante Marguerite Steilheil, genannt »Meg«, vorgestellt. Sie ist die Ehefrau eines Malers, dem es danach nie wieder an offiziellen Aufträgen fehlt – nur leider an einer treuen Ehefrau. Die kleine dralle Brünette ist äußerst intelligent und pfiffig. Und sie zehrt an der Konstitution des Staatschefs, der sie fortan regelmäßig in seinen privaten Räumen empfängt. Am 16. Februar 1899, nachdem er einige Papiere unterzeichnet und anschließend einigermaßen zerstreut den Erzbischof von Paris und den Fürsten von Monaco empfangen hat, trifft der Präsident müde, aber zufrieden seine geliebte Meg im Silbernen Boudoir.

Kurz darauf bemühen sich Faures Kabinettschef und ein Arzt vergeblich, ihn zu reanimieren, während sich Madame Steinheil hurtig durch den Hinterausgang davonmacht. Offiziell erleidet der erste Mann Frankreichs einen Hirnschlag. Eingeweihte aber kennen die Wahrheit und schweigen. Jedenfalls am Anfang.

Knapp zehn Jahre nach Faures Ableben gelangt die Geschichte auf spektakuläre Weise erneut in den Fokus der Öffentlichkeit, als die schöne Meg in einige verbrecherische Aktivitäten verwickelt wird. Man legt ihr den Doppelmord an ihrem Ehemann und ihrer Stiefmutter zur Last.

Eine Mörderin im Élysée-Palast? Da wird ja wohl die Frage gestattet sein, ob Faure wirklich ganz freiwillig das Zeitliche gesegnet hat.

Ein Polizeibericht vom 24. November 1908 nimmt Bezug auf den Flurfunk in der Abgeordnetenkammer. Die ehemalige Mätresse des Präsidenten ist das Tagesgespräch: »Über den wichtigsten Punkt war man sich einig: Félix Faure erlitt einen Herzinfarkt, als er sich einem sehr intimen Zeitvertreib mit Madame Steinheil hingab. Auch über die Natur dieses Zeitvertreibs herrschte Einigkeit. Es wurde berichtet, dass Madame Steinheil, die gern und großzügig Interviews gab, Félix Faure an diesem Tag, ebenso wie schon viele Male zuvor, bewiesen hatte, wie geschickt sie mit ihrer Zunge umzugehen verstand, und dass Félix Faure sie nur zu lang hatte reden lassen.«

Man tauft Meg kurzerhand »die Bestattungspumpe« und beschuldigt sie, Präsident Faure mit ihren lasziven Zärtlichkeiten ermordet zu haben. Es wird von mit Spanischer Fliege, einem starken Aphrodisiakum, versetzten Süßigkeiten gemunkelt und sogar von einer »Blausäurezigarre«, welche die Meuchelmörderin ihrem Präsidenten-Liebhaber geschenkt haben soll. Nun, es ist nicht erst seit Bill Clinton bekannt, dass Zigarren eine politische Karriere im Nullkommanichts in Flammen aufgehen lassen können …

Natürlich sind auch die hinter vorgehaltener Hand getuschelten Vorwürfe zu hören, das Ganze hätte einen politischen Hintergrund. Unter diesen Vorzeichen findet 1909 das Verfahren wegen Doppelmordes gegen Meg Steinheil statt. Der Prozess zieht weite Kreise. Am Ende wird die Femme fatale nicht nur freigesprochen, sondern erweckt auch das Interesse einer ausgesprochen guten Partie. Ein reicher Engländer, den die mysteriöse Schwarze Witwe fasziniert, hält um ihre Hand an. Als Lady Scarlett Abinger verbringt sie ihren Lebensabend in England, wo sie am 18. Juli 1954 mit fünfundachtzig Jahren friedlich stirbt. (B. F.)

Schwer ums Herz

RAYMOND-THÉODORE BARTHELMESS
genannt HENRI CALET (1904–1956)

Raymond Barthelmess wird am 3. März 1904 geboren. Der Werdegang des künftigen Autors hört sich an wie aus einem Roman: Seine Mutter versteckt ihn im besetzten Belgien. Nach seiner Rückkehr nach Paris hält sich der junge Mann mit allerlei kleinen Jobs über Wasser. Er wird Gehilfe eines Gerichtsvollziehers, Vertreter für Rasierseife und Angestellter in einer Apotheke. Schließlich stellt ihn die Gesellschaft Electro Cable ein. Um dem grauen Arbeitsalltag zu entfliehen, wettet Barthelmess gern bei Pferderennen. Die Schulden drücken. In seiner Not fälscht er Unterschriften und plündert den Safe seiner Firma. Als der Betrug und der Diebstahl auffliegen, flieht er unter dem falschen Namen Henri Calet nach Montevideo. Dort gerät er in die Gesellschaft von Außenseitern und professionellen Chaoten, die ihm beim Verjubeln seiner Diebesbeute helfen. 1934 wird er in Frankreich zu fünf Jahren Gefängnis verurteilt – glücklicherweise ist er aber immer noch in Uruguay und kann deswegen nicht eingebuchtet werden.

Aber die Heimat ruft, und Calet entscheidet sich dazu, wieder nach Hause zurückzukehren, selbst wenn ihn das die Freiheit kostet. Nach seiner heimlichen Rückkehr nach Paris veröffentlicht er unter dem liebgewonnenen Pseudonym 1935 zwei Erzählungen. Beide beschäftigen sich auf sehr zärtliche Weise mit den kleinen Leuten, die der Autor sehr gut kennt. Calet ist nach wie vor auf der Flucht vor dem Kadi und besitzt keine Papiere. Als der Zweite Weltkrieg ausbricht, taucht er unter. Aber er wird dennoch geschnappt und muss immerhin noch sieben lange Monate ins Gefängnis.

Nach der Befreiung Frankreichs wird er rehabilitiert und Kolumnist bei der Zeitung *Combat*. Er berichtet sowohl über den Alltag auf der Straße als auch über die Welt der Schönen und Reichen. Sein Gefühlsleben allerdings wird immer komplizierter. Er ist mit Marthe verheiratet, hat aber ein Kind mit Antoinette. Finanziell unterstützt wird er vom Verleger Gallimard, der ihn zur Niederschrift des Romans *Un grand voyage* ermutigt, in dem er seine Abenteuer in Südamerika verarbeitet.

Calet lässt sich von Marthe scheiden und schickt auch Antoinette in die Wüste. 1953 lernt er Christiane kennen und erleidet im Rausch der Gefühle prompt einen Herzinfarkt. Die Ärzte verbieten ihm Rauchen und Trinken – glücklicherweise aber nicht die Frauen und die Arbeit. Calet arbeitet weiterhin als Reporter und durchstreift »seine« Stadt Paris bis zur Erschöpfung. Ein zweiter Infarkt zwingt ihn schließlich in die Knie.

Im April 1956 lässt sich Calet mit seiner Geliebten in Vence nieder, einer französischen Gemeinde in der Region Provence-Alpes-Côte d'Azur im südöstlichsten Zipfel der Republik. Selbst auf ausdrücklichen Rat seines Arztes: Er bringt es nicht fertig, der körperlichen Liebe mit Christiane zu entsagen, was seinem Herzen ganz und gar nicht bekommt. Pascal Pia, französischer Schriftsteller und Journalist, schreibt über Calets letzte Stunden: »An jenem Tag war das Wetter sehr schön. Im Rathaus hatte man bereits geflaggt, am nächsten Tag würde ein Tanztee stattfinden. Calet muss darüber geschmunzelt haben. Wie oft habe ich ihn mit amüsierter Miene über solche Feste für das Volk sprechen hören … Nur wenige Stunden später erlitt er den nächsten Infarkt. Er lag schon im Bett, als er zu röcheln begann. Der Tod kam in den Morgenstunden des Nationalfeiertags: am 14. Juli 1956.«

Schon seit einigen Jahren führte Calet eine Art Tagebuch, in dem er Stoff für einen neuen Roman sammelte. Die letzten Zeilen stammen vom 11. Juli. »Falten wird man nur auf der Haut meines Herzens finden. Ich bin schon ein gutes Stück fort. Abwesend. Tut einfach so, als wäre ich nicht da. Meine Stimme trägt nicht mehr weit. Sterben, ohne zu wissen, was der Tod oder das Leben eigentlich sind. Müssen wir uns schon verabschieden? Schüttelt mich nicht zu sehr. Ich bin voller Tränen.«

In seinem Kalender hat Henri Calet die Daten des Freitags,

13. Juli und Samstags, 14. Juli mit einem dicken roten Strich markiert. Vorahnung oder Zufall? Vielleicht nichts als Aberglaube. (F. Ch.)

Das unendliche Sichaustrecken des Apostels

JEAN DANIÉLOU (1905–1974)

Am Montag, den 20. Mai 1974 verkündet das Erzbistum am Nachmittag seinen Schwestern und Brüdern, Kardinal Daniélou sei mitten auf der Straße durch einen Herzinfarkt dahingerafft worden. Nur wenige Stunden später folgt eine Mitteilung, in der es heißt, der Kardinal sei »bei Freunden« verschieden. Noch etwas später wird folgende berühmte Erklärung abgegeben: »Er ist in der Epektasis des Apostels seinem Herrn und Gott gegenübergetreten.«

Epektasis? Was mag das sein? Eine exotische Krankheit? Eine religiöse Salbungspraktik? Diese Fragen müsste man seiner Eminenz Monsignore Daniélou wohl selbst stellen. Offenbar war es ein Wort, das er gern benutzte. Im Jahr 1972 ehrte ihn seine christliche Anhängerschaft mit einem dicken Wälzer namens *Epektasis – Patristische Schriften. Kardinal Jean Daniélou gewidmet.* Es handelte sich um eine Sammlung von Texten in Französisch, Latein, Englisch und Deutsch. Das Vorwort dieses unentbehrlichen Werkes liefert uns die Erklärung zu unserer bohrenden Frage: »Epektasis bezeichnet das unendliche Sichausstrecken der Seele zum Guten im Vokabular Gregor von Nyssas.« Der Monsignore hatte offenbar einen gewissen Hang zur sinnlichen Seite der Mystik …

Jean Daniélou ist Dozent für Grammatik. 1929 wird er Novize bei den Jesuiten in Laval, promoviert im Fach Theologie und veröffentlicht im Anschluss viele Schriften über die Geschichte christlicher Ursprünge, die Schriftrollen vom Toten Meer und die Dreifaltigkeit. 1969 wird er Kardinal, drei Jahre später ruft man ihn an die Académie française. Sein ganzes Leben lang erweist er sich als unerschrockener Verkünder der Heiligen Schrift, als tatkräftiger, geradezu ungestümer Apostel, dem das Wort Christi über (fast) alles andere geht. Vor allem das Bild der Maria Magdalena wühlt ihn immer wieder auf – oh, wie schmerzen sie doch, die Verlockungen des Weibes!

Man muss Daniélou zugestehen, dass seine Ansichten über Sexualität weit weniger heuchlerisch sind als die des Großteils seiner Mitbrüder. Ausgerechnet im Jahr 1969 erklärt er: »Sexualität ist ein Geschenk Gottes. Die Vereinigung von Mann und Frau ist ein großer und universeller Akt. Ich persönlich verstehe gut, dass manche Priester empfänglich für Schönheit und Charme einer Frau sind. [...] Man erwartet zu viel von den Priestern, die doch auch nur Männer sind.«

Ein Schelm, wer Böses dabei denkt.

Am Sonntag, den 19. Mai 1974 wird Valery Giscard d'Estaing zum französischen Staatspräsidenten gewählt. Anstatt ruhig vor dem Fernseher zu sitzen, wie man es von ihm erwarten würde, mischt Seine Eminenz bei der großen Parade zugunsten des Heiligen Ivo Hélory von Kermartin in Tréguier mit, eines bretonischen Schutzheiligen. An diesem Tag ist es außergewöhnlich heiß. Daniélou hält sich den ganzen Tag in der prallen Sonne auf. Als er nach Paris zurückkehrt, ist er ein bisschen müde. Sonst nichts.

Am folgenden Tag, einem Montag, ruft die vierundzwanzigjährige Mimi um 15:48 Uhr den Notarzt. Bei ihr in der Rue Delong 56, so gibt sie an, liege Monsignore Daniélou und rühre sich nicht mehr vom Fleck.

Ein Kardinal im Appartement des 17. Arrondissements von Paris, zu Besuch bei einer Frau, die offenbar nur über einen Vornamen verfügt? Man muss kein Verschwörungstheoretiker sein, um das verdächtig zu finden.

In der vierten Etage versammeln sich nach und nach und ohne die geringste Ordnung die folgenden Zeitgenossen zum lustigen Stelldichein: ein Brigadier namens Baudet, dem die Ehre zuteilwird, dem Kirchenfürsten eine (nutzlose) Mund-zu-Mund-Beatmung zukommen zu lassen, ein Arzt, der nur noch den Tod des hohen Herrn feststellen kann, eine Kollegin von Mimi, die wie ihre Freundin in der Bar *La Douaisienne* den Männern einzuheizen pflegt, mehrere Priester, zwei Journalisten (die man aber sehr schnell wieder hinausbefördert) und last, but not least Seine Exzellenz, der päpstliche Botschafter höchstpersönlich. Allerdings tot. Dahingerafft. In der Wohnung einer Hure.

Noch einmal versucht sich das Erzbistum mit einer offiziellen Erklärung zu retten: Daniélou sei bei Mimi gewesen, so die kirchliche Verlautbarung, um ihr Geld zu geben, damit sie den Anwalt ihres korsischen Zuhälters bezahlen könne, der wegen Kuppelei im Gefängnis sitze.

Ein Akt der Nächstenliebe. Soso.

Als die Journaille von der Affäre erfährt, amüsiert sie sich königlich. Dank ihrer selbstlosen Hilfe erfährt das bis dahin eher selten benutzte Wort Epektasis eine bedeutende, wenn auch sehr unchristliche semantische »Ausdehnung«. (O. Ch.)

Im Eifer des Gefechts dahingerafft.
Drei wollüstige Fälle

Es steht in der Bibel: Der assyrische Feldherr HOLOFERNES belagert die Stadt Betulia. Judith, eine fromme jüdische Witwe von erheblichem Reiz, entschließt sich, ihre Gemeinde zu retten. Sie betört Holofernes mit ihrer Schönheit und lässt sich von ihm zu einem romantischen Tête-à-Tête einladen. Bei dieser Gelegenheit macht Judith den gegnerischen Feldherrn betrunken und enthauptet ihn. Eine ganz neue Form des »Nahkampfs« ist geboren.

Nachdenklich macht auch der Tod von PIUS IV. (1499–1565) zur Zeit der Religionskriege. Nachdem er 1559 zum Papst gewählt wurde, soll er in den Armen der römischen Kurtisane Eva Cagliari sein Leben ausgehaucht haben. Das ist gleich in doppelter Hinsicht Hochverrat …

Weitaus näher an unserer Zeit ist General SANI ABACHA (1943–1998), der von 1993 bis zu seinem Tod als Militärdiktator über Nigeria herrschte. Offiziell starb er am 8. Juni 1998 an einem Herzinfarkt. Schenkt man jedoch den Gerüchten Glauben, so ist eher wahrscheinlich, dass er sich zum Zeitpunkt seines Todes mit einem halben Dutzend Luxusprostituierten vergnügte und zu viel Viagra geschluckt haben soll. Anhänger des Generals wiederum verkehrten diese Geschichte seinerzeit geschickt in ihr Gegenteil. Demnach hatte ein politischer Rivale eines der Mädchen gekauft, das dem Diktator eine blaue Pille verabreichte – die jedoch vergiftet war.

II. Die Neugierigen

Wie heißt es doch so schön? Wissenschaft ohne Gewissen bedeutet den Untergang der Seele. Dass auch Wissenschaft ohne Vorsicht durchaus ziemlich gefährlich werden kann, lernen wir im folgenden Kapitel. Wer weiß schon, dass die sterblichen Überreste von Marie Curie auch heute noch in einem Bleisarg eingeschlossen sind, um die Touristen, die das Panthéon besichtigen, vor radioaktiver Strahlung zu schützen?

Doch auch vor der berühmten Wissenschaftlerin gab es schon eine Vielzahl gelehrter Märtyrer in Bibliotheken, gebildeter Unfallopfer in Laboratorien und akademisch bewanderter Opfer eigener Erfindungen: Sie alle mussten sterben, weil sie zu viel wussten. Oder wissen wollten.

Der konservierte Naturforscher

PLINIUS DER ÄLTERE (23–79)

Plinius, den man den Älteren nennt, um ihn von seinem gleichnamigen Neffen zu unterscheiden, war eine außergewöhnliche Gestalt der Antike und ein Vorzeigewissenschaftler par excellence. Er starb auf eine seinem Ehrgeiz angemessene Weise.

Der hyperaktive Adelige widmete sich im Lauf seines Lebens einem außergewöhnlich ehrgeizigen Projekt: Er machte es sich zur Aufgabe, die wissenschaftlichen, geografischen und historischen Erkenntnisse seiner Zeit in einem umfangreichen Werk zu sammeln, von dem uns unglücklicherweise nur ein einziger Band vollständig erhalten ist. Ursprünglich umfasste die Enzyklopädie siebenunddreißig Teile, auf denen jahrhundertelang die gesamte Kenntnis der Antike fußte. Der Bericht über seinen Tod hat es immerhin über die Zeit geschafft: Plinius der Jüngere, ebenso berühmt wie sein Onkel, hat den Tod des Älteren in einem Brief in allen Einzelheiten geschildert.

Es begab sich um das Jahr 79. Der damals sechsundfünfzigjährige Onkel lebt mit seiner Familie in einem kleinen Ort namens Misenum, der auf einer Landzunge im Westen des Golfs von Neapel liegt. Am Nachmittag des 24. August arbeitet er gerade an einem Manuskript, als ihn seine Schwester auf die Terrasse ruft. Auf der anderen Seite der Bucht erhebt sich eine gigantische »an eine Pinie erinnernde« Rauchwolke in den Himmel. Der Vesuv ist ausgebrochen.

Sofort steht der Entschluss des Wissenschaftlers fest: Dieses Ereignis muss er sich aus der Nähe ansehen. Er schlägt seinem gleichnamigen Neffen vor, ihn zu begleiten, dieser jedoch lehnt höflich ab: Er müsse noch arbeiten. Onkelchen hingegen steigt in eines seiner Schiffe und segelt auf die dunkle Wolke zu. Schon bald trifft er auf massiven Gegenverkehr, denn die in der Bucht vor Anker liegenden Boote der römischen Flotte flüchten hinaus aufs offene Meer. Das jedoch kann Plinius nicht schrecken. Nur ein toter Fisch schwimmt mit dem Strom! (Wie wahr dieses Sprichwort doch ist, erfahren wir gleich …)

Der Himmel verdunkelt sich. Es regnet Asche und Schlacke. Den Vorschlag des Lotsen, lieber umzukehren, lehnt der gute Mann verächtlich ab. Schließlich will er dieses einmalige Ereignis keinesfalls versäumen. Im Übrigen hat er vor, einen alten Freund zu besuchen, der in Stabiae wohnt, einem Küstenort in der Nähe von Pompeji, und geradezu einen Logenplatz für die Eruptionen des Vulkans bietet.

Plinius geht an Land und reist zum Gut seines Freundes. Der ist eben dabei, sich mit Sack und Pack vom Acker zu machen. Der neugierige Wissenschaftler überzeugt ihn zu bleiben und schlägt ihm vor, zunächst einmal in aller Ruhe zu Abend zu essen und bei einem netten Gläschen Wein gemütlich das Naturschauspiel aus der ersten Reihe zu beobachten. Anschließend würde man schlafen gehen und darauf warten, dass der Wind sich legt, um am nächsten Morgen unbeschadet heimkehren zu können. Ja, richtig gelesen: Der Mann geht schlafen. Und das angesichts des zunehmenden Grollens, der Erdstöße und der brennenden Häuser, die der immer stärker werdende Schlackeregen hier und da entzündet.

Ein paar unruhige Stunden später wird der unverbesserliche Optimist von seinen Leuten geweckt. Inzwischen ist so viel Asche vom Himmel gefallen, dass Plinius sein Zimmer schon fast nicht mehr verlassen kann. An ein Vorwärtskommen außerhalb des schützenden Hauses ist kaum zu denken. Die pyroklastischen Niederschläge sind mittlerweile so stark, dass viele der draußen herumirrenden Menschen schwerste Verletzungen davontragen. Aber Not macht erfinderisch: Die kleine Gruppe um Plinius macht sich mit je »einem von Bändern gehaltenen Kissen auf dem Kopf« auf den Weg zum Ufer. Doch selbst das Meer hat sich (frei nach dem Motto »Rette sich, wer kann!«) weit zurückgezogen. Tja. Kann man nichts machen. Was macht also unser Freund Plinius? Er breitet in einer geschützten Ecke ein Laken aus und legt sich wieder schlafen.

Als er später allerdings wieder aufstehen will, lassen ihn seine Kräfte im Stich. Es scheint, als sei die mit Schwefel und Vulkanasche gesättigte Luft seinen Atemwegen unzuträglich gewesen, schreibt später der Neffe. Zwei Sklaven bemühen sich, den Wissenschaftler zu stützen, doch er bricht zusammen und wird notgedrungen zurückgelassen. Nach dem Ende des Ausbruchs findet man seinen Leichnam an jenem Ort am Strand völlig intakt unter der Asche begraben. Im Gegensatz zu der nahegelegenen Stadt Pompeji wird die Bergung seiner verschütteten Überreste aber kein so großes Spektakel. (B. L.)

Das Gewicht des Wissens

JOHANNES XXI. (ca. 1220–1277)

Johannes XXI. wird im September 1276 auf den Heiligen Stuhl gewählt und ist bislang der einzige portugiesische Papst der Geschichte. Als Pedro Julião wird er 1220 in Lissabon geboren, was die Leute allerdings nicht daran hindert, ihn

»Petrus Hispanus« zu nennen. Und nicht nur der Spitzname des Geistlichen, auch die Zählung von Johannes XXI. als einundzwanzigstem Papst dieses Namens ist falsch und geht auf einen mittelalterlichen Fehler zurück: Einen Johannes XX. hat es nie gegeben.

Sei's drum. Das kurze Pontifikat von Johannes XXI. bietet noch einige weitere historische Besonderheiten. Der Papst zeichnet sich, abgesehen von der Theologie, für sein Interesse an Medizin, Chirurgie und vor allem der Augenheilkunde aus; er hat diese Sachgebiete in Paris studiert und in Siena gelehrt. Doch seine durchaus ehrenwerte Leidenschaft für die Heilkunst erweist sich letztlich als verantwortlich für seinen Tod. Kurz nach seiner Wahl lässt Johannes XXI. in seinem Palast in Viterbo einen Raum für medizinische Forschungen einrichten. Anfang Mai 1277 bricht die Decke dieses Raums ein – vermutlich unter dem Gewicht der vielen Bücher und medizinischen Instrumente, die er dort aufbewahrt – und reißt Seine Heiligkeit mit sich. Am 20. Mai 1277 erliegt Johannes XXI. seinen schweren Verletzungen.

Lesen gefährdet die Dummheit, heißt es immer. Manchmal aber auch das Leben. (D. A.)

Auf (Leichen-)Tuchfühlung

FRANCIS BACON (1561–1626)

Vor dem irischen Maler gleichen Namens gab es bereits einen höchst gelehrten Francis Bacon. Er lebte zu einer Zeit, als Politiker häufig auch Philosophen waren – ein Zustand, von dem wir heute nur noch träumen können …

Baron von Verulam und Viscount von St. Alban, von seinen Freunden aus rein praktischen Gründen aber nur Francis genannt, entwickelt recht früh einen Hang zur Wissenschaft; ein Gebiet, auf dem er seiner unersättlichen Neugierde freien Lauf lassen kann. Und er erweist sich tatsächlich als wahres Genie. Bereits mit zwölf Jahren wird er an der Universität von Cambridge zugelassen.

Auch in der Karriere geht es steil bergauf. An der Seite von Königin Elizabeth I und anschließend König James I. erklimmt er sukzessive die Stufen politischer Macht. 1617 wird er zum Großsiegelbewahrer, ein Jahr später sogar zum Lordkanzler befördert. Sein rasanter Aufstieg jedoch ruft Neider auf den Plan.

Man bezichtigt ihn der Bestechlichkeit und der Homosexualität. Sein Stern sinkt so schnell, wie er am Firmament erschienen ist. In den folgenden Jahren widmet sich Bacon ausschließlich seiner Berufung als Wissenschaftler und Philosoph. Er gilt als so bewandert, dass sich gewisse Kreise um den Nachweis bemühen, Shakespeares Werke seien in Wahrheit ihm zuzuschreiben. Man versteigt sich sogar zu der Annahme, es handele sich in Wirklichkeit um ein und dieselbe Person. Die Hypothese wird jedoch schon bald als unbegründet verworfen und seitdem in regelmäßigen Abständen oder anlässlich der zahlreichen Shakespeare-Jubiläen aus den Archiven gezerrt.

Bacon experimentiert gern und lässt es bei seinen Studien manchmal auf gefährliche Versuche ankommen. So interessiert er sich beispielsweise für die Zersetzung und Verwesung von Leichen und für die Möglichkeiten, tote Körper zu konservieren. War es eine Vergiftung mit Schwermetallen, Blei und Arsenoxid, wie man sie zur Einbalsamierung von Leichnamen benutzte, der er zum Opfer fiel? Oder eine

Infektion, die er sich beim Kontakt mit Leichengiften zuzog? Man weiß es nicht, aber am 6. April 1626 erkrankt Bacon schwer.

Ihm bleibt die Zeit, sein Dahinscheiden selbst zu dokumentieren – der einzig sinnvolle Zeitvertreib eines sterbenden Naturwissenschaftlers –, und er vergleicht sich dabei mit einem anderen allzu neugierigen Forschergeist, den wir hier bereits kennenlernen durften: »Es war mein Schicksal, so zu enden wie Plinius der Ältere, der starb, weil er sich dem Vesuv zu sehr näherte, um dessen Eruptionen zu beobachten. Ich beschäftigte mich hingebungsvoll mit einigen Versuchen zur Haltbarmachung und Konservierung von Leichen, ganz, wie es mein Wunsch war, als mich auf dem Weg von London nach Highgate plötzlich eine große Übelkeit überkam. Ich erbrach mich so heftig, dass ich nicht weiß, ob ich es Blasensteinen, einer Verdauungsstörung, einer Erkältung oder allen dreien gemeinsam zuschreiben soll.«

Der Tod ereilt ihn drei Tage später. Er ist erst fünfundsechzig Jahre alt, als er stirbt. Merke: Wer den Leichen zu nah kommt, wird irgendwann selbst zu einer. (Ph. Ch.)

Tödliche Ordnungsliebe

JOACHIM FELLER (1638–1691)

Intellektuelle Leistung kann nervenaufreibend sein. Sie erfolgt ununterbrochen und unterliegt keinem natürlicheren Gesetz als dem reinen Chaos. Deswegen benötigen sowohl Dichter als auch Wissenschaftler wert- und hingebungsvolle Helfer, nämlich Archivare und Bibliothekare, die ihnen beim Sortieren, Katalogisieren und Abheften ihrer geistigen Ergüsse behilflich sind.

Feller ist sich dieser Notwendigkeit schon früh bewusst. Schon als Kind verfasst er mit großer Leichtigkeit Verse im Überfluss, und zwar auf Deutsch und Latein. Als schließlich die kritische Masse erreicht ist, wird ihm klar, dass er seinen lyrischen Produktionen Titel, Daten und Bewertungen zuordnen und sie sorgfältig klassifizieren muss, weil man (respektive: er) sie sonst nicht wiederfindet. Feller leidet nicht etwa unter Ordnungswahn, sondern will nur nicht unnötig suchen müssen – was nicht unbedingt das Gleiche ist. Also erstellt er ein Archiv der eigenen Werke.

Als dies erledigt ist, ist Feller alt genug, um in die Welt hinauszuziehen. Der junge Mann verlässt die kleine Stadt Zwickau und geht nach Leipzig, wo er zunächst an der Nikolaischule lehrt, ehe er Professor an der Universität wird. Seine Fachgebiete sind Theologie, Philosophie und Poesie. Bei seiner Arbeit fallen ihm wertvolle Werke in der Bibliothek ins Auge, die in wilder Anarchie langsam vor sich hin schimmeln. Ein gefundenes Fressen für den Ordnungsfanatiker. Aber noch muss er sich gedulden …

Ein paar Jahre später dann geht sein größter Traum in Erfüllung: Er wird Leiter der Universitätsbibliothek. Endlich hat er freie Hand und kann sich ganz seinem großen Werk hingeben – der Inventur sämtlicher Manuskripte in der Bibliothek, die sowohl theologische als auch rechtswissenschaftliche, medizinische, philosophische und philologische Werke umfasst. Nachdem er diesen gigantischen Katalog der Öffentlichkeit zugänglich gemacht hat, kümmert sich der unermüdliche Aufräumer im Anschluss um die Erfassung der gedruckten Bücher. Aber Nomenklatur, Klassifizierung, Bemerkungen, Notizen, Karteikarten und das Einordnen in

Regale strengen ungemein an. Im April 1691 stürzt Joachim Feller beim Schlafwandeln aus dem Fenster seiner Wohnung und stirbt. Ob er auf der Suche nach einem aus der Reihe tanzenden Schaf, äh, Buch war, oder ihm nur der Vollmond zu schaffen machte, bleibt ungeklärt. (O. Ch.)

Unter Strom

GEORG WILHELM RICHMANN (1711–1753)

Georg Wilhelm Richmann wird am 22. Juli 1711 in Pernau (heute Pärnu, Estland) an der Ostsee geboren. 1741 beginnt er ein Physik- und Mathematikstudium, zuerst in Halle und Jena, dann an der Universität Sankt Petersburg. Seine experimentellen Untersuchungen machen ihn zu einem Experten für die elektrische Aufladung der Atmosphäre.

1752 lässt Benjamin Franklin während eines Gewitters einen mit einem elektrischen Schalter verbundenen Drachen steigen. Als Nächstes benutzt der Franzose Dalibard eine fünfzig Fuß hohe Stange, um die elektrischen Strömungen eines Gewitters anzuziehen. Richmann will seinen Kollegen nacheifern und bereitet sich darauf vor, eigene Forschungen in diesem neuen Zweig der Wissenschaft anzustellen.

Am 6. August 1753 nimmt er gerade an einer Versammlung seiner Akademie teil, als er es plötzlich donnern hört. Hastig läuft er nach Hause, um den von ihm entwickelten Elektrometer zu holen, mit dem er hofft, die Gewalt des Gewitters messen und für die Nachwelt bewahren zu können. Und es gelingt auch zunächst: Während des Versuchs bildet sich ein Kugelblitz. Unglücklicherweise schlägt er aber nicht in den Elektrometer, sondern in Richmanns Kopf ein wie in einen Blitzableiter. Seine Kleidung verbrennt, seine Schuhe werden zerrissen, das (ohnehin nutzlose) Gerät vernichtet – genau wie der Forscher selbst. Ganz im Bann seiner Neugier hat Richmann vergessen, sich von der stromleitenden Metallstange zu entfernen. Zum ersten Mal stirbt ein Mensch, weil er die Elektrizität zu beherrschen versucht. Immerhin damit geht der Physiker in die Geschichte ein. (F. Ch.)

Kopflos ins Grab

XAVIER BICHAT (1771–1802)

Marie François Xavier Bichat wird am 14. November 1771 in Thoirette, einer kleinen Gemeinde im Juragebirge, geboren. Als Sohn eines Chirurgen findet er Gefallen daran, junge Katzen zu sezieren, wovon ihn auch der unangenehme Geruch der Kadaver nicht abhält. Nachdem er sein Medizinstudium abgeschlossen und den Hippokratischen Eid geleistet hat, geht er nach Paris, wo gerade die Revolution wütet – ein günstiger Umstand, der Bichat ermöglicht, seinen eher seltsamen Freizeitbeschäftigungen nachzugehen, ohne dabei gestört zu werden. Denn sein Bedürfnis nach genauer Beobachtung führt ihn nachts auf die Friedhöfe, wo er sich im Laufe seiner Karriere mit mehr als fünfhundert Leichen eindeckt, an denen er seine Medizinstudenten das Sezieren üben lässt.

Die Experimente des Grabschänders finden ihren Niederschlag in einem Buch, das *Physiologische Untersuchungen des Lebens und des Todes* heißt. Hier hält er seine morbiden

Erkenntnisse über organisches Gewebe als Träger der Lebensgrundlagen fest: »Das Leben ist das Zusammenspiel von Funktionen, die dem Tod widerstehen.«

Ah. So ist das also …

Doch dem berufsbedingten Totengräber droht die Überarbeitung – zu tief steckt er seine Nase in totes Gewebe. Am 7. Juli 1802 ist es brütend heiß. Trotzdem will Bichat im Kreise seiner Schüler mit seinen Beobachtungen fortfahren – koste es, was es wolle. Ein Laborant entkorkt eine Flasche, in der seit mehr als drei Monaten menschliche Haut einweicht. Der Gestank ist infernalisch. Alle Schüler verlassen den Raum und bitten ihren Lehrer mitzukommen. Aber Bichat bleibt. Bei ihm sind nur noch zwei Gehilfen, dankbarerweise haben sie keinen Geruchssinn. Irgendwann verspürt auch der Herr Doktor das Bedürfnis, frische Luft zu atmen. Als er hinaus in die Sonne tritt, wird ihm schlecht. Er fühlt sich unendlich erschöpft. Er fällt auf den Rücken und verliert das Bewusstsein. Seine Schüler bringen ihn in sein Bett. Als Bichat wieder zu sich kommt, hat er entsetzliche Kopfschmerzen. Er bittet um Blutegel, die er sich hinter dem Ohr anlegt. Nach vierzehntägigem Todeskampf stirbt er am 22. Juli trotz Zugpflastern an den Oberschenkeln, Senfpflastern an den Füßen und Abreibungen seines unterkühlten Körpers mit Kampferspiritus.

Ein guter Freund, ein gewisser Doktor Roux, nimmt trotz seiner tiefen Trauer eine Obduktion vor und lässt Bichat damit die letzte Ehre der Wissenschaft angedeihen, für die er selbst sogar gestorben ist. Er diagnostiziert eine akute tuberkulöse Meningitis.

Bichat bekommt ein großartiges Begräbnis. Vierzig Jahre nach seinem Tod wird ihm zu Ehren ein Denkmal auf einem Platz in Bourg-en-Bresse aufgestellt. Kurz darauf spricht sich der erste medizinische Kongress für eine Würdigung des Revolutionärs aus. Seine sterblichen Überreste sollen exhumiert und auf den großen neuen Friedhof Père Lachaise in Paris überführt werden. Am Tag der Exhumierung findet man all seine Knochen – bis auf den Schädel. Wie sich bald schon herausstellt, hat ihn Doktor Roux in tiefer Bewunderung für seinen Mentor bei der Obduktion entfernt und behalten. Als Andenken, sozusagen.

Das können sich die versammelten Doktores natürlich nicht gefallen lassen. Ein kopfloser Wissenschaftler, wo gibt es denn sowas? Am Morgen des 16. November 1845 wird Doktor Roux mit dem in Papier eingewickelten Schädel seines Lehrmeisters unter dem Arm zum Kongress geleitet. Es handelt sich tatsächlich um den Kopf von Bichat, wie die anwesenden Knochenpuzzler bald schon bestätigen können. Die Ehre und das Skelett des Leichenfreunds sind wiederhergestellt. (F. Ch.)

Der wacklige Talmud

CHARLES-VALENTIN ALKAN (1813–1888)

Familie Alkan ist jüdischen Glaubens und sehr zahlreich – fünf Brüder und eine Schwester, die samt und sonders musizieren. Der kleine Charles-Valentin aber ist der Begabteste im familieneigenen Sextett. Am Konservatorium gewinnt er bereits mit sieben Jahren den ersten Preis in allgemeiner Musiklehre, nur drei Jahre später den im Klavierspiel, kurz darauf den in Harmonielehre und schließlich brilliert er 1834 an der Orgel.

Technisch gesehen ist er ein überwältigender Virtuose. In einer Zeit, als Beethoven und Bach noch eher selten vorgetragen werden, interpretiert er beide bis zur Ekstase und wird eines der ersten französischen Mitglieder der Bach-Gesellschaft. Alkan gehört zusammen mit Liszt, Chopin, Wagner, Mendelssohn, Schumann und Verdi zur sogenannten »Generation 1810«, weil sie alle (na ja, genaugenommen nur Robert Schumann) in diesem Jahr geboren wurden.

Er ist ein nachdenklicher Einzelgänger, lebt zurückgezogen und bleibt Junggeselle. Sein Leben lang flieht er allem Anschein nach vor dem Ruhm, und auch seine Werke bleiben der Nachwelt weitestgehend unbekannt, was unter anderem auch an der extrem schwierigen Spielbarkeit liegt. Glaubt man angehenden Pianisten, sind Chopins *Etüden* im Vergleich zu denen von Alkan Fingerübungen für Anfänger. Einige Virtuosen haben es in den letzten Jahrzehnten dennoch probiert und mit bis zu halbstündigen Sätzen voller schwindelerregender Zweiunddreißigstelnoten eine Verknotung ihrer Finger riskiert.

Vielleicht ist es nur sein ziemlich abgedrehter Tod, der ihn vor der völligen Vergessenheit bewahrt hat. Obwohl er als echter Nerd und Spinner sicher nicht zu den unterhaltsamsten Zeitgenossen gehört, sollte man sich Alkan nicht ausschließlich düster vorstellen. Sicher, er ist ein ausgemachter Exzentriker und läuft ständig im Anzug oder Gehrock mit weißer Krawatte und Zylinder herum. Aber er verfügt auch über viel Fantasie – selbst wenn man ihm die nicht unbedingt ansieht. Er besitzt ziemlich viele Papageien, die mit großer Genauigkeit gewisse für Menschen unspielbare Passagen ihres Herrchens zum Besten geben können, und komponiert sogar einen Trauermarsch, in welchem der Chor unermüdlich singt: »Hast du schon gegessen, Jacquot?«

Alkan hat bewiesenermaßen einen Vogel. Er lebt nach einem streng reglementierten Tagesablauf, Abendveranstaltungen pflegt er um punkt zehn Uhr zu verlassen, selbst wenn er sich gerade mitten in einem Gespräch mit einer einflussreichen Persönlichkeit befindet. Jeden Mittag steigt der wunderliche Musiker genau zur festgesetzten Stunde in die Loge seiner Concierge hinunter, um seine Mahlzeit abzuholen. Jeden Mittag. An jedem Tag. Immer.

Am Freitag, den 30. März 1888 wartet die Dame, welche den Plat du Jour auf die Minute genau bereitgestellt hat, jedoch vergebens auf den exzentrischen Komponisten. Ob der ungewöhnlichen Missachtung der geradezu heiligen Gewohnheiten wird sie relativ schnell unruhig und steigt mit ihrem Zweitschlüssel in die Wohnung Alkans hinauf. Durch die Tür ist ein Stöhnen zu hören. Sie betritt die Wohnung und findet den armen Kerl unter den zusammengebrochenen Regalen seiner Bibliothek. Schnell holt sie ein paar Arbeiter zu Hilfe, die zufällig im Haus sind. Sie tragen den Unglücksraben auf sein Bett, wo er gegen drei Uhr stirbt, ohne das Bewusstsein wiederzuerlangen.

Später wird Alkans Tod folgendermaßen rekonstruiert: Am bewussten Morgen überkommt ihn die plötzliche und unerklärliche Lust, eine ganz bestimmte Stelle im Talmud nachzulesen. Der Talmud ist das perfekte Buch für den komischen Komponisten. Kein anderes Werk ist ihm an Wissen über die Menschheit überlegen. Aus diesem Grund ist es in der Bibliothek ganz oben über den anderen einsortiert.

Man kann sich die Szene leicht ausmalen. Alkan stellt sich auf die Zehenspitzen, streckt seine langen Arme aus, will nach dem wertvollen Werk greifen, erreicht es aber nicht und hilft sich, indem er nach einem Regalpfosten greift. Die Bibliothek ist schlecht befestigt, und – wumms! – liegt einer der größten Pianisten aller Zeiten unter zentnerweise Partituren und gedrucktem Wissen begraben.

Sein Tod bleibt in der Öffentlichkeit fast unbemerkt. Nur ein winziger Kreis Getreuer geleitet den Leichnam des großen Exzentrikers am (Achtung!) 1. April zur letzten Ruhe auf dem Friedhof von Montmartre.

Natürlich werden die Umstände seines Todes unter seinen Anhängern bald schon heiß diskutiert. Eine seiner früheren Schülerinnen stellt die unglückliche Verkettung der Ereignisse folgendermaßen richtig: Alkan wurde nicht von seinem Bücherregal erschlagen, sondern von einem schweren, gusseisernen Schirmständer. Was genaugenommen nicht viel am Resultat ändert. (O. Ch.)

Gleitflug in den Tod

OTTO LILIENTHAL (1848–1896)

»Ein Flugzeug zu erfinden ist keine große Sache. Eines zu bauen schon eher. Aber damit zu fliegen ist das höchste der Gefühle«, soll Otto Lilienthal einmal gesagt haben.

Der am 23. Mai 1848 in der pommerschen Stadt Anklam geborene Lilienthal veröffentlicht im Jahr 1889 das Werk *Der Vogelflug als Grundlage der Fliegekunst. Ein Beitrag zur Systematik der Flugtechnik.* Es basiert auf Lilienthals Beobachtungen von Störchen und anderen Vögeln. In der Folge baut er sechzehn gleitschirmartige Flugapparate aus mit gewachstem Baumwollstoff bespannten Rahmen, darunter auch Flügelschlagapparate, die er auf einem Hügel in Berlin ausprobiert. Zwischen 1891 und 1896 absolviert er etwa zweitausend Testflüge. Dabei gelingt es ihm, mehr als dreihundert Meter weit zu gleiten und dabei die Flugbahn zu kontrollieren. Immer wieder arbeitet er am Auftrieb der Flügel, mit denen er der Schwerkraft ein Schnippchen schlagen will.

Am 9. August 1896 gerät der letzte von ihm gebaute Prototyp aufgrund einer stark aufsteigenden Luftströmung ins Taumeln, und Lilienthal stürzt aus siebzehn Metern Höhe ab. Er erleidet eine Fraktur der Wirbelsäule, der er am folgenden Tag erliegt. Er stand kurz davor, seine Gleitflugapparate mit einem Motor auszustatten. Auf seinem Grabmal steht: *Opfer müssen gebracht werden.* Wie wahr, wie wahr … (F. Ch.)

Der fliegende Schneider

FRANZ REICHELT (1878–1912)

Der 1878 in Wegstädtl in Böhmen (heute das tschechische Štětí) geborene Franz Reichelt lässt sich 1898 als Damenschneider im Pariser Opernviertel nieder. Seine Klientel setzt sich hauptsächlich aus ehemaligen Landsleuten zusammen. Im ersten Jahrzehnt des 20. Jahrhunderts begeistert sich die ganze Welt für die Heldentaten der ersten Flieger, unter ihnen Louis Blériot, der im Juli 1909 den Ärmelkanal überquert. Dann aber nehmen die Unfälle zu. Wie viele andere erfährt auch Reichelt oft tief bewegt von den Abstürzen der todesmutigen Männer.

Die vom Himmel fallenden Helden bringen ihn auf eine Idee. Als geschickter Schneider entwirft er einen Fallschirmanzug, der die Flieger vor dem Tod bewahren soll.

Im Hof der Rue Gaillon 8 im 2. Arrondissement in Paris rüstet er Ankleidepuppen mit seiner Erfindung aus und wirft sie aus dem Fenster. Die Ergebnisse überzeugen weder ihn noch die Ankleidepuppen, die allesamt bei den Experimenten draufgehen, weshalb der Meister die Sache nun selbst in die Hand nimmt. Der nächste Versuch findet in Joinville statt, wo Reichelt aus einer Höhe von zehn Metern auf einen Strohhaufen springt, der seinen ungebremsten Sturz glücklicherweise abmildert. Die Resultate sind immer noch nicht überzeugend. Doch was sich »The Flying Taylor«, wie er später genannt werden soll, einmal in den Kopf gesetzt hat, lässt er sich nicht so leicht wieder ausreden. Er meldet seine (bislang vollkommen ineffektive) Erfindung zum Patent an und nimmt sich vor, aus einer Höhe von fünfzig Metern zu springen.

Als ob das etwas an der Nutzlosigkeit der Fallschirme ändern würde …

1912 verkündet Reichelt der Presse, dass er den großen Sprung von der siebenundfünfzig Meter hohen ersten Plattform des Eiffelturms wagen will. Am 4. Februar um sieben Uhr früh versammeln sich Journalisten, Reporter und viele Schaulustige, um Ikarus springen zu sehen. Die Polizeipräfektur hat ihr Einverständnis erklärt, allerdings unter der Voraussetzung, dass Reichelt eine seiner Ankleidepuppen benutzt und nicht selbst springt. Der tollkühne Schneider jedoch legt Wert darauf, seine Erfindung höchstpersönlich auszuprobieren – außerdem haben sich die Puppen bislang nicht als gute Flieger erwiesen. Reichelt beschließt, die polizeiliche Vorgabe zu missachten.

Um 8 Uhr 22 steigt er in einem selbst entworfenen merkwürdigen Cape über das Geländer, das normalerweise die Besucher schützt. Wie eine zögerliche Fledermaus steht er sekundenlang an der Brüstung und mustert die Zuschauer. Er beugt sich ein paar Mal vor – dann springt er. Die Flügel fallen sichtbar in sich zusammen, anstatt sich zu entfalten. Sekunden später schlägt Reichelt hart auf dem Boden auf. Schreie erklingen. Die Augenzeugen hasten zu ihm.

»Nachdem man den unglücklichen Erfinder aus seinem Anzug befreit hatte, der ihn wie ein Leichentuch umgab, bemühte man sich vergeblich, ihn zu reanimieren. Er war tot. Es blieb nichts übrig, als den Leichnam des Bedauernswerten, der noch Sekunden zuvor der Überzeugung gewesen war, endlich Glück und Reichtum in Händen zu halten, nach Hause zu bringen«, schreibt *Le Gaulois* am nächsten Tag in seinem Bericht.

Franz Reichelt gelangt posthum zu Berühmtheit, denn die Kamera von Pathé-Cinéma hat den Sprung für ihre Nachrichten aufgezeichnet. Die Dokumentation des Todessprungs, die man sich heute im Internet anschauen kann, trägt dazu bei, einem tragisch verlaufenen Selbstversuch zu sofortiger und dauerhafter Berühmtheit zu verhelfen. Ob das mit den störrischen Ankleidepuppen genauso funktioniert hätte, ist fraglich. (F. Ch.)

Der Saft, der Leiden schafft

ALEXANDER ALEXANDROWITSCH MALINOWSKI
genannt BOGDANOW (1873–1928)

Die offizielle Verlautbarung aus der Zentrale der Kommunistischen Partei bezeichnete den Tod des sowjetischen Arztes einst als »tragisch und großartig«. Vor allem aber, und das wurde leider vergessen zu erwähnen, trat er etwas zu früh und nicht unbedingt freiwillig ein.

Bogdanow gehört zu den Vertrauten Lenins, ist mit Maxim Gorki befreundet, arbeitet zeitweise als Redakteur der russischen Zeitung *Prawda* und wird später Professor für Wirtschaftswissenschaften in Moskau. Nachdem er in Konflikt mit der GPU (der politischen Polizei und Nachfolgeorganisation der Tscheka) geraten ist, beschließt er im Jahre 1923 allerdings, sich nur noch der Medizin zu widmen. Vermutlich ist er der Meinung, dass dieses Forschungsfeld weniger gefährlich ist als eine Auseinandersetzung mit der radikalen Exekutive seines Heimatlandes. Ein fataler Irrtum.

Sein besonderes medizinisches Interesse gilt der Bluttransfusion, insbesondere beschäftigt ihn die Verjüngung des menschlichen Körpers durch körperfremde Blutspenden. Er versteht den roten Saft als Triebkraft körperlicher Regeneration. Mit Unterstützung der medizinischen Fakultät Moskau wendet er die neuartige Behandlung an einigen Hundert »Freiwilligen« an, und die Wirkung ist tatsächlich feststellbar: Die Probanden berichten über verminderten Haarausfall, verbesserte Sehstärke, gesteigerte sexuelle Aktivität und so weiter.

Bogdanow hat Blut geleckt. In den Jungbrunnen will er auch hineinspringen! 1928 (er ist fünfundfünfzig Jahre alt) führt er an sich selbst eine Transfusion durch, und zwar mit dem Blut eines Studenten. Der ist zwar jung und verfügt über dichtes Haar, hat sich aber mit Malaria infiziert und leidet zu allem Überfluss auch noch an Tuberkulose. Was Bogdanow vermutlich nicht weiß, als er sich den tödlichen Cocktail injizieren lässt.

Sein Todeskampf dauert zwei Wochen. Als akribischer Mediziner führt er bis zum bitteren Ende systematisch Tagebuch über seine Symptome. Mehr aber als seinen Beitrag zur Wissenschaft – der eher zu vernachlässigen ist – wird die Nachwelt seine politische Instrumentalisierung im Gedächtnis behalten. Bei den offiziellen Begräbnisfeierlichkeiten wurde Bogdanow zum Märtyrer der medizinischen Forschung hochstilisiert. Dabei starb er gar nicht im Dienste der Wissenschaft. Ihn lockte eher das Versprechen der ewigen Jugend. Doch statt sein Leben zu verlängern, verkürzte er es radikal. (Ph. Ch.)

Strahlend intelligent

MARIE CURIE (1867–1934)
und PIERRE CURIE (1859–1906)

Die Wahrscheinlichkeit, dass bei einem Ehepaar sowohl der Mann als auch die Frau mit dem Nobelpreis ausgezeichnet werden und obendrein auch noch beide einen wunderlichen Tod sterben, ist verschwindend gering. Und doch ist es – bislang einmalig in der Geschichte – bei den Curies so geschehen.

Maria Skłodowska wird 1867 in Warschau geboren. Schon als junges Mädchen fällt sie durch ihre außerordentliche Intelligenz auf. Sie geht nach Paris, wo sie ihre Studien mit großem Erfolg beendet. Warum nach Paris? Zwar ist es auch in Frankreich am Ende des 19. Jahrhunderts nicht leicht, sich als Frau in der Wissenschaft durchzusetzen, aber in Polen hätte sie nur Krankenschwester oder Lehrerin werden können.

Und die Stadt der Liebe macht ihrem Namen alle Ehre:

1895 heiratet die Wissenschaftlerin den charmanten spitz-
bärtigen Franzosen Pierre Curie, praktischerweise ebenfalls
Physiker. Die Curies erforschen die von Henri Becquerel
beobachtete Strahlung von Uranverbindungen und entdecken dabei zwei neue Elemente, die sie Polonium (benannt
nach Maries Heimat Polen) und Radium (benannt nach
dem lateinischen Wort für Strahl: »radius«) taufen. Für ihre
Arbeit erhalten sie 1903 gemeinsam mit Henri Becquerel
den Nobelpreis.

Obwohl Pierres Freunde ihn immer wieder warnen, im
Straßenverkehr aufmerksamer zu sein und die Straße nicht
träumerisch zu überqueren, hört er nicht auf sie. Am 19.
April 1906 lenkt ein gewisser Louis Manin seinen schwer mit
Kleidungsstücken für das Militär beladenen und von zwei
starken Pferden gezogenen Wagen durch die Rue Dauphine
zum Pont Neuf. Pierre wartet einen Fiaker ab, ehe er mit
seinem Regenschirm in der Hand die Straße überquert und
den Weg von Manin kreuzt. Ein Pferd des Gespanns rammt
ihn, er strauchelt und stürzt. Der Schädel des Wissenschaftlers wird unter dem linken Hinterrad des Wagens zermalmt.
Ein so wichtiges Gehirn, zerquetscht von einer Ladung
Soldatenkleider – das Leben hat wirklich Sinn für Humor.
Marie Curie erholt sich nie von diesem Schicksalsschlag.

Dennoch lässt sie sich nicht unterkriegen. Sie lehrt und
forscht, kümmert sich um ihre beiden Töchter Irène und
Ève, arbeitet ununterbrochen und lässt sich schließlich auf
eine Liebesbeziehung mit dem Physiker Paul Langevin ein,
was man ihr nie wirklich verzeiht. Jeder hat Verständnis
dafür, dass sie sich fünfeinhalb Jahre nach dem schrecklichen
Tod ihres Ehemannes wieder einmal ein wenig amüsieren
möchte – Madame Langevin jedoch ist mit Maries Wahl
durchaus nicht einverstanden. Wir schreiben die zweite

Hälfte des Jahres 1911, und Marie Curie ist eine bekannte Frau. Immerhin die erste, die den Nobelpreis gewonnen hat.

Die Affäre mit Langevin wird in der Pariser Gesellschaft zu einem großen Skandal aufgebauscht. Die Presse zerreißt sich das Maul über die schändliche Hetäre, die die Ehe eines beispielhaften und überdies französischen Paares zum Scheitern gebracht hat – was allerdings das Nobelpreis-Komitee nicht daran hindert, Marie Curie erneut den wichtigsten Wissenschaftspreis der Welt zuzusprechen. Dieses Mal erhält sie den Preis für Chemie, und zwar »als Anerkennung des Verdienstes, das sie sich um die Entwicklung der Chemie erworben hat durch die Entdeckung der Elemente Radium und Polonium, durch die Charakterisierung des Radiums und dessen Isolierung in metallischem Zustand und durch ihre Untersuchungen über die Natur und die chemischen Verbindungen dieses wichtigen Elements«, wie die Akademie sich in ihrer ein wenig sperrigen Begründung ausdrückt. Offenbar lesen die schwedischen Gelehrten keine Yellow Press.

Trotz aller Anfeindungen setzt Marie Curie ihr Werk fort. Sie gründet das Radium-Institut, trägt dazu bei, eine mobile Röntgeneinrichtung zu schaffen, mit der verwundete Soldaten in unmittelbarer Nähe der Front auf Projektile in ihrem Körper untersucht werden können, und kümmert sich weiterhin um ihre Wissenschaft.

Am 4. Juli 1934 stirbt sie in einem Sanatorium im Departement Hochsavoyen im äußersten Osten Frankreichs wenige Tage nach ihrer Einlieferung an Leukämie. Der Blutkrebs ist zweifellos eine Folge ihres langjährigen Umgangs mit hoch radioaktivem Material. Dennoch kann man ihr keine mangelnde Vorsicht vorwerfen, denn vor ihr hat noch nie jemand Radium berührt, weil dieses Element nie zuvor extrahiert wurde. Noch wusste niemand um die Gefahren der Radioaktivität, bekannt waren lediglich die Wohltaten.

Es ist einige Jahre her, als ein Mann ein Haus in der französischen Provinz kauft und beschließt, die Fassade vom Efeu zu befreien. Überrascht findet er unter den Blättern eine Tafel, die darauf hinweist, dass sich Marie Curie einmal in diesem Haus aufgehalten hat. Der Hauskäufer ist selbst Physiker und freut sich über diesen Zufall. Er besorgt einen Geigerzähler, mit dem er sein Haus untersucht. In einem der Zimmer beginnt das Gerät fröhlich zu ticken. Bis jetzt geht es noch allen Betroffenen gut – das Zimmer aber ist verschlossen.

Marie und Pierre Curie liegen im Panthéon begraben, wohin sie von François Mitterand und Lech Wałesa 1995 feierlich überführt wurden. Zu Sicherheit für Personal und Besucher befinden sich ihre sterblichen Überreste in einer Bleiurne. (O. Ch.)

Was ihn nicht tötet …

THOMAS MIDGLEY (1889–1944)

Ein Freund nannte ihn einst den Mann, der »mehr Auswirkung auf die Atmosphäre hatte als jeder andere Organismus in der Erdgeschichte«.

Thomas Midgley wird am 18. Mai 1889 in Beaver Falls in Pennsylvania geboren. Er studiert Ingenieurswissenschaften und löst im zarten Alter von zweiunddreißig Jahren das Problem klopfender Motoren, als er entdeckt, dass Blei die Geräusche in Verbrennungsmotoren vermindert und sich in der Folge das Benzinadditiv Tetraethylblei entwickelt. Bei der Verbrennung dieses Stoffs wird jedoch umweltschädliches Material freigesetzt. Dass Midgley bei seinen Forschungen vor allem über seine eigene Leiche geht, belegt folgende Anekdote: Um seine wissenschaftlichen Ergebnisse trotz des schädlichen Bleiausstoßes erfolgreich patentieren zu lassen, geht er anlässlich einer Konferenz so weit, die Abgase von verbleitem Benzin einzuatmen, um den Anwesenden die Vorbehalte zu nehmen. Anschließend leidet er über ein Jahr lang unter einer Bleivergiftung, die ihn allerdings nicht umbringt.

1930 entdeckt er das Dichlorfluormethan, auch bekannt unter dem Namen Freon 12, das Gas der Kühlschränke. Er weist auch noch andere metallorganische Verbindungen nach, die man in Aerosolen einsetzen kann. Auch hier testet er seine Entdeckung vor Publikum durch Einatmen. Hat ja schon mal geklappt. Und wieder überlebt er den waghalsigen Selbstversuch.

Mit einundfünfzig Jahren erkrankt Midgley jedoch völlig überraschend an Poliomyelitis, einer Krankheit, die man sich definitiv bei keinem wissenschaftlichen Versuch im Labor oder vor Publikum zuziehen kann. Die Kinderlähmung paralysiert nach und nach seine Gliedmaßen, tötet ihn aber nicht. Natürlich nicht! Ihm ist ein anderes Schicksal vorbestimmt.

Midgley muss General Motors verlassen, wo er zuletzt mit Gummi experimentierte. Um sich das Leben zu erleichtern, entwirft er ein ausgeklügeltes System aus Schnüren und Umlenkrollen, das ihn aus dem Bett heben kann. Er stirbt am 2. November 1944, als er sich versehentlich in den Seilen seiner neuesten Erfindung verheddert und stranguliert. (F. Ch.)

Im Schatten der Doppelhelix

ROSALIND FRANKLIN (1920–1958)

Wissenschaft kann sehr undankbar sein. Die DNS, die Desoxyribonukleinsäure, ist das wohl bekannteste Makromolekül der Welt. Vor allem bei Freunden von Krimiserien, die wissen, dass man damit Verbrecher entlarven kann, ist es äußerst populär.

Zum ersten Mal wird die DNS 1869 unter dem Namen Nuklein isoliert. Anschließend muss die Weltöffentlichkeit bis zum Jahr 1944 warten, bis der Amerikaner Oswald Avery mit raffinierten Experimenten nachweisen kann, dass dieses große und ziemlich unbewegliche Biomolekül der Träger menschlicher Erbanlagen ist. Bis zu diesem Zeitpunkt ist noch völlig unbekannt, wie Erbinformationen übertragen werden.

1953 wird die Anordnung der langen Kettenmoleküle in Form einer Doppelhelix nachgewiesen. Entdeckt wird sie von dem Amerikaner James Watson und dem Engländer Francis Crick. Doch die beiden brillanten Professoren sind in Wahrheit üble Ausbeuter der wissenschaftlichen Forschungen anderer. Sie wurden nämlich nur fündig, weil Röntgenbilder des faszinierenden Moleküls bestimmte Beugungen zeigten.

Besagte Röntgenaufnahmen aber haben sie nicht selbst gemacht. Sie stammen von Rosalind Franklin aus London, einer hochintelligenten jungen Frau, die in der von Männern beherrschten englischen Wissenschaftsszene ein wenig an den Rand gedrängt wird und sich nur mit Mühe durchsetzen kann. Dennoch kämpft sie mutig gegen die institutionalisierte Frauenfeindlichkeit an.

Mitten im Zweiten Weltkrieg beginnt sie mit ihren Forschungen. Zu Kriegsende promoviert sie mit der Schrift *Physikalisch-chemische Eigenschaften organischer Kolloide*. In Paris lernt sie den Umgang mit Beugungen und Diffraktionen in Röntgenaufnahmen. Nach ihrer Rückkehr in die Heimat arbeitet sie mit Maurice Wilkins, den der Fortschritt von Miss Franklins Arbeiten begeistert. Er macht der jungen Dame Avancen, die sie ablehnt – die Kristallografin interessiert sich ausschließlich für die Wissenschaft –, und lässt sie an den schweren Röntgengeräten in seinem Labor arbeiten.

1951 zeigt Wilkins auf einem internationalen Kongress ein Dia, auf dem das Beugungsspektrum eines DNS-Moleküls zu sehen ist. Der Amerikaner James Watson nimmt an diesem Kolloquium teil. Das durchaus noch nicht perfekte Bild, auf dem ein Laie absolut nichts erkennen könnte außer ein paar Fliegenschissen, setzt ihm nicht nur einen Floh ins Ohr, sondern überwältigt ihn. Das Foto stammt von Rosalind Franklin. Die aber weiß gar nicht, dass ihre Forschungsergebnisse bereits die Runde machen. Ganz mit ihrer Arbeit beschäftigt, geht der jungen Engländerin erst nach und nach auf, dass ihr Chef ihre Resultate ein wenig zu früh an die Öffentlichkeit getragen hat – noch dazu unter seinem Namen. Sie fängt an, ihm zu misstrauen. Der endgültige Bruch ist nur noch eine Frage der Zeit. Bald schon arbeiten die beiden Forscher getrennt.

Doch nicht nur hier soll Franklin den Männern, ohne es zu ahnen, dienlich sein. James Watson und Francis Crick, die beide in Cambridge arbeiten, benutzen ihre Arbeiten, ohne Franklin an den Ergebnissen der eigenen Forschungen teilhaben zu lassen. Es ist ein Rennen gegen die Zeit, viele Institute sind auf der Suche nach den Molekülen. Am

25. April 1953 veröffentlichen Watson und Crick ihre auf-
sehenerregenden Ergebnisse in der Zeitschrift *Nature*. Die
bekommt auch Rosalind Franklin frei Haus. Sie ist empört –
und machtlos.

Ein Anderer hingegen weiß, was zu tun ist. Nur wenige Wochen vor der Veröffentlichung hat Wilkins an Crick
geschrieben: »Ihr seid zwar zwei ziemliche Lumpen, aber
vielleicht habt ihr den Schlüssel gefunden.« Der Verräter
scheint die Waffen gestreckt zu haben. Die Verliererin des
Ganzen heißt Franklin.

Das Nobelpreiskomitee bewertet wissenschaftliche Arbeiten üblicherweise mit einer gewissen Verspätung. Erst 1962
wird Watson, Crick und (Achtung, festhalten!) Maurice
Wilkins, dem ehemaligen Förderer Rosalie Franklins, der
Nobelpreis für Medizin zuerkannt. Zu diesem Zeitpunkt
ist Rosalind Franklin bereits tot. 1958 stirbt sie mit siebenunddreißig Jahren an Eierstockkrebs, den sie sich bei
ihren Arbeiten mit Röntgenstrahlen zugezogen hat. Sie
wird mit dieser höchsten wissenschaftlichen Auszeichnung
nicht in Verbindung gebracht, denn der Nobelpreis wird
nur an lebende Personen verliehen – so lautet nun einmal
das Reglement. Der englischen Wissenschaftlerin bleibt nur
der Verdienst, anstatt einer Nobelpreisträgerin eine Ikone
des Feminismus geworden zu sein, denn ihr Missgeschick
beweist, wie ungerecht man seinerzeit mit der Arbeit von
Frauen umzugehen pflegte. Ein leider magerer Trost, der
ihr zu allem Überfluss auch noch erst posthum zuteilwurde.
(O. Ch.)

Vor Neugier gestorben:
Fünf neunmalkluge Unglücksraben

Der griechische Philosoph HERAKLIT (ca. 540–480 v. Chr.), der an Wassersucht litt, war der Ansicht, er könne seinen Körper von den übermäßigen Flüssigkeitseinlagerungen befreien, indem er sich unter einen Misthaufen lege. Die Behandlung erwies sich nicht nur als unwirksam, sondern als tödlich, denn die Fäkalien erstickten ihn. Einer anderen Version zufolge zog der strenge Geruch eine Hundemeute an, die ihn für ein verwesendes Tier hielt und zerfleischte. Beide Versionen klingen aber bescheuert genug, um wahr sein zu können.

Der arabische Literat AL-DSCHAHIZ (776–869) starb wie CHARLES-VALENTIN ALKAN und JOHANNES XXI.: Er wurde von dem literarischen Gewicht seiner Bücher sprichwörtlich »erschlagen«. Der indische Großmogul HUMAYUN (1508–1556), der die Astronomie liebte, stieg zu hastig von dem Turm, der ihm als Sternwarte diente, stürzte, fiel die Treppenstufen hinab und erlitt einen Schädelbruch, an dem er schließlich verstarb. Der Drucker WILLIAM BULLOCK (1813–1867), Erfinder einer neuartigen Rotationsmaschine, wurde von seiner eigene Erfindung eingezogen und zermalmt.

Und schließlich JANET PARKER (1938–1978): Die Fotografin aus England, die hauptsächlich im medizinischen Bereich arbeitete, steckte sich in einem Labor mit Pocken an, nachdem diese Krankheit schon jahrelang ausgerottet war. Sie gilt als das letzte Pockenopfer weltweit. Ein fragwürdiger Ruhm.

III. Die Verfressenen

*Der große Gastronom und Alkoholiker BALTHAZAR GRIMOD
DE LA REYNIÈRE starb nach seinem letzten weihnachtlichen
Festmahl am 25. Dezember 1837. Auf dem Totenbett ward ihm ein
Glas Wasser gereicht, und er fand noch die Kraft zu murmeln: »Da
ich nun vor das Angesicht Gottes trete, möchte ich mich mit meinem
tödlichsten Feind aussöhnen.«*

*Grimod kam übrigens nach seinem Großvater, der 1754 an einer
Gänseleberpastete erstickt war. Die Kulinarik ist überhaupt ein ge-
fährliches Betätigungsfeld, was der Volksmund schon immer wusste:
»Man gräbt sich sein Grab mit den Zähnen« lautet ein bekanntes
französisches Sprichwort. Oder wie es die Schwester eines anderen
Schlaraffen, des großen BRILLAT-SAVARIN (1755-1826), etwas
gehobener ausdrückte, als sie fast hundertjährig im Sterben lag: »Ich
spüre, dass es mit mir zu Ende geht. Schnell, das Dessert!«*

Tragischer Appetit

APICIUS (1. Jh. n. Chr.)

Sein Name ist zum Synonym für Gastronomie geworden, und schlitzohrige Verleger bringen seit seinem ersten Erscheinen im Jahr 1498 immer wieder aufs Neue das ihm zugeschriebene, natürlich absolut unechte Rezeptbuch namens *De re culinaria* (*Über die Kochkunst*) heraus.

In Wirklichkeit weiß man nicht sehr viel über Apicius, oder genauer über die Apicii, denn im antiken Rom gab es gleich drei Menschen dieses Namens, die sich durch eine besondere Naschhaftigkeit hervortaten. Der erste lebte im letzten Jahrhundert der Republik und spielte eine nicht unerhebliche politische Rolle, denn er war dafür verantwortlich, dass der ehemalige Konsul Rutilius Rufus ins Exil geschickt wurde. Der zweite hieß Marcus Gavius Apicius und schlemmte während der Herrschaft von Augustus und Tiberius, der dritte unter Trajan.

Der Leidenschaftlichste der drei war Marcus Gavius, den Plinius als »den verfressensten aller Prasser« beschrieb, und der, um möglichst fette Schweinelebern zu erhalten, seine Tiere mit Feigen verköstigen ließ. Er war ein ausgesprochener Genussmensch, über dessen Ende Alexandre Dumas einst schrieb: »Er wurde fast zum Gott erhoben, weil er eine Möglichkeit gefunden hatte, frische Austern zu konservieren. Von den zweihundert Millionen Sesterzen, die er jährlich erhielt, verbrauchte er mehr als vierzig nur für seine Mahlzeiten. Eines Tages kam ihm der fatale Gedanke, sein Vermögen zu überprüfen. Er rief seinen Verwalter und stellte fest, dass er nur noch über zehn Millionen Sesterzen verfügte. Angesichts dieser Summe hielt er sich für derart ruiniert, dass er keinen Tag weiterleben wollte. Er ließ sich ein Bad bereiten und öffnete sich die Pulsadern.«

Ein erstaunlich stoisches Ende für einen Epikureer und damit per definitionem Genussmenschen wie Apicius. Tatsächlich aber verwechselt Dumas das Hinscheiden des Apicius mit dem von Seneca, der den Tod des Feinschmeckers wiederum folgendermaßen beschreibt: »Es lohnt der Mühe, sein Ende kennenzulernen. Nachdem er hundert Millionen Sesterzen auf die Küche verwendet und für jedes einzelne Gelage verschwendet hatte, überprüfte er, von Schulden erdrückt, notgedrungen zum ersten Male seinen Haushalt, und da er herausrechnete, dass ihm [nur] zehn Millionen Sesterzen übrig blieben, so endete er sein Leben selbst mit Gift, als ob er nun ein äußerst hungriges Leben führen müsste, wenn er von zehn Millionen leben sollte. Wie groß war die Üppigkeit eines Menschen, für den zehn Millionen Sesterzen Bettelarmut waren!«

Ein Schlemmermäulchen wie Apicius soll sich ausgerechnet mit Gift um die Ecke gebracht haben, weil ihm die Kohle für weitere Fressgelage fehlte? Das klingt ja fast zu schräg, um wahr zu sein. Und doch: In Zeiten, in denen sich reiche Römer mit Kamelfüßen, Pfauenzungen und Hahnenkämmen vollstopfen, hat Marcus Gavius Apicius das Bankett seines Lebens mit einer Art Höhepunkt verlassen. Man soll ja bekanntlich gehen, wenn es am schönsten ist. (B. F.)

Stets zu Diensten

FRITZ KARL WATEL genannt FRANÇOIS VATEL
(1631–1671)

François Vatel wird 1631 in Paris geboren. Mit zweiundzwanzig Jahren steht er in den Diensten von Nicolas Fouquet, dem französischen Finanzminister unter Ludwig XIV.,
und ist mit der Aufgabe betraut, für das leibliche Wohl des
Ministers und seiner Hausgemeinschaft zu sorgen. Später
wird er Oberkellner und Protokollchef und kümmert sich
um das Festmahl zur Einweihung des Barockschlösschens
Vaux-le-Vicomte. Der auf goldenen Tellern servierte pom-
pöse Festzug von Fasanen, Wachteln, Fettammern und
Rebhühnern trägt dazu bei, dass der Finanzminister beim
Sonnenkönig in Ungnade fällt – es kann halt nur einen
verschwenderischen Herrscher geben. Wahrscheinlich muss
Fouquet außerdem dafür büßen, dass sich Molière in dem
auf dem Bankett aufgeführten Stück *Die Lästigen* über die
selbstsüchtigen Höflinge lustig macht. Von Furcht getrieben,
flüchtet Vatel und wird Küchenchef bei Louis II. de Bourbon
in dessen Schloss Chantilly.

Der Fürst liebt prunkvolle Feste und lädt im April 1671
den gesamten Hof ein, drei Tage auf seinem Anwesen zu
verbringen. Als ausgemachter Perfektionist verzichtet Vatel
zwölf Nächte hintereinander auf Schlaf, um sich den Vorbe-
reitungen zu widmen. Doch zu dem Fest kommen so viele
Leute, dass es am ersten Abend an zwei Tischen an Fleisch
fehlt. Quel blamage!

Dann kommt der Freitag. Der gilt zwar als Fastentag, aber
die bis um vier Uhr morgens eingetroffenen Mengen Mee-
resfisch würden für die geladenen Gäste bei Weitem nicht

ausreichen. Vatel steht kurz vor einem Nervenzusammenbruch. Was tun? Eine weitere Demütigung wird er nicht
ertragen.

Madame de Sévigné erzählt: »Vatel ging zu seinem
Dienstherren und sagte zu ihm: ›Monsieur, diese Kränkung
überlebe ich nicht; ich habe meine Ehre und einen Ruf zu
verlieren!‹ Sein Gegenüber aber machte sich über ihn lustig.
Vatel ging in sein Zimmer hinauf, lehnte sein Schwert gegen
die Tür und durchbohrte sein Herz, was ihm jedoch erst
beim dritten Streich gelang. Kurz nach seinem bedauernswerten Ableben kam der Fisch plötzlich von allen Seiten.
Man suchte nach Vatel, damit er den Fang verteile, und
stieg zu seinem Zimmer hinauf. Man rannte gegen die Tür
an, schlug sie schließlich ein und fand ihn in seinem Blut
liegend.«

Anschließend wird im Schloss ausgezeichnet gespeist.
Vatel wird auf die Schnelle beerdigt, damit sein Tod keinen Schatten auf das Fest wirft. Jahrzehnte später schreibt
der »Küchen-Dichter« Joseph Berchoux über dieses dumme
Missgeschick:

Oh ihr, die ihr sitzt beim köstlichen Gericht
Trauert um ihn, aber imitiert ihn nicht!

(F. Ch.)

Die Pastete des Atheisten

JULIEN OFFRAY DE LA METTRIE (1709–1751)

»Wer in der Nähe des Todes erzittert, ist wie ein Kind, das
Angst vor Geistern und Gespenstern hat. Das bleiche Phan-

tom darf an meine Tür klopfen, wann immer es will – es kann mich nicht schrecken. Allein der Philosoph bleibt mutig, wo die Mehrzahl der Mutigen dies nicht mehr ist«, schreibt Julien Offray de La Mettrie 1750 heiter. Nur wenige Monate später klopfte das »bleiche Phantom« tatsächlich bei ihm an. Er erlebte nicht einmal seinen zweiundvierzigsten Geburtstag.

La Mettrie wird am 19. Dezember 1709 als Sohn eines reichen Händlers in Saint Malo geboren. Eigentlich ist er für das Priesteramt bestimmt, kann aber seinen Vater davon überzeugen, ihn in den Niederlanden Medizin studieren zu lassen. Als Marinearzt reist er nach seiner Ausbildung auf einem Schiff bis nach China. Nach seiner Rückkehr nach Frankreich verdingt er sich als Militärarzt auf den Schlacht-feldern des Österreichischen Erbfolgekriegs. Hier hat er Gelegenheit, den Zusammenhang von körperlichem Zu-stand und seelischer Verfassung der Verletzten zu studieren, und beginnt, eine sehr materialistische Theorie der Existenz aufzustellen. Seine Schrift *L'homme machine* gerät zum Skan-dal. Man verjagt ihn zunächst aus Frankreich, später auch aus Holland. Zuflucht findet er bei Friedrich dem Großen, der ihm Sympathie entgegenbringt und es mit skandalträch-tigen Schriften nicht ganz so genau nimmt. In Berlin veröf-fentlicht La Mettrie 1751 folgerichtig *Die Kunst, Wollust zu empfinden* und bringt sich damit endgültig bei den für so viel Aufgeklärtheit noch nicht bereiten Philosophen in Misskre-dit. Diderot hält ihn für einen törichten Autor, »dessen grob-schlächtige, aber durch den eingestreuten Humor gefähr-liche Sophismen einen Schreiber erkennen lassen, der nicht eben die besten Vorstellungen von den wahren Grundfesten der Moral hat«.

Der tragikomische Tod La Mettries sorgt endgültig dafür,

den Ruf eines großen Denkers zu ruinieren und ihn zu einer Witzfigur herabzusetzen, die nie wirklich ernst genommen wurde. Am 8. November 1751 ist er zu einem Gastmahl bei Graf Tyrconnel geladen, dem französischen Botschafter in Preußen, den er von einer schweren Krankheit geheilt hat. Als echter Genussmensch greift der Franzose herzhaft zu. Doch schon bald wird ihm übel, »nachdem er eine ganze getrüffelte Fasanenpastete verzehrt hat«, wie der ebenfalls in Berlin weilende Voltaire beeindruckt schreibt. La Mettrie erstickt nicht an dem schweren Brocken, wie man manchmal zu hören bekommt, und er wurde auch nicht vergiftet, auch wenn das Gerücht eine Weile kursierte. Wahrscheinlicher ist, dass die Pastete des Botschafters ein wenig zu gut abgehangen, möglicherweise auch verdorben oder falsch etikettiert war. Voltaire berichtet von einer »Pastete aus in Fasan verkleidetem Adlerfleisch, gespickt mit schlechtem Speck, Schweinehackfleisch und Ingwer«. Hmmm, lecker. La Mettrie legt sich mit Magenbeschwerden ins Bett, beschließt, sich selbst zu behandeln, und schwächt seinen Körper durch acht Aderlasse. Nach drei Tagen Todeskampf stirbt er am 11. November 1751.

»Der zügellose, unverschämte, possenreißende und schmeichelnde La Mettrie [...] starb, wie er sterben musste: als Opfer seiner Unmäßigkeit und Verrücktheit«, schrieb Diderot, der sich offensichtlich ärgerte, dass jemand noch respektloser sein konnte als er selbst.

La Mettrie hatte sich einst gewünscht, im Garten der französischen Botschaft in Berlin beigesetzt zu werden. Für ihn wäre es die einzige Möglichkeit gewesen, auf den geliebten Boden der Heimat zurückzukehren. Auf sein Grab sollte man einen Birnbaum pflanzen, den er mit seiner organischen Materie ernähren wollte. Der wenig fromme Letzte Wille wird jedoch von seinen Zeitgenossen nicht respektiert. Man begräbt La Mettrie ausgerechnet auf einem katholischen Friedhof, »wo er sich sehr verdutzt wiederfinden wird«, wie der Zyniker Voltaire in einem Brief vom 14. November treffsicher bemerkt.

Immerhin wird dem zu Lebzeiten Verlachten posthum die nötige Ehrerbietung entgegengebracht – wenn auch ganz anders, als La Mettrie sie sich vermutlich gewünscht hätte: Er wird, trotz all seiner liederlichen Lästereien, auf Geheiß des Königs mit einer kirchlichen Zeremonie begraben. Das Gerücht geht um, La Mettrie habe auf dem Sterbebett zum Glauben zurückgefunden. Aber das ist natürlich Quatsch.

Voltaire berichtet: »Der König [Ludwig XV. »der Vielgeliebte«] hat sich auf das Genaueste über die Umstände seines Todes informiert und darüber, ob er die Tröstungen der katholischen Kirche oder irgendeine Erbauung in Anspruch genommen habe … Schließlich wurde in aller Deutlichkeit festgestellt, dass dieser Schlemmer als Philosoph starb« – und nicht etwa als in späten Jahren religiös gewordener, verfressener alter Sack. Mahlzeit! (B. F.)

Ein Männlein steht im Walde

JOHANN SCHOBERT (17??–1767)

Johann Schobert soll verschiedenen Quellen zufolge entweder 1720, 1735 oder 1740 in Schlesien, Straßburg oder Nürnberg geboren sein. Jedenfalls findet man ihn um 1760 unter dem Namen Jean Schobert oder Chobert in Paris wieder, wo er zu den Musikern des Fürsten Conti gehört. Er ist Komponist und ein begnadeter Cembalospieler, dessen Musik sogar Mozart so in ihren Bann zieht, dass sich in einigen seiner Konzerte und Sonaten komplette von Schobert inspirierte Passagen wiederfinden.

Es ist Friedrich Melchior Baron von Grimm, deutscher Schriftsteller (ob verwandt oder verschwägert mit den gleichnamigen Gebrüdern, ist nicht bekannt), der uns von einem ganz besonders schrecklichen Tod und einem wirklich dummen Starrsinn berichtet: »Der Tag des Hl. Ludwig [Dienstag, 25. August] war dieses Jahr [1767] durch ein äußerst betrübliches Ereignis gekennzeichnet. Monsieur Schobert, unter den Musikliebhabern als einer der besten Cembalisten von Paris bekannt, unternahm mit seiner Frau, einem seiner Kinder im Alter von vier oder fünf Jahren und einigen Freunden, darunter auch ein Arzt, einen Ausflug. Es waren sieben an der Zahl, die im Wald von Saint Germain-en-Laye spazieren gingen. Schobert liebte Pilze über alle Maßen; er sammelte also während der Wanderung einige im Wald. Gegen Abend erreichte die Gesellschaft Marly. Man betrat ein Wirtshaus und bat um die Zubereitung der mitgebrachten Pilze. Der Koch des Wirtshauses prüfte sie, erklärte, dass sie von der schlechten Sorte seien, und weigerte sich, sie zu kochen. Über diese Weigerung verärgert, verließen die Leute das Wirtshaus und suchten ein anderes auf, wo ihnen der Wirt dasselbe sagte und ebenso die Zubereitung der Pilze ablehnte. Ein grausamer Eigensinn, hervorgerufen von den ständigen Versicherungen des Arztes, der bei der Gesellschaft war, dass die Pilze gut seien, ließ sie abermals das Wirtshaus verlassen, um sie ihrem Verderben zuzuführen. Sie begaben sich alle nach Paris, in Schoberts Wohnung, wo dieser ihnen schließlich ein Abendessen mit den Pilzen vorsetzte.«

Alle Teilnehmer der Mahlzeit werden fast gleichzeitig

krank. Die ganze Nacht hindurch hat die Wandergruppe qualvolle Leibschmerzen. Aber es mangelt ihnen an der Kraft, Hilfe zu holen. Als man sie schließlich am nächsten Tag gegen Mittag findet, ist ihr Schicksal besiegelt.

Pilzvergiftungen sind äußerst schmerzhaft. Ab einem gewissen Punkt ist keine Hilfe mehr möglich, und es gibt häufig kein Gegengift. Trotzdem lässt der unausweichliche Tod manchmal sehr lang auf sich warten, denn nur nach und nach werden die Zellen im Körper, zum Beispiel die von der Leber, zerstört – was im schlimmsten Fall bis zu mehren Wochen dauern kann.

Das Kind stirbt als Erstes. Schobert leidet bis zum folgenden Freitag, seine Frau übersteht noch das Wochenende, einige der anderen siechen fast zehn Tage lang. Aber keines der Leckermäuler entgeht dem Tod. Immerhin, auch nicht der Doktor, der den Verzehr der vergifteten Ware immerhin bedenkenlos empfohlen hat. Zum Glück kann man sich hervorragend von dieser gar traurigen Geschichte ablenken, indem man die hinreißende Sonate Nr. 2 in B-Dur op. 14 von Johann Schobert genießt. (O. Ch.)

Das Beste zum Schluss

ADOLF FRIEDRICH VON HOLSTEIN-EUTIN, KÖNIG VON SCHWEDEN (1710–1771)

Der glücklose schwedische König Adolf Friedrich hatte Zeit seines Lebens einen schweren Gegenspieler: den Reichsrat, der Jahr für Jahr mehr politisches Gewicht erlangte und den König so praktisch entmachtete. Zwar bemühte sich der

Regent, eine gewisse Autorität zurückzuerlangen, indem er eine Tournee durch die schwedischen Lande machte und es sogar mit einem Staatsstreich versuchte, doch alle Liebesmühe war vergebens. Glücklicherweise hatte der Monarch zwei Leidenschaften, in denen er es zu deutlich mehr Ansehen brachte als in der Politik.

Sein erstes Hobby bestand in der Herstellung hübscher Schnupftabakdosen, die zweite Passion war das genüssliche Schlemmen. Als gebürtiger Deutscher und ehemaliger Fürstbischof von Lübeck waren Adolf Friedrich von Holstein-Eutin und sein Magen an die opulenten Tafeln seiner Zeit gewohnt, und nach der Übernahme der schwedischen Krone 1751 konnte er seiner kulinarischen Schwäche ohne Mäßigung durch etwaige Geldprobleme zwanglos frönen.

Am 12. Februar 1771 lässt er sich eine deftige nordische Mahlzeit schmecken. Sie besteht aus Hummer, Kaviar, Sauerkraut und geräuchertem Hering und wird mit viel Champagner begossen. Als man das Dessert aufträgt, droht bereits eine Magenverstimmung. Der Nachtisch an diesem Tag besteht aus dem Gipfel skandinavischer Feinschmeckerkunst: Semlas. Das sind mit Marzipan und Schlagsahne gefüllte und mit Zuckerguss übergossene Brioches. Zum Sterben lecker. Echte Schweden essen sie mit dem Löffel, nachdem sie sie in eine Schüssel mit warmer Milch getaucht haben. Die Speise hat genügend Kalorien, um ihren Genießer anschließend unbeschadet in der Unterhose durch Lappland wandern lassen zu können – aber sie schmeckt köstlich. Der alte König schlemmt nach Herzenslust. Und nimmt sich nach dem ersten Schälchen noch ein zweites. Und noch ein weiteres. Und noch ein weiteres. Beim vierzehnten Nachschlag bricht der König zusammen, und Schwedens Thron ist wieder vakant. (B. F.)

Die wehrhafte Olive

SHERWOOD ANDERSON (1876–1941)

Sherwood Anderson wird am 13. September 1876 in Camden, Ohio, geboren. Als junger Mann nimmt er am Spanisch-Amerikanischen Krieg in Kuba teil. Nach dem Ausscheiden aus dem Militärdienst wird er Verwalter in einer Lackfabrik. Mit sechsunddreißig Jahren kündigt er seine Arbeitsstelle, lässt Frau und Kinder sitzen und versucht sich als Schriftsteller. Im amerikanischen Mittelwesten geboren und genauestens über die dortigen Verhältnisse informiert, schreibt er über die Banalität des Lebens in dieser Gegend und den Kampf der Menschen gegen Einsamkeit, Enttäuschung und Angst. 1919 veröffentlicht er *Winesburg, Ohio. Roman um eine kleine Stadt.* Im selben Jahr erscheint *Das Ei triumphiert*, in dem er seine Beobachtungen und Betrachtungen des »hauptsächlich Schmutzigen« fortführt, welches das Leben ausmacht. Sein Werk überzeugt Hemingway, Steinbeck, Caldwell und vor allem Faulkner, der in ihm »einen Riesen unter lauter Pygmäen« sieht.

Obwohl er kleinen Dingen stets aufmerksam zugewandt ist, stirbt er am 8. März 1841 bei einem bedauerlichen Unfall. Wenige Tage zuvor nimmt er an Bord eines Schiffes, mit dem er in Begleitung seiner vierten Ehefrau nach Südamerika unterwegs ist, einen Aperitif zu sich und isst von den dazu gereichten Oliven. Dabei übersieht er die in den Früchten steckenden Zahnstocher. Zerstreut, wie er ist, verschluckt er eines der Holzstäbchen. Er bekommt eine Bauchfellentzündung und stirbt an perforiertem Darm.

»Alle Männer und alle Frauen, die der Schriftsteller kennengelernt hatte, verwandelten sich in groteske Figuren«, wurde einmal über ihn geschrieben. Das traf in gewisser Weise auch auf ihn selbst zu. (F. Ch.)

Du bist, was du isst

MAURICE-EDMOND SAILLAND
genannt CURNONSKY (1872–1956)

Maurice-Edmond Sailland wird am 12. Oktober 1872 in Angers, Frankreich, geboren. Er interessiert sich für alles, was mit Essen zu tun hat, zieht nach Paris und widmet sich insbesondere dem Schreiben über das leibliche Wohl, womit er sich nicht zuletzt den Spitznamen »le Prince des Gastronomes« einhandelt. Sein Pseudonym findet er in einer waghalsigen Mixtur aus Latein und Französisch: *cur* + *non* – warum nicht? Das Ganze garniert er mit der russischen Namenssilbe »sky«, die wie alles, was zu dieser Zeit aus dem Zarenreich kommt, der letzte Schrei ist.

Doch die Restaurantkritik ist eine brotlose Kunst. Sailland wohnt mit dem Dichter Paul-Jean Toulet zusammen und verfasst notgedrungen Werbetexte, um sich zu ernähren. Seine ausgeprägte Lust an gutem Essen festigt die Beziehung zu dem Schriftsteller Marcel Rouff, mit dem er angesichts des ansteigenden Automobiltourismus beschließt, das gastronomische Frankreich kreuz und quer zu bereisen. Aus diesem Unterfangen entstehen zwischen 1921 und 1928 die fast dreißig Bände von *La France gastronomique*, einem kulinarischen Reiseführer durch die Republik. Curnonsky wird außerdem zum Mitbegründer des Gastronomie- und Reiseführers *Guide Michelin*.

Der herausragende Genießer, Freund frischer Weine und wohlriechenden Tabaks wird 1927 von mehr als dreitausend Köchen zum Fürsten der Feinschmecker erkoren. Kurz darauf ruft er, getreu seinem Leitsatz »Die wahre Kunst besteht darin, den Lebensmitteln jenen Geschmack zu lassen, der ihnen eigen ist«, die sogenannte *Akademie der Feinschmecker* ins Leben, die kalorienreiche Antwort auf die Académie française. 1947 gründet der unermüdliche Gourmet außerdem die Zeitschrift *Cuisine et Vins de France*, die bis heute existiert.

Der Autor, dessen Werke sich fast ausschließlich mit Feinschmeckerei beschäftigen, wiegt stattliche hundertzwanzig Kilo. Selbstlos hat er sich an vielen Tischen verausgabt – nun ruft ihn der Doktor zur Räson. Der bekannteste Schlaraffe des Landes wird auf Diät gesetzt.

Am 22. Juli 1956 lehnt sich Curnonsky an das Fenster seiner Pariser Wohnung am Place Henri Bergson. Geschwächt von der Schonkost, verliert er das Gleichgewicht. Er stürzt aus dem dritten Stockwerk und endet als Opfer seiner kulinarischen Leidenschaft zerschmettert auf dem Bürgersteig. Ein makabrer Scherz des Universums? Ganz bestimmt nicht, versicherten diejenigen, die ihm nahestanden. Nie um einen flotten Spruch oder einen launigen Witz verlegen, schrieb er einmal über eine Schänke auf dem Land in der Nähe von Paris: »Wenn die Suppe genauso warm gewesen wäre wie der Wein, der Wein so alt wie das Huhn und die Poularde so fett wie die Hausfrau, dann wäre es gut gewesen.« Bei derlei respektloser Offenheit wird ein mildes Schmunzeln über Curnonskys sprichwörtlichen Abgang wohl erlaubt sein.

Fanden auch seine Hinterbliebenen. Auf seinem Grabstein auf dem Friedhof von Beauchamp steht:

Hier ruht Curnonsky.
Toter im Nachbargrab, bewache deinen Löwenzahn,
denn er würde auch noch die Wurzeln essen.

(F. Ch.)

Das letzte Mahl. Weitere beispielhafte Nahrungsaufnahmen mit Todesfolge

ANAKREON (ca. 580–495 v. Chr.), der Dichter des Bacchus und der Weinseligkeit, verschluckte sich an einer Traube und verstarb. Tragisch, da die Frucht noch nicht zu Wein geworden war. Der englische König HEINRICH I. (1068–1135) soll nach einem (Fress-)Gelage und dem Genuss verdorbener Neunaugen dahingeschieden sein. MAXIMILIAN I. VON HABSBURG (1459–1519), der Großvater von Karl V., zog sich nach der Rückkehr von der Jagd angeblich eine Magenverstimmung durch Melonen zu, die er nicht überlebte. Tatsächlich aber stand es noch viel schlimmer um ihn: Er litt an Darmkrebs.

HADRIAN IV. (ca. 1100-1159), der im Jahr 1154 als bisher einziger Engländer auf den Stuhl Petri gewählt wurde, soll daran gestorben sein, dass er eine Fliege verschluckte, die in seinem Weinglas schwamm. Auch andere Päpste wurden von Gott zu sich gerufen, ohne dass man je erfahren hat, ob sie Opfer verdorbener Lebensmittel oder, was wahrscheinlicher ist, eines vergifteten jüngsten Gerichts wurden. Ein solches Schicksal ereilte auch PAUL II. (1417-1471). Offiziell allerdings starb er an einer herkömmlichen Magenverstimmung (und wurde anderen Quellen zufolge überdies beschuldigt, in den Armen eines jungen Dieners sein Leben ausgehaucht zu haben, weswegen wir ihn beinahe bei den Ausschweifenden einsortiert hätten). Auch CLEMENS XIV. (1705-1774), der Jesuitenfeind, wurde vermutlich vergiftet – möglicherweise waren die Jesuiten daran nicht ganz unschuldig, aber das ist blanke Theorie. Der berühmte Papst ALEXANDER VI. (1431-1503), auch bekannt unter dem Namen Rodrigo Borgia, soll es nach Angaben seiner Feinde nicht überlebt haben, dass er versehentlich selbst den vergifteten Wein trank, den er eigentlich Kardinal Corneto zugedacht hatte.

Auch wenn es nicht stimmt, dass PIUS XII. (1876–1958) an Schluckauf starb, so wurde doch der Schriftsteller SCARRON (1610–1660) durch diesen unangenehmen Tod dahingerafft. Der Dichter SANTEUIL (1630–1697) soll ein Glas Wein nicht überlebt haben, in das ein Witzbold den Inhalt seines Tabakbeutels geleert hatte. Besonders hervorheben wollen wir den japanischen Schauspieler BANDŌ MITSUGORŌ VIII. (1906–1975): Er liebte Gerichte aus der Leber des Kugelfischs – des berühmten Fugu – und behauptete, dass ihm das darin enthaltene Gift nichts anhaben könne. Da er hier in dieser Liste gelandet ist, können Sie sich vermutlich denken, wie weit es um seine Unsterblichkeit stand.

Der philosophischste der über die Verdauungsorgane herbeigeführten Sterbefälle war jedoch der, dem der chinesische Kaiser QÍN SHĬHUÁNGDÌ (ca. 259–210 v. Chr.) zum Opfer fiel: Er hatte von einem Zauberer Pillen bekommen, die ewiges Leben versprachen – wunderhübsche silbrig glänzende Kügelchen aus Quecksilber, die der Kaiser begierig schluckte. Kann ja keiner ahnen, dass das Zeug hochgradig giftig ist!

IV. Die Geizigen

Eine gewisse Schwäche für allerlei Funkelndes und Glänzendes können auch die folgenden diebischen Elstern aufweisen. Ein geldgieriger Steuerpächter namens Foscué aus dem Languedoc soll sich im 18. Jahrhundert im Schatzkeller seines Schlosses aufgehalten haben, als die Tür zufiel und ihn einsperrte. Erst Jahrzehnte später fand man seine Leiche neben Resten von Kleidung und Kerzen, die er gegessen hatte, ehe er inmitten seines zusammengerafften Schatzes verhungerte. Armer Kerl. Doch ebenso wie die Liebe zu Frauen oder eine Passion für gutes Essen hat ein unmäßiger Hang zum Reichtum schon oft zu einem fatalen vorzeitigen Ende geführt, dem man häufig den bitteren Beigeschmack der Gerechtigkeit nicht absprechen kann. Wohl bekomm's.

Den Mund zu voll genommen

MARCUS LICINUS CRASSUS (115–53 v. Chr.)

Kurz nach der Ermordung seines Vaters und seines Bruders flieht Marcus Licinius Crassus, Spross einer Aristokratenfamilie, von Rom nach Andalusien, wo er einige Zeit im Exil lebt. Als es in Rom wieder einmal zum Bürgerkrieg kommt (was damals nicht allzu ungewöhnlich ist), kehrt er zurück in die Heimat und verbündet sich mit dem römischen Feldherren Lucius Cornelius Sulla Felix, kurz Sulla. In den Kämpfen um die Reichsherrschaft tut sich Crassus durch außerordentliche Tapferkeit und eine bemerkenswerte taktische Klugheit hervor. Mit seiner Hilfe bezwingt Sulla den lästigen Vorgänger und nimmt Rom ein.

In der Folge profitiert Crassus von den durch Sulla befohlenen politischen Säuberungen und bereichert sich dabei so sehr, dass er einer der reichsten Männer Roms wird. Der Namenszusatz »Dives« (»der Reiche«) ist damit nur noch eine Formsache.

74 v. Chr. wird Rom durch den von Spartacus angeführten Sklavenaufstand bedroht. Crassus erhält volle Befehlsgewalt und soll den Aufstand niederschlagen. Er greift zu einer List und lässt sechstausend gefangengenommene Sklaven entlang der Via Appia kreuzigen, während der Heerführer Gnaeus Pompeius Magnus, ebenfalls im Dienst Sullas, die durch das Ablenkungsmanöver verwirrten überlebenden Revoluzzer vernichtet. Nach der Rückkehr in die Reichsstadt bilden Crassus und Pompeius ein Doppelkonsulat und schicken ihren einstigen Lehnsherren Sulla (wie seinerzeit üblich) dahin, wo der Pfeffer wächst.

Alles schön und gut, könnte man meinen. Aber der Friede

ist nur von kurzer Dauer. Beunruhigt durch den ständig steigenden Einfluss seines Kumpels Pompeius plant Crassus, sich des lästigen Konkurrenten zu entledigen, und verhilft einem jungen Volkstribun mit Namen Gaius Julius Caesar zu einem Amt als Konsul. Dieser zeigt sich allerdings wenig loyal und verbündet sich schon bald mit Pompeius – der Schuft. Crassus verlässt Rom, da ihm der Boden zu heißt wird, und geht in die Provinz Syrien, wo er die Statthalterschaft übernimmt. Unterwegs plündert er den Tempelschatz in Jerusalem und überquert schließlich den Euphrat, um gegen den Partherkönig Orodes II. zu kämpfen.

Zwar wird Crassus von einem Feldherrn namens Surenas vernichtend geschlagen, aber die wahren Umstände seines Todes bleiben im Dunkeln. Einige frühe Geschichtsschreiber geben an, er sei im Kampf gefallen, doch dabei handelt es sich wahrscheinlich um eine Verwechslung mit seinem fast gleichnamigen Sohn, der sich auf dem Feld lieber selbst die Lichter ausblies, als in die Hände des Feindes zu fallen. Plutarch schreibt, Crassus sei von einem seiner Sklaven verraten und ermordet worden. Laut Cassius Dio jedoch starb er bei einer Unterredung mit Surenas, der dem Besiegten geschmolzenes Gold in den Mund träufelte und sagte: »Sättige dich an dem Metall, auf das du so erpicht bist!« (D. A.)

Der arm(selig)e Poet

JEAN CHAPELAIN (1595–1674)

Jean Chapelain wird am 4. Dezember 1595 als Sohn eines Notars geboren und hätte zweifellos die väterliche Laufbahn eingeschlagen, wäre seine Mutter nicht so eine begeisterte Leseratte gewesen. Chapelain widmet sich der Literaturwissenschaft, lernt Italienisch und Spanisch und ist bald so gut, dass er als Übersetzer arbeiten kann. Der gebildete, findige Mann schreibt Vorworte und Kritiken und macht sich so einen Namen, vor allem bei feinen Herren, die ihm durch ihre damals übliche Spendierlaune den Lebensunterhalt sichern. Er gehört sogar zu der kleinen Gruppe von Männern, die zusammengerufen wird, um die Académie française, eine der ältesten und prestigeträchtigsten Institutionen im geistigen Leben Frankreichs, zu gründen. Ein nicht ganz unbekannter Monsieur Richelieu bittet ihn neben einigen anderen darum, die Statuten der Académie zu entwerfen.

Trotz dieser vielfältigen Aufgaben findet Chapelain die Zeit, sein großes Werk zu schreiben, ein Epos in Versen, dessen zwölf erste Gesänge er 1656 veröffentlicht. Sein Vorhaben ist allerdings derart umfangreich, dass die zwölf letzten Gesänge erst 1882 erscheinen, sage und schreibe zwei Jahrhunderte nach seinem Tod.

Dass Chapelain mehr als dreißig Jahre braucht, um sein Meisterwerk zu vollenden, ist sicher nicht zuletzt dem Umstand zu verdanken, dass er möglichst lange vom Geldfluss seines treusten Mäzens, des Grafen de Longueville, profitieren will. Denn dem Diener der Kultur und der schönen Künste ist vor allen Dingen am schnöden Mammon gelegen.

Der Name des offiziell an einem Schlaganfall gestorbenen Chapelain wird gern mit folgender Anekdote verbunden: »Eines Tages war er auf dem Weg zur Académie. Es regnete in Strömen. Weil er nicht für die Benutzung eines Stegs über den Bach bezahlen, aber auch nicht warten wollte, bis der Regen nachließ, lief er durch das Wasser, das ihm bis über die Knie reichte. Anstatt sich in der Académie am Feuer zu wärmen, setzte er sich an einen Schreibtisch, damit man seine nassen Beine nicht sah. Er erkältete sich, bekam es auf der Brust und starb am 22. Februar 1674 im Alter von neunundsechzig Jahren.«

Chapelain biss ins Gras, weil er die Maut für einen Steg nicht bezahlten wollte – und zu eitel war, um seine nassen Hosenbeine am Kaminfeuer zu trocknen. Er hinterließ ein Vermögen von fünfzigtausend Écu, das man bei ihm zu Hause fand. Natürlich weiß heute kein Mensch, wie viel fünfzigtausend Écu wert sind – aber für eine Passage über einen Bach und eine neue Hose hätte es vermutlich gereicht. (B. F.)

Aus dem Tritt gekommen

JACK DANIEL (1846–1911)

Mister Daniel kann durchaus als glücklicher Mensch bezeichnet werden, auch wenn er sein Glück auf Kosten der Gesundheit seiner Zeitgenossen gemacht hat. 1863 kauft er eine alte Brennerei in einem verschlafenen Nest in Tennessee und macht daraus im Laufe der nächsten Jahrzehnte ein Weltunternehmen. Man kann sich leicht vorstellen, dass ein Mann, der eine schnöde Schnapsbrennerei im amerikanischen Nirgendwo zu einem solchen Erfolg treibt, ein Mensch mit viel Energie und einem beachtlichen Temperament sein muss. Und tatsächlich wird Mister Daniel ziemlich wütend, als er an jenem Morgen des Jahres 1911 feststellen muss, dass er, als er sehr in Eile eine gewisse Summe Geld aus seinem Safe holen will, die falsche Nummernkombination am Zahlenschlossrad des Safes eingegeben hat. Er versucht es einmal, zweimal und schließlich ein drittes Mal. Aber die Tür rührt sich nicht. Wieder einmal hat er die Zahl vergessen.

Innerhalb von vierzig Jahren hat er seine Fabrik mit einem der berühmtesten Whiskeys der Welt, dem Jack Daniel's, zum Erfolg geführt. In allen Ländern verkauft er seine unverkennbaren viereckigen Flaschen mit dem schwarzen Etikett und hat aus seinem Destillat sogar ein amerikanisches Nationalgetränk gemacht. Seine Errungenschaften werden in den USA als so groß empfunden, dass man nur seinetwegen die Herkunftsbezeichnung »Tennessee Whiskey« ins Leben ruft.

Doch im Jahre 1911 steht Jack Daniel kurz vor dem Rückzug aus dem Berufsleben. Sein Unternehmen hat er einem vertrauenswürdigen Neffen überschrieben, sein Name ist auf der ganzen Welt zum Synonym für Geschmack und Qualität geworden, die Leute auf der Straße drehen sich nach ihm um, wenn er vorübergeht – er aber steht ratlos vor einem unbeweglichen Metallkasten, der sich weigert, sein Geld herauszurücken.

Er ist spät dran. Niemand außer ihm kennt die Kombination. Bis er einen Schlosser gerufen hat, ist der Tag gelaufen. Zum mittlerweile zehnten Mal dreht er am Rad und gibt eine weitere Ziffernfolge ein, die womöglich die richtige ist, aber die Tür bleibt zu. Man kann den Boss der Destille fast vor sich sehen, wie er, vor Wut schäumend, das vermaledeite Zahlenschloss mit den wüstesten Beschimpfungen traktiert. Aber das ändert absolut nichts an der Situation. Auch seine Macht als ruhmreicher Industrieller kann nichts gegen dieses Stück unnachgiebigen Stahl ausrichten.

Außer sich vor Wut versetzt er dem renitenten Safe mit der ganzen Kraft seines Zorns einen heftigen Fußtritt. Und der Zorn muss wirklich groß gewesen sein, denn ein jäher, kaum erträglicher Schmerz durchzuckt seinen Fuß. Der eilig herbeigerufene Arzt diagnostiziert einen offenen Zehenbruch, und in einer Zeit, in der man es mit Keimfreiheit noch nicht so wirklich genau nimmt, kommt die offene Wunde auf die dumme Idee, sich zu entzünden. Die Entzündung wächst sich zu einer schlimmen Blutvergiftung aus. Jack Daniel stirbt innerhalb weniger Tage. Und der Tresor steht in seiner Ecke und lacht sich ins Fäustchen.

Der mörderische Safe existiert noch heute und steht nach wie vor an seinem angestammten Platz im Büro des Firmengründers. Man zeigt ihn Touristen, die aus aller Welt anreisen, um die Brennerei zu besuchen, und erzählt die zugehörige Anekdote. Fast alle Besucher lassen sich vergnügt bei einem Fußtritt gegen den Safe fotografieren. Etwas anderes können die Touristen an diesem Ort auch nicht tun. Denn obwohl es den berühmten Tennessee Whiskey auf der ganzen Welt zu kaufen gibt, darf man ihn in der Brennerei in Lynchburg und Umgebung nicht zu sich nehmen. Das verbietet das Gesetz. Das verschlafene Nest liegt nämlich im Moore County, einem der sogenannten Dry Counties, in denen die Gesetze seit der Prohibition nicht geändert wurden und die daher Verkauf, Ausschank und sogar Transport von Alkohol stark einschränken oder gar verbieten. (B. L.)

Wer den Pfennig nicht ehrt

EDMOND TOUSSAINT (1849–1931)

Edmond Toussaint wurde am 16. Juli 1849 in der Provinz geboren – nämlich in Lunéville im Departement Meurtheet-Moselle, im verschnarchten Osten Frankreichs, wo sich Fuchs und Hase Gute Nacht sagen. Der Sohn eines Landbriefträgers ist noch ein Kind, als die nur vier Jahre zuvor ausgerufene junge Republik am 2. Dezember 1852 von Louis-Napoleon Bonaparte abgeschafft wird. Aber auch der Umbruch ist nicht von Dauer: Mit gerade einmal einundzwanzig Jahren muss Toussaint miterleben, wie am 4. September 1870 das Zweite Kaiserreich im Angesicht der voranrückenden Preußen zusammenbricht. Schließlich erlebt er als junger Soldat die Belagerung von Paris und die Verhandlungen der französischen Regierung mit den Pickelhauben tragenden Besatzern.

Das ist zu viel des Guten: Toussaint verliert seinen Glauben in den Staat. Nur zehn Jahre später findet man ihn bei Treffen der extremen Linken wieder. Der Mitbegründer antiklerikaler Zeitschriften ist seit 1880 Mitglied der Partei *Parti Ouvrier Français*, der französischen Arbeiterpartei, später schließt er sich den Sozialisten an. Er ist ein überzeugter Verfechter der Idee einer kommunistischen Gesellschaft, fordert den Acht-Stunden-Tag, einen wöchentlichen Ruhetag, gleiche Bezahlung für Frauen und Männer und die Abschaffung des Senats. Am Rednerpult wettert er gegen die bürgerliche Gesellschaft – doch seine Meckereien verhallen im Nichts. Nachdem er bei den Wahlen 1898 nur knapp, 1902 aber deutlich geschlagen wird, zieht sich Toussaint aus der Politik zurück, kümmert sich um seine Geschäfte und häuft dabei ein ansehnliches Vermögen an.

Im Jahr 1931 gehört er zu den letzten Überlebenden der Pariser Sozialisten, doch spielt Toussaint für die linken Parteien keine Rolle mehr. Ihn stört es nicht, er hat jetzt Besseres zu tun: Geld zählen. Und rumknausern. Toussaint besitzt zwei Mietshäuser, lebt jedoch selbst ohne Strom-

anschluss, kleidet sich wie ein Landstreicher und ist dafür
bekannt, dass er sich seine Nahrung aus den Mülleimern
der Nachbarschaft zusammenklaubt. Die Gasleitung seiner
Wohnung ist so altersschwach, dass an mehreren Stellen Gas
austritt. Aber reparieren lassen? Himmel, das könnte ja etwas
kosten! Zu einer solchen Ausgabe kann sich der alte Knacker
beim besten Willen nicht aufraffen. Er sucht Tücher und
Kordelenden zusammen und macht sich selbst ans Werk.

Doch sein Sparkurs kostet ihn das Leben: Am nächsten
Tag findet ihn die Hausmeisterin halbtot in seiner Wohnung. Er hat eine schwere Gasvergiftung. Man bringt ihn ins
Krankenhaus, wo er am 26. Februar 1931 stirbt. Der Verkünder der sozialen Revolution macht seinen letzten Atemzug,
weil er ein paar läppische Francs bei der Instandsetzung der
Gasleitung sparen wollte. Irgendwie bescheuert. (B. F.)

V. Die Sensibelchen

Es wird erzählt, dass sich der Dichter und Dramaturg CARLO ALESSANDRO GUIDI (1650–1712) zum Papst begab, um diesem ein Exemplar seines neusten Werks zu überreichen. Im buchstäblich letzten Moment jedoch entdeckte er einen Druckfehler. Sein Entsetzen darüber war so groß, dass er einen Hirnschlag erlitt und nicht das Buch, sondern den Löffel abgab.

Schriftsteller, Philosophen und Künstler legen des Öfteren eine übergroße Sensibilität an den Tag. Ein für Otto Normalverbraucher höchstens als ärgerlich einzustufender Vorfall kann sie an die Grenze der Belastbarkeit bringen. Oder in die Irrenanstalt, wie im Fall von ROBERT SCHUMANN (1810–1856), der sich freiwillig einweisen ließ, um die Stimmen in seinem Kopf (die ihm die schönsten Melodien und das Versprechen zuflüsterten, ewig in der Hölle zu schmoren) endlich zum Schweigen zu bringen. Nach seinem Tod wurde der Komponist obduziert. Die Autopsie seines Gehirns brachte die Erkenntnis, dass der Musiker zeit seines Lebens kerngesund gewesen war.

Im nächsten Leben

MAKARIOS DER ÄGYPTER (um ca. 300-390)

Die meisten der Lebensgeschichten von Heiligen und Mär-
tyrern enden zwar tragisch, aber nicht dumm. Es sei denn,
man macht sich die Ansicht Voltaires zu eigen, der einmal
behauptet hat: »Im Angesicht einer Horde gut bewaffneter
römischer Legionäre muss man ziemlich dumm sein, es ab-
zulehnen, seinem Glauben zu entsagen.«
    Eine der Legenden jedoch unterscheidet sich deutlich von
den anderen. Es ist die des heiligen Makarios. Der ägypti-
sche Eremit irrte mit einem großen Sack voll Sand auf dem
Rücken in der Wüste umher, und wenn man ihn fragte,
warum er das tat, antwortete er: »Um meinen Körper zu
quälen, der mich quält.«
    Klingt komisch? Es kommt noch besser. Glaubt man dem
Bericht von seinem Ende, hätte dieser christliche Einsiedler
es durchaus verdient, das Nirwana zu erreichen (selbst wenn
das genaugenommen für die Buddhisten reserviert ist): Eines
Tages tötete der gute Priester mit eigener Hand einen Floh.
Die Tat schmerzte ihn im Anschluss so sehr, dass er zur Buße
sechs Monate nackt in der Wüste verbrachte, bis sein Körper wie eine einzige offene Wunde war und er vermutlich
einer gammligen Dörrpflaume glich. Erst danach konnte
er in Frieden entschlafen und der Welt die Erinnerung an
seine große Tugend hinterlassen – und die Erkenntnis, dass
Wiedergeburt auch ihre Nachteile hat. (B. F.)

Die falsche Note

Arcangelo Corelli wird am 17. Februar 1653 in Fusiniano, Italien, geboren. Eigentlich soll er Priester werden, entscheidet sich dann aber doch für die Geige. Schon in jungen Jahren geht er nach Rom, wo er schnell Berühmtheit als Lehrer, Organisator von Theatervorstellungen und Komponist erlangt. Er wird zum Wegbereiter für Vivaldi, Bach, Händel, Telemann und Couperin. Als gewissenhafter und geduldiger Musiker lässt er sich nicht von den zahlreich eingehenden Bestellungen bei ihm beirren, sondern komponiert nach eigenem Gusto und immer schön der Reihe nach.

1708 geht er an den Hof von Neapel. Als er einige Jahre später nach Rom zurückkehrt, hat sich das Publikum anderen Musikern zugewandt. Seine Heimkehr wird kaum wahrgenommen, und Corelli versinkt in einer Nervenschwäche – heute würde man Depression sagen. Den Rest gibt ihm sein Landsmann und Komponist Scarlatti, der Corelli (je nach Version der Geschichte) entweder auf eine angeblich falsche Note oder auf die falsche Wertigkeit einer Note in einem seiner Werke hinweist. Verbittert über diese Bemerkung stirbt Corelli am 8. Januar 1713 aus Kummer und Demütigung. (F. Ch.)

Die unscharfe Klinge

LOUIS-GABRIEL GUILLEMAIN (1705–1770)

Schon als kleiner Junge erweist sich Guillemain als herausragender Geiger. Zur musikalischen Untermalung der Mußestunden von Adligen komponiert er Violinsonaten, Stücke für Cembalo sowie einige Divertissements (das ist der nette musikalische Begriff für »keine allzu schwere Kost«) und nähert sich über die Adelshäuser von Lyon und Dijon Schritt für Schritt seinem Ziel: Paris und dem Hof von Versailles. Aber erst mit zweiunddreißig Jahren wird er als Musiker in den Dienst des Königs berufen. Von diesem Augenblick an wird das Leben von Louis-Gabriel Guillemain zu dem eines Höflings, wie er es sich immer erträumt hat.

Mit fortschreitendem Alter entdeckt er seine Leidenschaft für den Wein und spricht ihm gern und ausgiebig zu. Der Hof macht sich über seine Trunksucht lustig, zeigt sich aber gleichzeitig auch neidisch auf sein großes Talent und seinen dauernden Erfolg. Der Schuldenberg, den Guillemain anhäuft (oder besser: ansäuft), wird so drückend und unüberwindlich, dass er in eine tiefe Depression stürzt. So weit hat die Geschichte noch nichts Besonderes. Wunderkind wird Teil der besseren Gesellschaft, kommt in Kontakt mit Drogen und stürzt ab. Ein bisschen bei Drew Barrymore.

Die Umstände Guillemains Todes sind allerdings mehr als seltsam. Am 1. Oktober 1770 begibt er sich von Paris nach Versailles. Auf halber Strecke tötet er sich selbst. Und zwar mit vierzehn Messerstichen! Noch am selben Tag wird seine mit Wunden übersäte Leiche irgendwo in der Pampa verscharrt, denn die Kirche pflegt sich der verlorenen Seelen von Selbstmördern zu dieser Zeit noch nicht anzunehmen.

Selbstmord ist natürlich eine sehr persönliche und bedauerliche Angelegenheit – aber gewisse Fälle rufen so viel Verwunderung hervor, dass es gestattet sein muss, sie zu hinterfragen. Natürlich hat Alkohol, wie wohl jeder weiß, betäubende Eigenschaften und kann überdies auch zu einer eher tölpelhaften Motorik führen. Aber sich selbst umbringen mit vierzehn Messerstichen? Das klingt doch eher unwahrscheinlich.

War vielleicht doch eher ein inkompetenter Messerschleifer schuld am seltsamen Schicksal des begnadeten Geigers? Könnte die fast schon absurd anmutende Technik der Selbsttötung von Louis-Gabriel Guillemain der stümperhaften Arbeit eines dilettantischen Handwerkers zuzuschreiben sein? War die Klinge nicht scharf, und deswegen musste der Musiker vierzehnmal zustechen? Oder war es das, was die Welt vermutet: Absicht?

Wir werden es wohl nie erfahren. (O. Ch.)

Der Schlüssel zum Misserfolg

NICOLAS GILBERT (1750–1780)

Ein skurriler Tod muss nicht unbedingt plötzlich eintreten, sondern kann sich auch unendlich langsam hinziehen, wie das merkwürdige und komplizierte Ende des Literaten Gilbert beweist.

Nicolas-Joseph-Laurent Gilbert erblickt am 15. Dezember 1750 als Sohn eines lothringischen Bauern das Licht der Welt. Der Ortspfarrer bemerkt bald schon die ungewöhnliche Intelligenz des Knaben und unterrichtet ihn in Literatur und Latein, ehe er ihm Zugang zur weiterführenden Schule verschafft.

1769 lässt sich der junge Gilbert in Nancy nieder, wo er eine persische Geschichte ins Französische übersetzt und veröffentlicht, womit er einen ersten bescheidenen Erfolg verbuchen kann. Seine Einsendungen an die Académie française hingegen werden nicht beachtet, was ihn sehr verdrießt und zu einigen bösen Satiren gegen die Schöngeister in Paris inspiriert.

Im Jahr 1774 zieht der Lothringer in die pulsierende Hauptstadt. Er ist wild entschlossen, sein Talent endlich unter Beweis zu stellen. Die Kritik allerdings lässt kein gutes Haar an ihm, und den Großen des Königreichs, die er mit Lobgedichten über ihren Ruhm überhäuft, ist er allenfalls ein paar kümmerliche Münzen wert. Gilbert fristet das Dasein eines Clochards – hungrig, zerlumpt und obdachlos. Eines Tages erfährt er, dass eine reiche Familie einen Hauslehrer sucht. Er geht zu Jean-Baptiste le Rond d'Alembert, den er persönlich kennt, und bittet ihn um ein Empfehlungsschreiben. Der Pariser Mathematiker und Physiker sagt ihm seine Unterstützung zu, lässt es dann jedoch bleiben, und die Stelle wird anderweitig vergeben.

Für Gilbert bedeutet das die Kriegserklärung. Von diesem Tag an lässt er kein gutes Haar mehr an den Philosophen und dem Geist der Aufklärung. Er greift nicht nur die Literaten an, sondern auch ihre Mäzene, was sich als ziemlich gefährlich erweist. Die hohen Herren mögen zwar in die neuen Ideen vernarrt sein, aber sie sind und bleiben Teile der besseren Gesellschaft und verfügen über Personal, das einem verdreckten Dichter, der sie zu beleidigen wagt, gerne mal die Leviten liest. Und genau das ist vermutlich im Oktober 1780 geschehen: Von Lakaien angegriffen, stürzt Gilbert auf der Place Louis XV. unglücklich vom Pferd. Das ist der erste Akt seines skurrilen Todes.

Zweiter Akt: Man bringt ihn ins Krankenhaus, wo sich die Ärzte nur noch durch eine Trepanation, die operative Öffnung des Schädels, um den Hirndruck zu senken, zu helfen wissen.

Dritter Akt: Während der Genesungszeit im Krankenhaus hat Gilbert sein einziges Hab und Gut bei sich – eine verschlossene Kassette, die seine Papiere und eine winzige Barschaft enthält. Will er damit den Fährmann ins Jenseits bezahlen? Wohl kaum. Wahrscheinlicher ist, dass die Operation am Gehirn, die mit den noch eher rudimentären Hilfsmitteln der damaligen Zeit durchgeführt wurde, seinem Geisteszustand geschadet hat. Jedenfalls verschluckt Gilbert den Schlüssel der Kassette. Der verkeilt sich in seinen Eingeweiden. Nach mehrtägigem Todeskampf wimmert er die Worte: »Der Schlüssel! Der Schlüssel!« Dann stirbt er.

Als hätte er sein nahes Ende kommen sehen, hat Gilbert acht Tage vor seinem Tod die einzige Ode gedichtet, die wirkliche Beachtung gefunden hat. Sie heißt *Abschied vom Leben*.

Am 12. November 1780 tut Gilbert, der Schlüssel schluckende Schreiber, seinen letzten Atemzug. Er wird nicht einmal dreißig Jahre alt. Seine Möchtegern-Nachfolger auf dem Gebiet des »armen Poeten« müssen sich warm anziehen. (B. F.)

Falsche Freunde

Der Sturm-und-Drang-Dichter Jakob Lenz, der bis heute von Romantikern verehrt wird, war ein argloser, treuherziger und entwaffnend sentimentaler Mensch. Er glaubte felsenfest an eine große und lukrative Karriere, weil diejenigen, die er für die Elite der Schreibkunst hielt, ihn irgendwann einmal zur Kenntnis genommen hatten.

Eigentlich fängt für den Pastorensohn, der nur für die Literatur leben will, alles ganz gut an. Nachdem er aus dem Baltikum ins Elsass gezogen ist, gelingt es ihm gleich mit seinen ersten Texten, die Aufmerksamkeit der wichtigsten regionalen Literaturschaffenden auf sich zu ziehen. Unter diesen befindet sich auch ein gewisser Johann Wolfgang von Goethe, der zwei Jahre älter ist und in Straßburg studiert. Lenz erlebt, wie rapide die Popularität des jungen Deutschen nach der Veröffentlichung der *Leiden des jungen Werther* steigt. Natürlich macht sich der junge Mann Hoffnungen. Er ist ebenso von Begeisterung durchdrungen wie sein bewundertes künstlerisches Vorbild – dann muss sich doch der Erfolg auch genauso schnell einstellen wie bei seinem Kumpel Johann? Der Wille allein reicht aber nicht, um berühmt zu werden. Tatsächlich hilft Goethe ihm, seine ersten Texte zu veröffentlichen, mehr passiert aber auch nicht. Als der zukünftige Dichterfürst an den Hof des Herzogs von Weimar berufen wird, beglückwünscht Lenz ihn von ganzem Herzen. Und meint es vermutlich auch so.

Kaum aber ist der junge Dramatiker allein in Straßburg, muss er sich mit der banalen Wirklichkeit auseinandersetzen. Ihm wird klar, dass er von seiner Schreiberei nicht leben kann. Damit das nicht so bleibt, entschließt er sich, dem »Freund« nach Weimar zu folgen. Goethe wird ihn sicher bei Hof einführen, wo ihm Ruhm und Anerkennung winken. Zuversichtlich rauscht Lenz nach Weimar ab.

Weil der Pastorensohn aber keine Ahnung von höfischem Benehmen hat, manchmal ziemlich blauäugig ist und oft im Überschwang seiner Gefühle handelt, macht sich bald schon der ganze Hof über ihn lustig. Gegenüber den jungen Adeligen benimmt sich Lenz, als sei er ihr bester Freund. Er duzt sie, behandelt sie wie Gleichgestellte, begeht eine Dummheit nach der anderen und wird damit, ohne es zu bemerken, zum Hofnarren der höheren Gesellschaft. Goethe nimmt nur noch kopfschüttelnd zu Kenntnis, was er »Lenz' Eseley« nennt. Der junge Mann geht schließlich so weit, maskiert zu einer Veranstaltung zu erscheinen, bei der gar kein Kostüm gefragt ist. In voller Montur fordert er eine Dame des Hochadels zum Tanz auf. Zwar amüsiert sich auch Goethe über solche Eskapaden, aber das Lachen klingt zunehmend gezwungen.

Irgendwann bemerkt endlich auch Lenz, dass er sich zum Gespött der Leute gemacht hat. Zum größten Bedauern des Hofes, dem Lenz bislang eine super Show geliefert hat, zieht er sich schmollend in eine Hütte im Wald zurück und mimt den Einsiedler.

Seinem ehemaligen Mentor ist er nur noch peinlich. Goethe betätigt sich inzwischen neben dem Schreiben zunehmend auch politisch und lässt seinen Kollegen aus jungen Jahren schließlich fallen wie eine heiße Kartoffel. Noch heute stellt sich die Wissenschaft die Frage, ob es Goethes Ablehnung war, die Lenz in den Wahnsinn und schließlich in den Tod getrieben hat. Möglich ist auch, dass er bereits krank war und in Weimar zum ersten Mal die Symptome gezeigt hat, die Goethe letztlich dazu brachten, sich von ihm abzuwenden. Fakt ist, dass Lenz vom Tag des Bruches an immer tiefer in eine nur dann und wann von hellen literarischen Momenten unterbrochene geistige Umnachtung abdriftet. Fünfzehn Jahre später findet man ihn tot in einer Straße in Moskau. Niemand weiß, wie er gestorben ist und was er in der russischen Hauptstadt zu suchen hatte.

Für bestimmte Zeitgenossen sitzt der Verantwortliche dieses Dramas als Direktor des herzoglichen Theaters in Weimar. Der angesehene Goethe, der später von Kaiser Napoleon höchstpersönlich den Orden der Ehrenlegion erhalten wird, vergisst und verrät seinen Gefährten aus Jugendzeiten. Die ihm anvertrauten Manuskripte von Lenz lässt er verstauben. Erst Schiller sorgt Jahre später dafür, dass sie wieder ausgegraben werden und Jakob Lenz nicht vollständig dem Vergessen anheimfällt. (B. L.)

Simulierter Schwachsinn

FRIEDRICH HÖLDERLIN (1770–1843)

Der junge Hölderlin begegnet schon früh dem Tod. Viele Arbeiten über den Dichter, deren Deutungen oft psychiatrische Ansätze haben, berichten darüber. Mit zwei Jahren verliert er seinen Vater, mit acht seinen Stiefvater, und auch mehrere seiner Schwestern sterben.

Hölderlin besucht die Lateinschule in Nürtingen und später die evangelischen Klosterschulen in Denkendorf und Maulbronn, wo er abgesehen von Latein auch Griechisch und Hebräisch lernt. Sein Studium nimmt er in Tübingen auf, wo ihm Friedrich Schiller begegnet. Fast gleichzeitig lernt Hölderlin die große Liebe seines Lebens kennen, der er sich jedoch nie ganz hingeben darf, denn Susette Gontard ist unglücklicherweise bereits verheiratet, und leider nicht mit ihm. Der junge Dichter arbeitet als Hauslehrer für ihre Kinder – doch allen Widrigkeiten zum Trotz kann er ihr Herz erobern.

Als die Romanze auffliegt, muss Hölderlin das Haus der Gontards und Tübingen verlassen. Er nimmt einen Posten als Hauslehrer des Hamburger Konsuls in Bordeaux an. 1802 erfährt er von Susettes Tod. Die geliebte Frau ist an Röteln gestorben. Hölderlins Welt gerät ins Trudeln. Seine Psyche hält dem Aufruhr nicht stand; er verfällt dem Wahnsinn. Schwermütige und unruhige Phasen wechseln sich ab. Mit der Zeit verschlechtert sich sein Zustand so sehr, dass man ihn zu einer Zwangsbehandlung zu dem als fortschrittlich geltenden Arzt Dr. Authenried nach Tübingen schickt. Aber selbst dessen Behandlung zeigt keine Wirkung. 1807 wird Hölderlin als unheilbar und mit der Prognose entlassen, nur noch wenige Jahre zu leben zu haben.

Ernst Zimmer, ein Schreiner und großer Bewunderer des Dichters, nimmt sich seiner an und bringt ihn in einem Turm direkt am Neckar unter, in dem Hölderlin weitere sechsunddreißig Jahre lebt. (Sind ja relativ, diese »wenigen Jahre zu leben« …) In der Stadt wird er zu einer Art Touristenattraktion. Man versucht, ihn an seinem Fenster zu erspähen, bittet ihn um kurze Gedichte und Autogramme. Hölderlin bemüht sich redlich, es den Leuten recht zu machen. Zum Zeitvertreib spielt er Klavier oder schreibt Gedichte, wie zum Beispiel *An Zimmern* für seinen Wohltäter.

Bis heute gibt es Streit darüber, ob Hölderlin tatsächlich wahnsinnig war oder nur so tat, denn seine literarische

Produktion aus dieser Zeit ist von erstaunlicher Dichte und äußerst tiefsinnig. Die Diskrepanz zwischen Hölderlins angeblich krankem Geist und seinem kreativen Pragmatismus ist in der Tat außergewöhnlich. Er übersetzt Sophokles und Pindar und schreibt Anmerkungen zu *Ödipus* und *Antigone*, außerdem verfasst er unzählige Gedichte. Gleichzeitig aber versieht er seine literarischen Kreationen mit völlig aus der Luft gegriffenen Daten, ganz so, als wäre er wirklich desorientiert. Einige seiner Werke unterschreibt er mit dem Namen Scardanelli. Immerhin finanziell muss er sich keine Sorgen machen: Neben einer persönlichen Erbschaft ist er durch eine Sonderrente vom württembergischen Hof abgesichert.

Am 7. Juni 1843 stirbt Hölderlin im Alter von dreiundsiebzig Jahren. Vielleicht hört er aber auch nur auf zu simulieren. (Ph. Ch.)

Reingewaschen von der Schmach

IGNAZ PHILIPP SEMMELWEIS (1818–1865)

Ignaz Philipp Semmelweis ist der Prototyp des missverstandenen Arztes – desjenigen, der ins Leere predigte, der Verunglimpfte, Bespöttelte, Verhöhnte. Und dabei hatte er recht. Hätte man auf ihn gehört, wären unzählige Leben gerettet worden.

Der Frauenarzt aus Österreich-Ungarn wird als Sohn eines Kaufmanns geboren. Zunächst studiert er Rechtswissenschaft und will – oder eher: soll auf Wunsch seines Vaters – als Anwalt zum Militär gehen. Kurz nach seiner

Ankunft in Wien, wo er an der Universität eingeschrieben ist, nimmt er jedoch an der Obduktion einer Frau teil, die im Wochenbett gestorben ist. Sofort ändert er seine Pläne und wechselt ins Fach Medizin. Die Front kann warten.

Seine Doktorarbeit beschäftigt sich noch mit Pflanzenheilkunde, doch in den kommenden Jahren spezialisiert er sich auf Gynäkologie und Geburtshilfe. Er berät, operiert und gibt Kurse. Seine Forschungen beschäftigen sich hauptsächlich mit dem Kindbettfieber, das in der ersten geburtshilflichen Klinik in Wien nach wie vor verheerende Schäden anrichtet. Er forscht in alle erdenklichen Richtungen und muss viel Kritik von seinen Kollegen einstecken, weil er sich bemüht, eine Krankheit einzudämmen, die allgemein als unvermeidlich betrachtet wird.

Nach dem Tod eines befreundeten Arztes 1847 hat Semmelweis plötzlich eine Erleuchtung, der Kollege stirbt nämlich an einer Blutvergiftung. Bei einer Autopsie hat er sich versehentlich am Finger verletzt und zeigt die gleichen Symptome, wie sie bei den Opfern des Kindbettfiebers auftreten. Und tatsächlich: Semmelweis muss feststellen, dass sich die Medizinstudenten zwischen dem Sezieren einer Leiche und einer Entbindung gar nicht oder nur unzureichend die Hände waschen. Er kennt die Theorie der von Mikroben übertragenen Krankheiten noch nicht – die wird Louis Pasteur erst einige Jahre später aufstellen –, sondern denkt eher an schlechte Ausdünstungen oder eine noch unbekannte Substanz in den Leichen, die durch die Hände der angehenden Ärzte von einem verwesenden Organismus auf die Gebärenden übertragen wird. Er empfiehlt, dass sich alle Ärzte nach dem Kontakt mit zersetztem organischen Material mindestens fünf Minuten lang die Hände mit Chlorkalk desinfizieren sollen, und erfindet mit diesem Vorschlag en

passant die Antisepsis und die Vorbeugung vor nosokomia-
len Infekten.

Ein Aufschrei geht durch die Reihen der Mediziner. Die
Ärzte wehren sich vehement dagegen, ihre Mitschuld an an-
geblich vermeidbaren Todesfällen anzuerkennen. Manche
werfen Semmelweis gar religiöse Hintergründe vor, die das
Waschen der Hände nach einer Autopsie einer christlichen
Reinigungszeremonie gleichsetzen, was sie für ausgemach-
ten Aberglauben halten. So viel zu den unvermeidlichen
Meckerern.

Die meisten Berufskollegen erfahren aber gar nichts von
seiner Theorie, weil Semmelweis mit seinen Erkenntnissen
nicht an die Öffentlichkeit geht. Zwar spricht er im Krankenhaus Empfehlungen aus, weigert sich aber, auch nur den
kleinsten Artikel über das Thema zu schreiben oder seine
Entdeckung bei den wissenschaftlichen Gesellschaften bekannt zu machen.

Die Situation spitzt sich zu, und schließlich wird Semmelweis aus dem Krankenhaus ausgeschlossen. Er geht zurück
nach Ungarn, wo er seine Theorien mit großem Erfolg in
die Tat umsetzt. 1861 veröffentlicht er zwar endlich ein Werk
über seine Entdeckung, zieht darin jedoch vor allem heftig
über seine österreichischen Kollegen her. Diese verteidigen
sich mit eigenen Artikeln und heftigen Anfeindungen auf
medizinischen Kongressen. Semmelweis wird darüber depressiv und erholt sich nie mehr von der Demütigung.

Obwohl er Österreich mittlerweile nicht mehr recht
leiden kann, kehrt er nach Wien zurück. Wegen seines
desolaten psychischen Zustands liefert man ihn in die Nie-
derösterreichische Irrenanstalt bei Wien ein. Abgesehen
von diesen Fakten stehen zwei Todesursachen zu Auswahl.
Erstens: Semmelweis wird gewalttätig. Das Klinikpersonal

verprügelt ihn, und er stirbt an seinen Verletzungen. Zweitens: Semmelweis schneidet sich während einer Autopsie und stirbt selbst an einer Blutvergiftung – der Krankheit, die er sein Leben lang bekämpft hat. Gewisse Kreise vermuten darin sogar einen freiwilligen Entschluss, sozusagen einen infektiösen Suizid.

Beide Theorien können stimmen. Bei der Obduktion seines Leichnams finden sich einerseits die unterschiedlichsten Verletzungen und Brüche, andererseits aber auch eine Vielzahl von Infektionsherden. Vielleicht ja doch ein Doppelmord. (Ph. Ch.)

Der Hauch des Todes

EGON SCHIELE (1890–1918)

Egon Schiele wird am 12. Juni 1890 in einer Kleinstadt im österreichischen Donautal geboren. Seine Mutter stammt aus Südböhmen, sein Vater ist Eisenbahner und übt in Tulln an der Donau den ehrenwerten Beruf eines Bahnhofsvorstehers aus.

Der Junge erweist sich als äußerst talentierter Maler und Zeichner, hat aber einen unbestreitbaren Hang zu Skandalen. Seine Mutter soll später über ihn sagen: »Er hatte großen Erfolg. Und er hatte schöne Augen. Er hat die Frauen verzaubert.« Eine gefährliche Mischung ...

Er ist so begabt, dass man ihm die Aufnahmeprüfung an der Wiener Akademie der bildenden Künste erspart. Er lernt Edith Harms kennen, und das Paar heiratet bald. In der Folge porträtiert der junge Ehemann seine Frau immer wieder, obwohl sie längst nicht so hübsch ist, wie seine Bilder es vermuten lassen. Aber Liebe macht ja bekanntlich blind.

Im Herbst 1918 bricht die Spanische Grippe aus. Die Epidemie, die in Europa mehr Menschen das Leben kostet als der Erste Weltkrieg, sorgt auch in Wien für ein Massensterben. Denn natürlich verbessert ein vier Jahre andauernder militärischer Konflikt nebst den zugehörigen Mangelerscheinungen die menschliche Immunabwehr in keiner Weise.

Die schwangere Edith steckt sich an. Überraschend selbstlos weicht Egon nicht von ihrer Seite. Er weiß, dass seine Frau, die er trotz zeitweiliger Eskapaden mit anderen Damen wirklich liebt, im Sterben liegt, und er weiß auch, dass sie das gemeinsame Kind nie zur Welt bringen wird. Er ist sich über die Gefahr im Klaren, als er Edith am 28. Oktober ein letztes Mal liebevoll umarmt. Wenige Stunden später stirbt sie.

Mit dem letzten zärtlichen Kuss aber hat sich Egon Schiele angesteckt. Bald schon erkrankt auch er und folgt seiner Frau nur drei Tage nach ihrem Tod im Alter von nur achtundzwanzig Jahren ins Grab. (O. Ch.)

Ein Leichenzug für zwei

HUGO VON HOFMANNSTHAL (1874–1929)

Im Jahre 1874 erblickt ein Genie in Wien das Licht der Welt: Hugo von Hofmannsthal. Er ist äußerst sprachbegabt und sehr weltgewandt. Zunächst studiert er Jura und beschäftigt sich zeitgleich mit seinem ersten lyrischen Drama *Der Tod des Tizian*. 1901 reicht Hofmannsthal an der Wiener Universität seine Habilitationsschrift über Victor Hugo ein, entscheidet sich jedoch kurz darauf gegen den Ruf der Hochschule und beschließt, freier Schriftsteller zu werden. Er heiratet Gertrud Schlesinger, mit der er drei Kinder bekommt.

Sein Werk wird von nun an zu einem Schmelztiegel von Themen aus der Antike, dem elisabethanischen Zeitalter und katholischer Tradition. Ein Beitrag von ihm in einer Zeitschrift gibt einen Vorgeschmack auf seine existenzialistische Literatur. Gleichzeitig zeigt der Text auch einen Bruch in der künstlerischen Auffassung des Autors auf. Das Leben kann nicht mehr durch Worte dargestellt werden; es ist vielmehr direkt in den Dingen präsent, »weil die Sprache, in welcher nicht nur zu schreiben, sondern auch zu denken mir vielleicht gegeben wäre, weder die lateinische noch die englische, noch die italienische oder spanische ist, sondern eine Sprache, in welcher die stummen Dinge zuweilen zu mir sprechen, und in welcher ich vielleicht einst im Grabe vor einem unbekannten Richter mich verantworten werde«. Aha. Der Text, der als Chandos-Brief in die Literaturgeschichte eingeht, drückt Hofmannsthals Verzicht aus, weitere poetische Werke zu schreiben. Stattdessen verfasst er Opernlibrettos für Richard Strauss (zum Beispiel für *Elektra* und *Der Rosenkavalier*) und wendet sich der Komödie zu.

In den 1920er Jahren reist Hofmannsthal durch Europa und nach Marokko. Sieben Jahre später hält er in München die vielbeachtete Rede *Das Schrifttum als geistiger Raum der Nation*, die sein literarisches Testament werden soll.

Am 13. Juli 1929 erschießt sich Hofmannsthals Sohn Franz im Haus der Familie in Rodaun, vollkommen überraschend und ohne ein Wort der Erklärung zu hinterlassen. Für den Vater ein entsetzlicher Schlag. Zwei Tage später macht sich Hofmannsthal bereit, zur Beerdigung seines Sohnes auf den Friedhof zu fahren, da bricht er plötzlich zusammen. Schlaganfall. Innerhalb kürzester Zeit ist der Dichter tot. Und so begräbt man zunächst den Sohn und dann den Vater, der einmal gesagt hat: »Das geliebte Wesen ist immer der Docht in der Liebesflamme.« Aber Hofmannsthals helles Licht ist ein für alle Mal erloschen. (F. Ch.)

Ruhm und Schande

BORIS VIAN (1920–1959)

Vian wird am 10. März 1920 im Pariser Vorort Ville-d'Avray geboren. Als Halbwüchsiger erkrankt er an Typhus, was eine bleibende Schädigung des Herzmuskels zurücklässt. Ansonsten ist der junge Mann aber quietschfidel.

1939 beginnt er ein Ingenieur-Studium. Ausgerechnet er, der sein Leben lang gegen jede Art von Konformismus Sturm läuft, beginnt nach seinem Abschluss als junger Ingenieur bei der französischen Normungsorganisation AFNOR. Gleichzeitig schreibt er. 1946 erscheint sein heute bekanntestes Werk, der Roman *Der Schaum der Tage*, eine surrealistisch verfremdete Liebesgeschichte. Ein Jahr nach der Veröffentlichung gibt er seinen Posten bei AFNOR auf und arbeitet fortan als Journalist für verschiedene Zeitschriften. Dann erscheint *Ich werde auf eure Gräber spucken*, die angebliche Übersetzung eines Romans eines angeblich afroamerikanischen Autors namens Vernon Sullivan. Ein PR-Streich, der einschlägt wie eine Bombe. Denn die Literaturwissenschaft ist sich heute sicher, dass es Vian selbst ist, der das Werk ersonnen hat – allerdings als Pastiche, als sogenannte Übertreibung seines Genres. Es handelt sich dabei um einen außergewöhnlich brutalen Sex-and-Crime-Roman, in dem der Autor bewusst übertreibt und die Logik schleifen lässt. Blöderweise versteht aber niemand den Witz (oder in dem Fall: die Kunst), und die Welt nimmt den Roman fatalerweise ernst. Das Werk sorgt für einen massiven Skandal und trägt Vian eine Anklage und Verurteilung wegen Unmoral ein, macht ihn aber auch stante pede berühmt.

Neben seinen Novellen, Romanen und Chroniken verfasst er außerdem vierhundert Chansons, davon allein zweiundachtzig für den französischen Chansonnier Henri Salvador.

1952 wird seine erste Ehe geschieden, da seine Frau ihre Zeit lieber mit dem nicht ganz unbekannten Jean-Paul Sartre verbringt. Zwei Jahre später heiratet Vian seine zweite Frau, die Schweizerin Ursula Kübler.

Das Herz des Autors, der einen seiner frühen Romane passenderweise *Der Herzausreißer* genannt hat, macht ihm mit zunehmendem Alter zu schaffen. Die Ärzte raten ihm zur Mäßigung, doch daran hält er sich nicht. 1953 setzt er sogar noch einen obendrauf und beginnt eine Karriere als Sänger. Mit dem Chanson *Le Déserteur*, in dem er mitten im Indochinakrieg die Fahnenflucht preist, zieht er den Zorn der Justiz auf sich. Das Lied wird in Frankreich zeitweise sogar verboten.

Vian ahnt, dass ihm die Zeit davonläuft. Trotzdem arbeitet er als künstlerischer Direktor verschiedener Plattenverlage und entdeckt 1958 einen gewissen Serge Gainsbourg, der ihm, was Provokation angeht, durchaus das Wasser reichen kann.

Ich werde auf eure Gräber spucken soll verfilmt werden. Vian arbeitet am Drehbuch mit, kann sich aber mit der endgültigen Version des Skripts nicht identifizieren und distanziert sich von den Produzenten. Der Film wird am 23. Juni 1959 uraufgeführt. Man lädt Vian zu einer Privatvorstellung in ein kleines Filmtheater im 8. Arrondissement ein – vielleicht auch, um den großen Eklat bei der echten Premiere zu vermeiden. Der Autor ist gesundheitlich schwer angeschlagen. »Die Welt der Literatur hat Boris aufgerieben, die Auftritte haben seine Nerven ruiniert, der Film aber wird ihn erledigen«, schreibt man später über ihn.

Nach kurzem Zögern nimmt er die Einladung an. Die ersten Bilder flimmern über die Leinwand. Vians Kopf sinkt nach hinten, sein Körper rutscht im Sitz nach unten. Seine ihn begleitenden Freunde rufen, man solle die Musik abschalten. Die Bilder sind schon von der Leinwand verschwunden. Der herbeigerufene Arzt kann nur feststellen, dass es zu spät ist. Boris Vians Herz hört am 23. Juni 1959 um 10 Uhr 10 auf zu schlagen. Der Schriftsteller hat schon früher geunkt, er würde sein vierzigstes Lebensjahr nicht erreichen. Nun, er hat sich ja auch redlich Mühe gegeben, die Prophezeiung wahr werden zu lassen …

Am Tag seiner Beerdigung in Ville-d'Avray streiken die Bestattungsunternehmen. Vian hat sich einmal gewünscht »ohne Mittelsmann« zu sterben. Sein Wunsch wird ihm erfüllt. Es sind seine Freunde, die den Sarg, in dem er ruht, der Erde übergeben. (F. Ch.)

Der verstimmte Bassist

JOHN FRANCIS ANTHONY PASTORIUS III
genannt JACO PASTORIUS (1951–1987)

Viele halten Jaco Pastorius für den größten Bassisten aller Zeiten. Mit seiner musikalischen Vielfalt hat er fast alle Stile von der Klassik bis zum Reggae geprägt – seine große Leidenschaft aber war der Jazz Rock.

Mit seiner Musik hat er zwar großen Einfluss ausgeübt, mit seiner Lebensweise aber auch das in weiten Kreisen herrschende Vorurteil vom ständig besoffenen, drogenabhängigen und unzuverlässigen Musiker bestätigt. Doch sein Problem liegt nicht allein an »Sex, Drugs and Rock 'n' Roll«. Jaco Pastorius leidet an einer Persönlichkeitsstörung, die sich im Lauf der Jahre verstärkt. Weil er der Meinung ist, sein psychisches Leiden nur mit Alkohol und Drogen ertragen zu können, ist er ständig high. Eine teuflische Spirale, die nur in der Hölle enden kann. Jaco Pastorius, der auf dem Gipfel seiner Karriere zwischen Genie und Wahnsinn pendelt, von Musikliebhabern vergöttert und von den größten Musikern gebucht wird, gerät in den Strudel der Selbstzerstörung. Schon bald ist er eher für seine Exzentrik als für seine Kunst bekannt. Er torkelt herum, übergibt sich, bricht während Aufführungen zusammen, versäumt Konzerte, ist aggressiv und verwirrt, fällt von einem Hotelbalkon oder kommt nackt auf die Bühne. Wo immer er auftritt, sorgt er für Bestürzung und handfeste Skandale.

1986 geht er mit dem französischen Gitarristen Biréli Lagrène auf Tournee. Der Bus ist auf der Autobahn unterwegs. Jaco hat wieder einmal eine Krise, sitzt stumm und in sich zusammengesunken auf seinem Platz und redet sich ein, die Tournee nicht ertragen zu können. Er fühlt sich wie ein Gefangener. Nichts wie raus hier! Er dreht durch, schlägt die Scheibe ein und springt aus dem fahrenden Bus.

Aber daran stirbt er nicht. Noch nicht. Am nächsten Tag findet man ihn schlafend im T-Shirt auf einem schneebedeckten Feld. Er ist kerngesund, wenn auch ein wenig unterkühlt.

Im folgenden Jahr ist es dann so weit. In Wilton Manors

in Florida versucht Jaco Pastorius sturzbetrunken, bei einem Konzert von Santana die Bühne zu stürmen, und wird von der Bühnencrew vom Konzertplatz geworfen. Jacos schlechte Laune ist unschwer nachzuvollziehen. Er muss sich dringend abreagieren und will das im Midnight Bottle Club tun. Da hat er aber die Rechnung ohne den jungen Türsteher Luc Havan gemacht. Der Rausschmeißer verwehrt dem sichtlich betrunkenen und auf Krawall gebürsteten Kunden – den er zu allem Überfluss noch nicht einmal kennt – den Eintritt. Pastorius macht kurzen Prozess und zertrümmert die Eingangstür, was den Türsteher wiederum auf die Palme bringt. Er nimmt sich den Musiker ordentlich zur Brust und verarbeitet ihn zu Kleinholz.

Jaco wird mit zahlreichen Brüchen im Gesicht, einem zerquetschten Auge und einem gebrochenen Arm in die Klinik eingeliefert, wo er nach neuntägigem Koma stirbt. Der tatkräftige Türsteher wird wegen Totschlags angeklagt und zu zweiundzwanzig Monaten Haft verurteilt. Nach vier Monaten entlässt man ihn wegen guter Führung. Heute arbeitet er als Immobilienmakler in Kalifornien. Vermutlich weiß er mittlerweile, wem er da so mehr als deutlich die Leviten gelesen hat. (B. L.)

Der Engel mit dem gebrochenen Flügel

CHET BAKER (1929–1988)

Chesney Henry Baker entstammt einer Familie armer weißer Landarbeiter aus einem winzigen Dorf in Oklahoma. Weil er arbeitslos ist, absolviert er seinen Militärdienst vorzeitig, allerdings mit mäßigem patriotischen Eifer. Bei den Soldaten lernt er Auflehnung, Musik und eine Reihe psychoaktiver Substanzen kennen. Sein erstes Instrument ist eine Posaune, aber es sind die Trompete, das Kornett, das Flügelhorn und sein unverwechselbarer Gesang, denen er seinen wahren Ruhm in der Geschichte des Jazz verdankt.

Ab 1959 treibt er sich in Europa herum, weil er in Amerika mit dem Betäubungsmittelgesetz in Konflikt geraten ist. In Italien allerdings ergeht es ihm nicht besser. Von seinem Aufenthalt in Rom erzählt man sich folgende Anekdote: Eines Abends sitzt Chet in einem Club und lauscht einem wirklich guten Pianisten. Als er erfährt, dass es sich um Romano Mussolini, den Sohn des Duce handelt, geht er zu ihm, legt ihm die Hand auf die Schulter und sagt: »Das mit deinem Alten tut mir leid.«

Kein Wunder, dass er nicht überall gern gesehen ist.

Chet Baker ist eigentlich ein schöner Mann. In seinen jungen Jahren erinnert er an James Dean und könnte glatt als Prototyp des amerikanischen Playboys durchgehen, dem die Frauen reihenweise zu Füßen liegen. Kurz vor seinem Tod hingegen haben sich die vielen Drogen tief in sein Gesicht gegraben. Er sieht aus wie ein alter indianischer Schamane, der sein Wissen um Zaubertränke und Esoterik aus uralten Zeiten in die Gegenwart gerettet hat. Musik und Drogen gehören für ihn untrennbar zusammen. Nur dann und wann verzichtet er um der Liebe willen auf den berauschenden Cocktail – hält aber nie lange durch. Immerzu ist er auf der Suche nach der absoluten Musik, wenngleich mit zweifelhaften Mitteln. Oft findet er sie, wie einige Aufnahmen beweisen, aber ebenso oft gerät er ins Trudeln, kann keine saubere Note mehr von sich geben und versetzt seine Umgebung in Angst und Schrecken.

Im Frühling 1988 reist Chet Baker von Lüttich in die Niederlande, wo er endgültig die Kontrolle über sich verliert. Dann geschieht, was geschehen muss. Am 13. Mai bekommt Rob Bloos von der Polizei Amsterdam den Anruf des Kunden eines kleinen Coffeeshops in der Nähe des Hauptbahnhofs. Der Anrufer meldet, hinter dem Prins Hendrik Hotel liege ein Mann am Boden und bewege sich nicht. Die Beamten fahren hin, können aber nur noch den Tod des Mannes feststellen, den sie auf »etwa dreißig Jahre« schätzen. Er scheint aus dem Fenster seines Hotels gestürzt zu sein und hat einen amerikanischen Pass bei sich, der ihn als Chesney Henry Baker ausweist, geboren am 23. Dezember 1929 in Yale, Oklahoma.

Hier wird die Sache mysteriös. Wie konnte die Amsterdamer Polizei den Toten auf etwa dreißig Jahre schätzen, obwohl Chet Baker – und um ihn handelt es sich – achtundfünfzig ist und aussieht wie Methusalem?

Zur Ehrenrettung von Rob Bloos und seinen Mitstreitern muss man sagen, dass die Leiche zwischen den Mülltonnen des Hotels die eines athletischen und sehr sportlichen Mannes ist. Außerdem hat der Schädel beim Sturz Bekanntschaft mit einem Betonklotz gemacht und ist über und über mit geronnenem Blut bedeckt. Beim besten Willen sind keine Gesichtszüge mehr zu erkennen.

Was ist an jenem Abend in dem Hotel passiert, während der Saxophonist Archie Shepp wutschnaubend dreißig Kilometer entfernt in Laren auf Baker wartete und die Konzertagentur überall verzweifelt nach ihm suchte? Ziemlich sicher ist, dass sich Chet Baker einen sogenannten Speedball gemixt hat, einen Cocktail aus Heroin und Kokain, den er sich häufig zu injizieren pflegte. Möglicherweise hat er sein Engagement vergessen oder auch einfach keine Lust mehr darauf, als er sich, wie des Öfteren, auf das Fensterbrett setzte, um leise ein wenig Trompete zu spielen, und im Rausch aus dem Fenster fiel.

Aber es gibt auch andere Hypothesen. So wurde damals auch gemunkelt, dass ihm urplötzlich sein Konzert einfiel und er sich auf eigene Faust auf den Weg nach Laren machte. Unterwegs stellte er fest, dass er seine Trompete vergessen hatte. Weil aber der Rezeptionist gerade unterwegs war, soll er sich an der Fassade hochgehangelt haben, um sein Instrument zu holen.

Eine dritte Variante behauptet, Drogendealer hätten die Bezahlung einer Lieferung reklamiert und das Problem auf ihre Weise geregelt, indem sie den Musiker aus dem Fenster warfen. Das Fenster allerdings war von innen verriegelt, was wiederum für die zweite Theorie spricht, so unwahrscheinlich sie auch klingen mag.

Der Trompeter Woody Shaw weiß noch von einer vierten Möglichkeit zu berichten: Chet Baker sei an einer Überdosis gestorben, und ein Hotelangestellter habe ihn kurz entschlossen aus dem Fenster geworfen, weil er es leid war, sich ständig um abgenippelte Junkies kümmern zu müssen.

Was wirklich passiert ist, werden wir wohl nie erfahren. Was wir aber wissen, ist, dass Baker gerne ein Stück von Richard Beirach spielte, *Broken Wing*, und dass seine kurze Autobiografie *Als hätte ich Flügel* heißt. Flügel – genau die haben ihm in jener Nacht gefehlt. (O. Ch.)

Kein Taktgefühl

OLIVER JOHNSON (1944–2002)

Der Bekanntheitsgrad des Schlagzeugers Oliver Johnson beim breiten Publikum steht seinem Ruf bei den Drummer-Profis diametral entgegen. Ein paar Liebhaber des Jazz kennen seinen Namen, weil er mit Größen wie Archie Shepp und Steve Lacy gespielt und einige wenige Aufnahmen hinterlassen hat. Fragt man aber einen professionellen Drummer, wer der größte Jazz-Schlagzeuger aller Zeiten ist, bekommt man immer die gleiche Antwort: Oliver Johnson.

Wie viele seiner Kollegen wird Johnson seine gesamte Karriere hindurch von zwei unersättlichen Dämonen begleitet: Alkohol und Rauschgift, wobei er dem ersten eindeutig den Vorzug gibt. Seine häufige Trunkenheit und seine hohen musikalischen Ansprüche haben zwei Folgen: künstlerische Unerbittlichkeit und berufliche Pflichtvergessenheit. Manchmal beides zugleich. Die Zahl abgesagter Konzerte, unerwarteten Nichterscheinens oder unterbrochener Darbietungen schaden seinem Ruf so sehr, dass auch die Magie seiner Kunst irgendwann nichts mehr dagegen auszurichten vermag. Zu viel ist zu viel.

Seine letzten Lebensjahre verbringt Johnson in Paris, und sie verlaufen ebenso chaotisch wie seine musikalische Karriere. Er lebt wie ein Landstreicher, bettelt hier und da um eine Übernachtungsmöglichkeit, nimmt aber die inzwischen recht raren Konzertangebote nicht wahr. Schwankend irrt er durch die Viertel. Nur wenige Freunde sind ihm geblieben.

Im Jahr 2002 findet man seinen leblosen, blutüberströmten und mit Prellungen übersäten Körper auf einer Bank in der Rue Pierre-Lescot. Neben mehreren Rippenbrüchen diagnostiziert man bei der Obduktion einen zerschmetterten Kehlkopf: Oliver Johnson wurde zu Tode geprügelt. Aber von wem? Und warum? Weil sein wertvollster Besitz nicht materieller Art war, kann man angesichts seines Umgangs nur Vermutungen anstellen. Allem Anschein nach handelte es sich um eine Prügelei unter betrunkenen Obdachlosen. Der Mann mit dem untrüglichen Taktgefühl musste unter den Fäusten eines anonymen Schlägers sterben – manchmal kann das Leben wirklich grausam sein. (B. L.)

VI. Die Exponierten

Der Dichter ÉMILE VERHAEREN hielt am 27. November 1916 in Rouen einen Vortrag gegen das Deutsche Reich, der beim Publikum hervorragend ankam. Seine Zuhörer applaudierten nicht nur, sondern begleiteten ihn im Triumphzug bis zum Bahnhof. Die Menschenmenge auf dem Bahnsteig war jedoch so zahlreich und gebärdete sich so begeistert, dass sie den gefeierten Autor versehentlich auf die Gleise schubste. Der Zug, der ihn nach Paris zurückbringen sollte, überfuhr und tötete ihn.

Ein jeder weiß, dass die Politik ein Haifischbecken ist. Es überleben nur die mit den scharfkantigen Zähnen – oder die Kleinen, die durch die Beißer hindurchschwimmen. Aber noch viel gefährlicher als Militärputsch, Schwarzgeldkonten und Misstrauensvotum sind die Veranstaltungen, in denen der manchmal mehr, manchmal weniger Gewählte auf den gemeinen Wähler trifft. Versammlungen, Wahlkampagnen, offizielle Reisen, öffentliche Auftritte und andere patriotische Zeremonien entbehren nicht gewisser Risiken. Dieses Kapitel ist all jenen Politikern und Beamten gewidmet, die in Ausübung ihrer Tätigkeit von der Bühne des Lebens abtraten.

Auf Messers Schneide

CHARONDAS (ca. 6. Jh. v. Chr.)

Über das Leben des in Catania, Sizilien, geborenen und später ins Exil gegangenen Charondas weiß man nicht viel. Bekannter sind die Gesetze, die er für die griechischen Kolonien in Süditalien schuf. Er untersagte beispielsweise Witwern, ihren Kindern eine Stiefmutter aufzuzwingen. »Wenn die erste Ehe glücklich war«, so begründet er, »sollte der Mann es dabei belassen. Wenn sie im Gegenteil aber unglücklich war, müsste er töricht sein, es noch einmal zu riskieren.«

Klingt einleuchtend. Wenn sich nur viel mehr Männer daran hielten …

Doch Charondas' Rechtsverständnis ist damit noch nicht zu Ende. Er bestraft Verleumder, die Prozesse durch ihre Falschaussage manipulieren, mit einem ehrlosen Verfahren: »Sie sollen mit einer Krone aus Tamarinde durch die Straßen geführt werden, damit alle sehen können, dass sie die vorderste Reihe der Bosheit erreicht haben.« Einige Schuldige sollen dieser Schande den Freitod vorgezogen haben.

Darüber hinaus schafft Charondas ein Gesetz »gegen den Umgang mit bösen Menschen«, um zu verhindern, dass brave Bürger in Kontakt mit Gesindel kommen. Auch befiehlt er, dass »alle Söhne jeder Familie das Lesen und Schreiben bei öffentlich bezahlten Lehrern zu erlernen« hätten, weil ihm klar ist, dass die Söhne weniger betuchter Eltern, die keine eigenen Lehrer bezahlen können, sonst nicht in den Genuss von Bildung kommen. Auch gibt er sich überzeugt, dass Lesen und Schreiben unverzichtbare Grundkenntnisse sind, weil »die wichtigsten Dinge im Leben schreibend erledigt werden«.

Jeder große Regent fürchtet Schwätzer, Schreihälse und

Stänkerer, denen nichts anderes einfällt, als Ansprüche zu stellen, denn sie sind in der Lage, die schöne Ordnung der Gesetze durch demagogische, unüberlegte Aktionen zu zerstören. Dagegen aber findet Charondas eine pfiffige und sehr wirksame Lösung für das noch in den Kinderschuhen steckende Problem der politischen Mitbestimmung des Volkes: Er befiehlt, dass niemand auf der Agora erscheinen darf, um eine Gesetzesreform zu verlangen, ohne sich zuvor eine Kordel um den Hals zu legen, die er bis zur Absegnung des Gesetzes durch das Volk anbehalten muss. Wird die Änderung angenommen, befreit man den Vorschlagenden sofort. Hält das Volk die Gesetzesänderung jedoch für unnötig, wird der Kandidat an Ort und Stelle mit seiner eigenen Kordel erdrosselt. Dieser erste Versuch eines rationalisierten Parlamentarismus garantiert den von Charondas eingeführten Gesetzen eine gewisse Stabilität und sorgt überdies dafür, dass sich der Herrscher nicht alle naslang mit Nichtigkeiten herumschlagen muss.

Aber der weise Mann fordert noch mehr. Er will jede körperliche Gewalt in öffentlichen Debatten unterbinden. Zu diesem Zweck erlässt er ein Gesetz, das jeden mit dem Tod bestraft, der bewaffnet auf der Agora erscheint. Dieses Gesetz allerdings wird sich als Grund für sein eigenes Dahinscheiden erweisen, wie Diodor, ein antiker griechischer Geschichtsschreiber, berichtet: »Charondas war aufs Land gegangen und trug ein Schwert, um sich auf dem Weg vor Dieben zu schützen. Bei seiner Rückkehr fand er das Volk erregt und aufgewühlt vor. Er warf sich dazwischen und versuchte, den Tumult zu beschwichtigen. […] Da er vergessen hatte, dass er ein Schwert trug, gab er seinen Widersachern unbeabsichtigt die Möglichkeit zu Vorwürfen: Man verkündete in aller Öffentlichkeit, dass er sein eigenes Gesetz übertrete. ›Im Gegenteil‹, entgegnete Charondas, ›ich bekräftige es!‹ Mit diesem Worten zog er sein Schwert und stieß es sich ins Herz.«

Seit dieser Zeit ist beispielhaftes Verhalten in der Politik eine eher seltene Tugend. (B. F.)

Der hingerichtete Vollstrecker

DENIS DER HENKER (?–1488)

»Es ist eine tief im Volk verwurzelte Tradition, die gewissermaßen bis heute in den Köpfen der Leute fortbesteht, dass ein Henker, der seine Arbeit nur ungenügend erledigt und den Verurteilten verfehlt, den Platz des Delinquenten einnehmen muss«, schreibt G. Lenotre in seinem von schwarzem Humor geprägten launigen Werk *La Guillotine*. Der sehr belesene Herr räumt zwar mit allerlei Gemeinplätzen auf, allerdings nicht ohne darauf hinzuweisen, dass sie in der Vergangenheit manchmal »schlimme Konsequenzen für den Vollstrecker« hatten.

In diesem Zusammenhang erinnert er an jenen tragischen 11. Februar 1488 in Tours, an dem der Falschmünzer Loys Sécretain für seine Verbrechen büßen soll. Der Vogt von Tours, der in Sachen Inflation keinen Spaß versteht, hat ihn dazu verurteilt, bei lebendigem Leib gekocht, aufgezogen und gehängt zu werden. Diese delikaten Aufgaben fallen nicht etwa in den Wirkungsbereich des Hofkochs, sondern in den des ortsansässigen Henkers Denis, der damit die jubelnde Menge ergötzen darf.

Auf Beschluss der Stadt Tours stellt Denis »besagten Loys auf ein Podest neben dem Kochkessel, legt ihm Fesseln um

Beine und Körper, lässt ihn sein Gebet aufsagen und stößt ihn mit dem Kopf voran in den Kessel, um ihn darin zu kochen. Kaum aber hat er ihn hineingeworfen, lösen sich die Fesseln, sodass er zweimal wieder aufsteigt und zum Gotterbarmen schreit. Als der Propst und einige Stadtbewohner dies sehen, werfen sie sich auf den Henker und rufen: ›Holla, Verräter, du lässt diesen armen Sünder schmachten und fügst damit der Stadt Tours große Unehre zu.‹

Der Henker spürt den zunehmenden Zorn der Leute und versucht, besagtem Übeltäter zwei oder drei Schläge mit einem schweren Eisenhaken zu versetzen. Einige Zuschauer aber, die glauben, die Fesseln seien durch ein Wunder gelöst worden, und die gesehen haben, dass dem Falschmünzer bislang trotz heftigen Schlagens kein Härchen gekrümmt wurde, stürzen sich auf den Henker, der mit dem Gesicht nach unten auf dem Boden liegt, und versetzen ihm so viele Hiebe, dass er an Ort und Stelle stirbt.«

Der Falschmünzer wird gerettet, und Charles VIII. begnadigt sogar die Einwohner von Tours, die nur Wert auf gute Arbeit gelegt haben. (B. F.)

Politischer Schiffbruch

ANTOINE CODÈRE (?–1791)

»Ruhm ist die gleißende Trauer um das Glück«, philosophierte einst die französische Schriftstellerin Madame de Staël. Weil er diesen Satz nicht gelesen hatte, traf einer ihrer Zeitgenossen eine folgenschwere falsche Entscheidung.

Monsieur Codère ist ein reicher Müßiggänger und lebt auf

einem der paradiesischsten Fleckchen dieser Erde. Der ehemalige Beamte hätte sein Leben auf der Île de France, dem heutigen Mauritius, unter der Sonne des Indischen Ozeans genießen und sich gemeinsam mit einer charmanten Witwe, die er geheiratet und zur Mutter von fünf Kindern gemacht hat, ganz auf das Nichtstun, den Rum und die Liebe konzentrieren können.

Dem aber steht sein Ehrgeiz entgegen.

Am 31. Januar 1790 bringt ein Schiff aus Frankreich die Kunde von der Revolution auch in diesen abgelegenen Winkel der Krone, dessen Bewohner infolgedessen ebenfalls Abgesandte zu den Generalständen schicken wollen. Angestachelt von den flammenden Schmähreden eines Anwalts namens Charles Collin, der ebenfalls auf der Insel lebt, berufen sie eine Kolonialversammlung ein. Man stellt Anträge, ein paar Komplotte werden aufgedeckt, und endlich beschließt man, dass die Insel zwei Abgeordnete ins Mutterland entsenden soll. Neben dem heißblütigen Collin fällt die Wahl auf den weisen und erfahrenen Codère. Während eine fröhliche Menschenmenge die beiden Abgesandten beklatscht, spricht Codère die Worte: »Es ist mir eine große Ehre, dass ihr mich für diese äußerst wichtige Mission erwählt habt. Ich werde reisen und dabei weder Rücksicht auf die Gebrechen meines Alters noch auf meine Position nehmen. Ich reiße mich aus den Armen meiner geliebten Gattin los und habe den Mut, den Zärtlichkeiten meiner Kinder zu entsagen. Ich reise – aber eines möchte ich feststellen, meine Herren: Hier bei Euch lasse ich das, was meinem Herzen das Liebste ist.«

Das ganze Theater hat nicht nur Nerven, sondern auch Zeit gekostet. Seit Ankunft des Schiffes aus dem Mutterland sind sechs Monate vergangen. An diesem Tag, dem 1. Juli

1790, als Collin und Codère für die Reise nach Frankreich ausgesucht werden, liegt der Ballhausschwur schon mehr als ein Jahr zurück, die Bastille ist gestürmt und die Privilegien des Adels sind abgeschafft. Die Revolution ist längst vorbei, aber die beiden wackeren Delegierten aus der fernen Kolonie rechnen trotzdem fest damit, ihren Einsatz auf der großen Bühne noch zu bekommen.

Bevor es so weit kommt, müssen die Sachen gepackt, lange Reden vor den Stadtverordneten geschwungen und ein Schiff angemietet werden, was alles in allem vier Monate dauert. Am 4. November 1790 besteigen Collin und Codère schließlich die Fregatte *Amphitrite* zu ihrer mehr als achttausend Kilometer weiten Fahrt und werden mit den vom Protokoll vorgeschriebenen einundzwanzig Kanonenschüssen verabschiedet. An Bord befinden sich die beiden Hoffnungsträger einer vergessenen Kolonie auf der Südhalbkugel, und knapp ein Jahr, nachdem Mauritius von der Französischen Revolution erfahren hat, kann es endlich losgehen.

Die Reise ist lang und langweilig. Am 22. Januar 1791 kommen endlich die französischen Gestade in Sicht, als die Fregatte an der bretonischen Küste entlangsegelt. Nach einem guten halben Jahr voller überraschender Ereignisse auf Mauritius und einer zweieinhalbmonatigen Seereise freuen sich die beiden Abgeordneten darauf, endlich von Bord zu gehen und in Paris ihre Arbeit aufzunehmen. Zwar wird sich die verfassunggebende Nationalversammlung in neun Monaten auflösen, aber das tut jetzt nichts zur Sache. Ruhm, Ehre und Macht sind in unmittelbarer Reichweite!

Dann aber kommt ein Sturm auf. Wind zerrt an den Segeln. Dunkle Wolken türmen sich hoch in den Himmel. Die *Amphitrite* zerschellt vor der Küste von Penmarc'h. Die beiden ehrgeizigen Herren ertrinken in unmittelbarer Nähe zu ihrem Mutterland, das, so viel ist sicher, längst nicht mehr auf sie wartet. (B. F.)

Auf den Kopf gefallen

SANSON DER HENKERSGEHILFE (1769-1792)

Die per Gesetz im März 1792 eingeführte Guillotine wird erst am 22. April desselben Jahres zum ersten Mal benutzt. In der Familie Sanson, wo der Beruf des Henkers vom Vater auf den Sohn übergeht, versteht man sich zwar aufs Rädern, Vierteilen und gerade soeben noch auf die Enthauptung mit dem Schwert, aber die Bedienung der neuen Maschine muss erst noch erlernt werden. Zu allem Überfluss ist die Guillotine auf ein Podest montiert und lässt dem Vollstrecker und seinen Gehilfen – unter ihnen der jüngere Sohn von Maître Sanson, der gerade seine Lehrzeit absolviert – nur wenig Bewegungsspielraum.

Am 27. August 1792 werden auf der Place de Grève in Paris die Falschmünzer Vimal, Guillot und Sauvade hingerichtet, denen man zur Last legt, Assignaten, das während der Französischen Revolution verwendete Papiergeld, gefälscht zu haben. Am folgenden Tag berichtet die *Chronique de Paris*: »Einer der Söhne des Henkers zeigte dem Volk den Kopf eines Verurteilten, ohne dabei auf seine Füße zu achten. Er stürzte vom Podest, brach sich das Genick und starb auf der Stelle. Sein Vater bekundete großen Schmerz.«

Der Henker Charles-Henri Sanson sollte noch während der gesamten Schreckensherrschaft in Amt und Würden bleiben. 1795 zog er sich aus dem Arbeitsleben zurück, nachdem er dreiundvierzig Jahre lang gut und loyal getötet hatte. Der 27. August soll der einzige Tag gewesen sein, an dem man ihn während einer Exekution weinen sah. (B. F.)

Tödliches Pflichtbewusstsein

PIERRE FRANÇOIS GOSSIN (1754–1794)

Nichts im Leben des Sieur Pierre François Gossin weist auf einen gewalttätigen und schimpflichen Tod hin. Er ist ein ehrenwerter Bürger Lothringens, wo er am 20. Mai 1754 in Souilly als Sohn eines Anwalts das Licht der Welt erblickt. Als hochgestellter Polizist und Kriminalbeamter in Bar-le-Duc ist er es eher gewohnt, Missetäter zu verfolgen, als selbst verurteilt zu werden. Doch der Strudel der Revolution entscheidet anders.

Gossin wird zum Abgeordneten des dritten Standes gewählt, steht in der Öffentlichkeit und hat Anteil an allerlei wichtigen Reformen. So obliegen ihm beispielsweise Prüfaufgaben in dem Komitee, das Frankreich in Departements aufteilen soll. Außerdem schreibt er einen Bericht über die Organisation des Nationalarchivs und fordert öffentlich die Schaffung eines Volksgerichts für kriminelle Verfehlungen. Im Übrigen werden die sterblichen Überreste Voltaires auf Veranlassung des Abgeordneten Gossin ins Pantheon überführt. Sein Mandat endet mit der Auflösung der verfassunggebenden Nationalversammlung am 30. September 1791. Der Bürger Gossin kehrt ins heimatliche Lothringen zurück, wo man ihn zum Verwalter des Departements Meuse wählt.

Unglücklicherweise fallen die Preußen in die Region ein.

Gossin behält seine Funktionen, ist aber nun dem Befehl des Herzogs von Braunschweig unterstellt, einem ausgemachten Feind der Revolution. Nach dem Rückzug der Eroberer wird es schwierig für Gossin, der Öffentlichkeit die taktische Wende, die er in der Zeit der preußischen Besatzung vollzogen hat, zu erklären. Er wird vor das Revolutionsgericht zitiert und am 22. Juli 1794 zum Tode verurteilt.

Am darauffolgenden Morgen steht er mit den anderen Todgeweihten im Hof und wartet auf den Aufruf, den Karren zum Schafott zu besteigen. Und nun geschieht etwas, das sich jeder Gefangene in dieser Situation wünschen würde: Gossin wird beim Appell der zum Tode Verurteilten vergessen! Sein Leben ist gerettet, und, was noch besser ist: Niemand achtet auf ihn.

Gossin ist noch keine vierzig Jahre alt. Er steht ohne Fesseln mitten in einer Großstadt, in der man sich überall wunderbar verstecken kann. Er hat die einmalige Gelegenheit, seinen Hals zu retten. Und was macht der Kerl? Hat er resigniert, oder ist es das Pflichtbewusstsein des ehemaligen Beamten? Jedenfalls folgt der freie Mann dem Karren zu Fuß bis zur Guillotine und steigt auf das Schafott.

Dummheit kann gar nicht hart genug bestraft werden. (B. F.)

Versehentlich gemeuchelt

JEAN-BERTRAND FÉRAUD (ca. 1759–1795)

Féraud ist ein mutiger, engagierter, immer einsatzbereiter Junge. Er wird in Arrau als Sohn eines Notars geboren und gehört schon sehr früh zu den aktivsten Verbreitern revolutionärer Ideen in seiner entlegenen Pyrenäenprovinz. Sein genaues Geburtsdatum ist nicht bekannt, aber der Revolutionspolitiker Jean-Baptiste Louvet sagt später in seiner Trauerrede, dass Féraud »kaum dreißigjährig von seinen Mitbürgern ausgewählt wurde, ihre Glückwünsche zum Föderationsfest 1790 zu überbringen«.

Nachdem er vom Departement Hautes-Pyrénées in den Nationalkonvent gewählt wurde, stimmt er zwar für den Tod des Königs, scheut sich aber nicht, sich auch für eine Anklage gegen den revolutionären Rädelsführer Jean Paul Marat auszusprechen. Féraud hängt sein Fähnlein eben in die Brise, die gerade am stärksten weht. Er überlebt den Sturz Robespierres und schwört seinen Auftraggebern hoch und heilig in die Hand, »niemals Gnade walten zu lassen, wenn es um Brandschatzung, Mord, Plünderung und Anarchie« geht.

Am 21. Mai 1795 schlägt Férauds große Stunde. »Wir wollen Brot!«, schreien die Frauen, die in die Tuilerien stürmen. Endlich! Da ist sie, die Gelegenheit, in die Weltgeschichte einzugehen.

»Wenn es denn sein muss, werden wir zu sterben wissen!«, erklärt der nie um ein heldenhaftes Wort verlegene Féraud und stellt sich dem wütenden Mob entgegen. »Tötet mich!«, ruft er. »Hier kommt ihr nur über meine Leiche hinein. Es wäre nicht das erste Mal, dass ich von einer Kugel getroffen werde. Nehmt meinetwegen mein Leben, aber respektiert die Nationalversammlung!«

Er wird tatsächlich überrannt, brutal misshandelt und zu guter Letzt von einer Pistolenkugel getroffen. Die Menge reißt ihn buchstäblich in Stücke. Ein Weinhändler mit dem vielsagenden Namen Luc Boucher enthauptet Férauds noch zuckenden Körper mit einem Säbelhieb und wirft den Kopf hoch in die Luft – ein Schlosser namens Jean Tinel spießt ihn auf eine Pike und präsentiert ihn François-Antoine Boissy d'Anglas, Abgeordnetem der Nationalversammlung. Dieser verbeugt sich voller Achtung, während die Menge höhnisch über Fréron herzieht.

Ja, über *Fréron*, nicht über Féraud. Der junge Abgeordnete, der die Nationalvertreter so heldenhaft verteidigen wollte, wurde das Opfer einer lapidaren Namensverwechslung. Weil sein Name ähnlich klingt, hält man ihn für Louis-Marie Stanislas Fréron, einen ehemaligen Jakobiner, an dessen Händen Blut klebt. Das Volk hasst ihn, denn er verkörpert die Korruption und den Zynismus in ihrer wahrhaftigsten Gestalt. Es ist Fréron, dem das aufgebrachte Volk an den Kragen will – aber zu seinem Pech (und des Jakobiners Glück) steht Féraud ihnen im Weg.

Sein dummer und ziemlich unnützer Tod zieht obendrein noch weitere nach sich. Die Frau, die den Schuss aus der Pistole abgegeben hat, und der Weinhändler, der Féraud enthauptet hat, werden wegen Mordes einen Kopf kürzer gemacht wie der arme Schlosser, der Stein und Bein schwört, keine Ahnung gehabt zu haben, wem der Kopf auf der Spitze seiner Pike gehörte.

Dem widerlichen Fréron gewährt das Schicksal immerhin nur einen Aufschub von sieben Jahren, ehe er seinem eigenen dummen Tod ins Auge sehen muss. Weil er ein Techtelmechtel mit der Lieblingsschwester von Napoleon, Pauline Bonaparte, hat, obwohl er bereits verheiratet ist, wird er auf Befehl des ersten Konsuls zum Unterpräfekten von Les Cayes auf Saint-Domingue (heute Haiti) ernannt und muss Frankreich verlassen. Kaum ist er in seiner exotischen Unterpräfektur angekommen, steckt sich Fréron mit

Gelbfieber an und stirbt am 15. Juli 1802 unter schrecklichen Qualen. Gut gemacht, Schicksal! (B. F.)

Aufgeregt und abgenippelt

LOUIS-JEAN-MARIE DAUBENTON (1716–1800)

Der Mann mit den drei Vornamen ist zufrieden, wenn er zwischen seinen Proben seltener Steine und getrockneter Pflanzen, seinen Glasbehältern, seinen in Formalin eingelegten Fledermäusen und seinen ausgestopften Affen sitzen darf. In der tiefen Stille des Naturhistorischen Museums seziert, zeichnet und schreibt er in aller Ruhe. Nichts kann die Leidenschaft des Naturforschers stören.

Schon seit seiner Kindheit fühlt er sich zu den Naturwissenschaften hingezogen. Eigentlich soll er Priester werden, aber nachdem sein Vater gestorben ist, darf er selbst entscheiden und studiert lieber Medizin. Er interessiert sich hauptsächlich für vergleichende Anatomie.

Seine große Chance kommt im Jahr 1742. Daubenton kommt aus Montbard im Burgund, genau wie der große Naturforscher Georges-Louis Leclerc, Comte de Buffon. Die Familien kennen sich. Als Buffon Hilfe für sein Monumentalwerk *Allgemeine Historie der Natur* braucht, lässt er den jüngeren Landsmann nach Paris kommen. Drei Jahre später erhält Daubenton den Posten im Naturhistorischen Museum. Geduldig und eigensinnig redigiert der schweigsame Wissenschaftler fünfundzwanzig Jahre lang anatomische Studien an hundertzweiundachtzig Arten von Vierbeinern, von denen zweiundfünfzig zum ersten Mal untersucht werden.

Er ist Mitglied in der Akademie der Wissenschaften, wird erster Lehrstuhlinhaber für Naturgeschichte am Collège de France, dann Professor an der Veterinärschule von Alford, ist wunschlos glücklich und bemüht sich redlich, die Wissenschaft in den Dienst seines Landes zu stellen.

Dann kommt die Revolution. Die Sansculottes machen ihn zum Direktor des Naturhistorischen Museums. Als die Revolutionäre langsam ruhiger werden, versucht Frankreich, das Temperament der Volksvertreter dadurch zu beschwichtigen, dass ein Parlament mit zwei Kammern einberufen wird. Unter dem Direktorium tritt im Palais de Luxembourg ein Ältestenrat zusammen. Zwar hat diese Versammlung so gut wie keine Macht, aber der erste Konsul Bonaparte versucht, ihr ein gewisses Prestige zu verleihen, indem er verdiente Wissenschaftler nominieren lässt. Und so muss der alte Naturwissenschaftler Daubenton am 25. Dezember 1799 Abschied von seinen liebgewonnenen Präparaten nehmen, um Senator zu werden – obwohl er eigentlich lieber bei den ausgestopften Affen bliebe.

Daubenton ist ein sanfter Charakter, dessen ruhiges und gleichmäßiges Leben es ihm gestattet, trotz seines Mangels an Temperament ein hohes Alter zu erreichen. Doch als er in den Senat berufen wird, schadet die Veränderung der Gewohnheiten seiner Gesundheit. (Vielleicht fehlen auch die Präparate, wer weiß das schon so genau.) Bei der ersten Sitzung, an der er teilnimmt, ist er offenbar tief bewegt. Wahrscheinlich empfindet er auch eine gewisse Beklemmung angesichts der ihm gegenüberstehenden Lebendigkeit, oder er ist verwirrt durch die Pracht der hohen Versammlung, deren Mitglieder in blau-weiß-roter Prunkgewandung mit golden Knöpfen und vielen Federn auftreten. Jedenfalls trifft den armen Mann der Schlag. Wortwörtlich. Zwar lebt er noch, aber nur noch auf Sparflamme. Man trägt ihn aus dem Saal und bringt ihn nach Hause, wo sich der frischgebackene Senator verzweifelt an sein Restchen Leben klammert.

In der Nacht vom 31. Dezember 1799 auf den 1. Januar 1800 haucht Daubenton nach viertägigem Todeskampf sein Leben aus. Als Mann der Politik geht der berühmte Naturwissenschaftler nur in einer Kategorie in die Geschichte ein: Er hatte das kürzeste Senatsmandat aller Zeiten inne, nämlich knapp sieben Tage.

Erst nach seinem Tod darf er wieder zurück in sein geliebtes Naturhistorisches Museum, das er niemals hätte verlassen sollen. Er findet seine letzte Ruhestätte unter einer einfachen Säule, umgeben von Grün. Die Kinder, die an schönen Tagen dort spielen, stören seinen Frieden nicht, denn sein Gehirn wurde unmittelbar nach seinem Tod entfernt, in Formaldehydlösung eingelegt und seiner eigenen Sammlung einverleibt. (B. F.)

Zug um Zug

WILLIAM HUSKISSON (1770–1830)

Der Engländer William Huskisson wurde am 11. März 1770 in Worcestershire geboren. Als er in jungen Jahren seinen Onkel besucht, der in Paris als Arzt arbeitet, wird er Augenzeuge der Französischen Revolution, die ihn stark beeinflusst und die Weichen für sein politisches Interesse stellt. Er wird kurz darauf ins englische Parlament gewählt, bald ist er Sekretär des Schatzamtes und wird 1814 schließlich Kommissar für Wälder und Forste, ehe man ihn zum

Handels-, später zum Kriegs- und Kolonialminister ernennt. Sein bemerkenswertes Pamphlet über das Währungssystem sorgt dafür, dass er sich als Wirtschaftsspezialist seiner Zeit einen Namen macht.

Eine beachtliche politische Karriere. Und es könnte alles perfekt sein, wäre da nicht der Duke of Wellington, sein schlimmster politischer Widersacher, der mitverantwortlich dafür ist, dass Huskissons Vorstellungen vom Freihandel im Parlament kein Gehör finden. 1828 tritt Huskisson frustriert von seinem letzten Amt zurück und verlässt die politische Bühne.

Erst bei der feierlichen Eröffnung der ersten englischen Eisenbahnlinie von Liverpool nach Manchester am 15. September 1830 sieht er seinen ehemaligen Gegenspieler wieder. Der nagelneue Zug setzt sich in Bewegung. Auf dem Bahnhof von Parkside wird ein Zwischenhalt eingelegt. Die würdigen Herren steigen aus den Waggons und vertreten sich die Beine auf dem Bahnsteig. Huskisson entdeckt Wellington in der Menge und geht auf ihn zu, um ihm die Hand zu reichen – oder ihm eine zu kleben, das weiß man heute nicht mehr so genau. Dabei hört er nicht, dass sich von hinten eine Lokomotive auf dem Gegengleis nähert, stolpert und wird von der Zugmaschine erfasst, die sein Bein übel zurichtet. Man lässt ihn ins Krankenhaus bringen und verabreicht ihm eine hohe Dosis Laudanum, was ihn aber nicht daran hindert, trotzdem zu sterben. Auf seinem Totenbett hat das erste Opfer eines Eisenbahnunfalls gerade noch Zeit, seinen Letzten Willen zu diktieren … (F. Ch.)

In cold we trust

WILLIAM HENRY HARRISON (1773–1841)

Am 9. Februar 1773 erblickt William Henry Harrison in Berkeley, Virginia, das Licht der Welt. Er schlägt eine militärische Karriere ein. Während des britisch-amerikanischen Kriegs steht er den Engländern und ihren indianischen Verbündeten gegenüber. 1825 wird er in den US-Senat gewählt und zum Botschafter der eben erst unabhängig gewordenen Republik Großkolumbien ernannt. Vier Jahre später zieht er auf eine Ranch in Ohio, wo er als Farmer arbeitet. 1836 wird er zum Präsidentschaftskandidaten nominiert, unterliegt aber dem Gegenkandidaten Martin van Buren.

Im zweiten Anlauf, vier Jahre später schafft er es und wird zum neunten amerikanischen Präsidenten gewählt. Allerdings soll seine Präsidentschaft nur von kurzer Dauer sein. Am Tag seiner Amtseinführung, dem 4. März 1841, hält Harrison eine lange Inaugurationsrede. Es ist kühl, und es zieht wie Hechtsuppe. Er erkältet sich. Die Grippe, zu der sich die leichte Verkühlung ausweitet, verschlimmert sich zu einer Lungenentzündung, die ihn am 4. April 1841 schließlich dahinrafft. Sein offizielles Mandat dauert somit geschlagene 31 Tage, 12 Stunden und 32 Minuten.

William Henry Harrison ist der letzte vor der Unabhängigkeitserklärung geborenen Präsident und der erste, der während seiner Amtszeit verstirbt, die bis heute die kürzeste der amerikanischen Geschichte ist. Immerhin so hat er von sich reden gemacht. (D. A.)

Bombenstimmung

AMÉDÉE PAUWELS (1864–1894)

Im Museum der Pariser Polizeipräfektur findet sich inmitten gruseliger Waffen und altertümlicher Beweisstücke ein kurioses Foto. Es ist das Bild eines Mannes mit hervortretenden Augen, an dem die Klamotten wie Girlanden aus zerrissenen Lumpen herunterhängen. Der Kerl sieht aus, als sei er geradewegs einem Comic entsprungen. Dieses geradezu komisch anmutende Leichenfoto ist alles, was noch an Amédée Pauwels erinnert.

Der gelernte Gerber wandert vom beschaulichen Belgien zum großen Bruder nach Frankreich aus und arbeitet zunächst in Lothringen, später in der Nähe von Paris. Unter den von der Republik enttäuschten Arbeitern der Pariser Vororte breitet sich in zunehmendem Maß die Anarchie aus. Auch Pauwels macht sich die Ideen des Aufruhrs zu eigen und hält sich für berufen, Ungerechtigkeit zu bestrafen.

Am 1. Mai 1891 unterdrückt die Obrigkeit mit Gewalt eine Kundgebung in Clichy und verurteilt eine Gruppe anarchistisch gesinnter Gewerkschafter zu hohen Strafen, weil die Männer die schwarze Fahne gehisst haben. Kurz darauf fliegen die Häuser der zuständigen Beamten in die Luft. Die Attentate gehen auf das Konto eines gewissen Ravachol, einem der anarchistischen Rädelsführer. Es beginnt eine innenpolitische Krise in Frankreich, die fast drei Jahre andauern wird.

Ein anderer Genosse, ein gewisser Auguste Vaillant, wirft am 9. Dezember 1893 einen Sprengsatz in den Plenarsaal der Deputiertenkammer, wird kurz darauf geschnappt und zum Tode verurteilt. Nach seiner Exekution am 5. Februar 1894 explodiert das *Café Terminus* als Rache für seinen Tod.

Pauwels seinerseits will nun Vaillant rächen. Mindestens zwei Attentate werden ihm zugeschrieben. Um seine Vendetta allerdings vollkommen zu machen, beschließt der Belgier, alles bisher Dagewesene zu übertreffen. Bisher galten die Sprengsätze immer nur Bürgern, Soldaten, Polizisten und staatlichen Institutionen, aber es gibt noch einen anderen Eckpfeiler der sozialen Ordnung, der bisher niemandem eingefallen ist: die Kirche! Die nächste Bombe muss also in einem Gotteshaus gezündet werden. Und zwar am liebsten in einem zentralen, damit möglichst viele der bigotten Herrschaften an die Himmelspforte klopfen.

Gegenüber dem Palais Bourbon, dem Sitz der französischen Nationalversammlung, liegt auf dem rechten Seine-Ufer die imposante Kirche La Madeleine. Am 15. März 1894 betritt Amédée Pauwels das Gebäude in unlauterer Absicht. Unter seinem Mantel verbirgt er eine mit einem Sprengsatz bestückte Konservendose. Leider sind diese selbst fabrizierten Bomben nicht sehr stabil – vom Zünder reden wir lieber erst gar nicht. Das ganze Konstrukt ist eine höchst fragile Angelegenheit.

Um den Innenraum vor eindringender Kälte zu schützen, besitzt die Kirche eine Art Windfang mit zwei schweren gepolsterten Türen. Der rachelüsterne Anarchist stößt die erste Tür auf, stolpert, schafft es gerade noch in das Gotteshaus und – kawumm! Pauwels wird von seiner eigenen Bombe in Stücke gerissen.

»Durch einen glücklichen Zufall wurde der Unselige das einzige Opfer seines Attentatsversuchs«, kann man in der illustrierten Beilage des *Petit Journal* vom 26. März 1894 lesen. Der Journalist schreibt weiter, dass »ein schnell herbeigeeilter Pfarrer sah, dass der Mann noch zuckte, und er erteilte ihm sofort die Absolution.« Was für einen kirchenfeindlichen Anarchisten natürlich mehr als peinlich ist.

Ravachol und Vaillant, die beiden Attentäter, die ihr Ziel immerhin getroffen haben, sind kurz davor hocherhobenen Hauptes zum Schafott marschiert, erteilten dem anwesenden Geistlichen eine harsche Abfuhr und riefen die historischen Worte: »Tod der bürgerlichen Gesellschaft! Es lebe die Anarchie!« Den unglückseligen Pauwels hingegen hat es so heftig durchgerüttelt, dass er nicht einmal mehr ein letztes »Kein Gott, kein Herr!« hervorstoßen kann und zu allem Überfluss in seinen letzten Lebenssekunden auch noch ein *Ich spreche dich frei von deinen Sünden* über sich ergehen lassen muss.

»Diejenigen, die er verfolgte, konnten ihm entkommen, und wir stellen fest, dass es bisher fast immer so gewesen ist; Opfer gab es nur wenige, die Mörder hingegen wurden meistens bestraft. Möge diese Überlegung die Täter von ihrem Vorhaben abbringen«, endet der Artikel im *Petit Journal*.

Der Tod von Amédée Pauwels diente allerdings offenbar kein bisschen als Abschreckung, denn seitdem sind viele Terroristen mit ihren Eigenkreationen in die Luft geflogen, womit sie die nostalgische Vorstellung von einer sich selbst erfüllenden Gerechtigkeit eindrucksvoll unterstrichen haben. (B. F.)

Den Kopf in den Wolken

MAURICE BERTEAUX (1852–1911)

Am Boden als Folge eines Flugzeugabsturzes zu sterben ist ein nicht gerade alltägliches Schicksal. Es ereilte zu allem Überfluss den einzigen französischen Kriegsminister, der in Ausübung seines Amtes verstarb.

Maurice Berteaux wird am 3. Juni 1852 als Sohn einer gutsituierten Bürgerfamilie in Saint-Maur-des-Fossés in der Nähe der französischen Hauptstadt geboren. Er ist ein ausgezeichneter Schüler und wird bereits mit siebenundzwanzig Jahren amtlicher Börsenmakler an der Pariser Börse. 1888 wählt man den aufrechten Republikaner, vorbildlichen Patrioten und überzeugten Antiklerikalen in den Stadtrat von Chatou. 1891 wird er Bürgermeister und zwei Jahre später radikalsozialistischer Abgeordneter. Er gilt als Experte für Finanzfragen und spricht sich für die Einführung einer Einkommensteuer aus. Selbst die Sozialisten unterstützen ihn wohlwollend. »Ohne über eine klassisch geschulte Eloquenz zu verfügen, hält er seine Reden dennoch mit Leichtigkeit. Sein Geschick, mit Gruppierungen umzugehen und an der Basis zu arbeiten, übt einen unbestreitbaren Einfluss auf die Kammer aus«, weiß das *Dictionnaire des parlementaires français* zu berichten.

1904 wird der gewandte Mann zum Kriegsminister von Frankreich ernannt und hat eine Leidenschaft für sich entdeckt – die Fliegerei. Um den Luftsport zu fördern, dessen militärische Einsatzmöglichkeiten Berteaux vielleicht schon ahnt, schleppt er seinen Premierminister am 21. Mai 1911 auf den Flugplatz von Issy-les-Moulinaux, wo der Wettflug Paris-Madrid startet.

Und hier ereilt ihn das Schicksal: Ein von dem Flugpionier der ersten Stunde, Louis-Émile Train, gesteuerter Eindecker gerät ins Trudeln, will notlanden und stürzt mitten zwischen die hohen Gäste. Der Premier wird schwer verletzt, Berteaux jedoch ist sofort tot. Der Propeller hat ihn enthauptet und ihm einen Arm abgetrennt. Tragische Bilanz dieses Tages: ein Toter. (B. F.)

Doppelt hält besser

Der Vorfall steht in allen Geschichtsbüchern. Am 28. Juni 1914 wird Franz Ferdinand, Erzherzog von Österreich, in Sarajevo von einem jungen serbischen Nationalisten namens Gavrilo Princip ermordet. Das Attentat gilt als Auslöser für den Ersten Weltkrieg und ist aus einer so unglücklichen Verkettung vielfältiger Umstände entstanden, dass man es unbestritten in die Liste dämlicher Todesfälle aufnehmen kann.

Zunächst einmal hätte Franz Ferdinand gar nicht Erzherzog von Österreich und als solcher Erbe des österreich-ungarischen Kaiserthrons sein sollen. Der Titel stand eigentlich seinem Vater Karl Ludwig zu, dem Bruder von Kaiser Franz Joseph. Dieser äußerst fromme Mann jedoch machte eine Pilgerreise durch Ägypten und Palästina und starb 1896 an Typhus, weil er unbedingt Jordanwasser hatte trinken wollen.

Das allein würde schon reichen, um in diesem Buch Erwähnung zu finden. Es kommt aber noch besser. Dieser erste dämliche Tod nämlich macht das Ableben seines Sohnes erst möglich, der an jenem schicksalhaften 28. Juni 1914 zu einem Staatsbesuch in Sarajevo weilt. Der Termin wird von der serbischen Minderheit in Bosnien-Herzegowina als Provokation aufgefasst, weil man an diesem Tag nicht nur einen hohen orthodoxen Feiertag begeht, sondern obendrein den Jahrestag der Schlacht auf dem Amselfeld feiert – ein symbolisches Datum für viele Serben. Tatsächlich haben ein paar Verschwörer ein Attentat geplant, allerdings mit einer Handgranate. Als der offene Wagen des Thronfolgers vorüberfährt, wirft einer der Rebellen das Geschoss in

Richtung Fahrzeug. Der Chauffeur von Franz Ferdinand jedoch sieht das dunkle Objekt auf sich zukommen und drückt auf die Tube, während der Thronfolger (ebenfalls auf Zack) den Arm hebt, um seine Frau zu schützen. Die Handgranate prallt an eben diesem Arm ab, fällt nach hinten und detoniert auf der Straße, wobei der nachfolgende Wagen des Konvois explodiert und dessen Insassen sowie viele Zuschauer verletzt werden. Franz Ferdinand aber wird kein Härchen gekrümmt.

Die Verschwörer zerstreuen sich flugs in alle Winde. Das missglückte Attentat hat sie entmutigt. Der Erzherzog fährt zu einem Empfang ins Rathaus, zieht erzürnt über die wenig wachsame Obrigkeit her und beschließt, die Verletzten im Krankenhaus zu besuchen. Dieser Planänderung ist es zu verdanken, dass sein Wagen zufällig den Weg des jungen Gavrilo Princip kreuzt, der sich nach dem verhinderten Mordversucht enttäuscht auf den Heimweg gemacht hat, nun aber die einmalige Gelegenheit beim Schopf ergreift. Er wird in die Annalen der Geschichte eingehen. Er braucht dazu nur seinen Revolver zu ziehen …

Das Attentat von Sarajevo dient Österreich-Ungarn als Vorwand für einen vorerst regional geplanten Militärschlag gegen Serbien. Durch das Zusammenspiel der Verbündeten aber wird der Funke schnell zum Flächenbrand. Russland schlägt sich zusammen mit Frankreich und England auf die Seite der Serben, während Deutschland und das Osmanische Reich den Wiener Hof unterstützen. Von 1914 bis 1918 zieht ein einziger dummer Tod zehn Millionen weitere nach sich. Und dabei sind die indirekten Folgen, wie die Oktoberrevolution von 1917, noch nicht einmal berücksichtigt.

Die Kettenreaktion ist insofern besonders betrüblich, da Franz Ferdinand als Verfechter einer eher slawenfreundlichen

Politik Österreich-Ungarns galt. Wäre er nach dem Tod von Kaiser Franz Joseph an die Macht gekommen, wäre das Pulverfass Europa vielleicht nie explodiert. Dämlich. (B. F.)

Ein Minister geht in die Luft

LORD CHRISTOPHER THOMSON (1875–1930)

Am 13. April 1875 wird Christopher Birchwood Thomson in Nashik in Britisch-Indien geboren. Er macht mit neunzehn Jahren seinen Abschluss in Sandhurst und legt anschließend eine ansehnliche Karriere bei der Armee hin, wo er sich um den Grenzbereich zwischen militärischen und diplomatischen Angelegenheiten kümmert. Nachdem er sich in den Burenkriegen hervorgetan hat, wird er zu Beginn des Ersten Weltkriegs Übersetzer, anschließend Militärattaché in Rumänien.

Als wieder Friede herrscht, engagiert er sich politisch im linken Lager. Er ist Mitglied der Fabian Society, einem Teil der Labour Party. Zweimal lässt er sich als Kandidat aufstellen, schafft es jedoch beide Male nicht ins Unterhaus. Aber an derlei Kleinigkeiten soll die Sache nicht scheitern: Nachdem Labour die Wahlen gewonnen hat, erhebt ihr Vorsitzender den sozialistischen Soldaten in den Adelsstand, damit er ins Oberhaus einziehen kann. 1924 wird Lord Thomson zum ersten Mal als Staatssekretär für Luftfahrt nominiert, fünf Jahre später zum zweiten Mal.

Während seiner Amtszeit entsteht in der englischen Regierung der ehrgeizige Plan, Großraum-Luftschiffe für interkontinentale Verbindungen zu bauen. Im Oktober 1930

ist die R 101, der Stolz der englischen Luftflotte, so gut wie
bereit für ihren ersten Flug von London nach Karachi im
heutigen Pakistan. Leider nur »so gut wie«, denn es fehlen
noch bestimmte Sicherungsprüfungen, Feinabstimmungen
und andere technische Tüfteleien, die noch einige Zeit zu
beanspruchen drohen. Lord Thomson aber ist ein ehrgeizi-
ger Mensch. Man spricht bereits darüber, dass er Vizekönig
seines Geburtslandes Indien werden soll, und wenn er mit
gutem Beispiel vorangehen und an Bord des größten Luft-
schiffs der Welt reisen will, kommt es für ihn keinesfalls
infrage, noch wochenlang Däumchen zu drehen. Er erteilt
eine entsprechende Anweisung, und am frühen Morgen
des 4. Oktober 1930 setzen sich die Propeller des mächtigen Zeppelins in Bewegung. Das Luftschiff geht auf seine
Jungfernreise.

Noch am gleichen Abend stürzt die nicht ausreichend ge-
prüfte R 101 gegen zweiundzwanzig Uhr in der Nähe von
Beauvais in Frankreich ab. Fünfzig Passagiere sterben in den
Flammen, lediglich sechs Besatzungsmitglieder entgehen
der brennenden Wasserstoffhölle. Der Unfall bedeutet das
Ende des englischen Luftschiff-Programms. Das Parlament
setzt eine Untersuchungskommission ein und beauftragt zu
diesem Zweck einige Spiritisten, die Zeugenaussagen der
Opfer aus dem Jenseits übermitteln sollen. Von dem eiligen
Minister aber dringt kein Ton durch – nicht mal eine Ent-
schuldigung. (B. F.)

Tödliche Beerdigung

KLEMENT GOTTWALD (1896–1953)

Das Fest ist grandios. Und unendlich traurig. Grandios und traurig – die Proletarier aller Länder haben sich in ihrem Kummer tatsächlich einmal vereinigt. Tränenströme fließen in die Moskwa und lassen die Ufer übertreten. Es ist der 9. März 1953. Vier Tage zuvor erschüttert der Tod des großen Stalin die Welt. In der Sowjetunion zittern und schluchzen die Menschen. Das gehört sich so. Niemand würde es wagen, angesichts des immensen Verlustes beim Rasieren zu pfeifen. Ach was, niemand würde auf die Idee kommen, sich zu rasieren! Die unstillbare Tränenflut würde die Rasierseife ohnehin fortschwemmen. Aber natürlich darf man auch keinesfalls verlottert und dreitagebärtig vor den sterblichen Überresten Stalins auftauchen.

In den kommunistischen Bruderländern wird selbstverständlich ebenfalls getrauert, ebenso wie in den kommunistischen Parteien der westlichen Länder, die ihre Repräsentanten ganz in Schwarz nach Moskau geschickt haben. Auch Klement Gottwald, Präsident der Tschechoslowakischen Sozialistischen Republik, ist von Trauer überwältigt. Der Generalissimus war ihm wie ein zweiter Vater. Von ihm hat er alles gelernt. Stalin war es, der ihn zu der großartigen Gerissenheit und dem makellosen Machiavellismus inspiriert hat, die Gottwald beim Februarumsturz am 25. Februar 1948 unter Beweis stellte. Damals verwies er den nationalgesinnten Edvard Beneš, mit dem er zuvor eine Regierung gebildet hatte, eindrucksvoll auf die billigen Plätze und leitete die repressivste Periode der kommunistischen Diktatur in der Tschechoslowakei ein.

Zwei Wochen nach dem Umsturz im eigenen Land rechtfertigte sich Gottwald voller Stolz: »Im Mai 1945 hatten wir die Reaktion zur Tür hinauskomplimentiert, im Februar 1948 war klar, dass sie zum Fenster wieder hineingekommen war.« Während seiner gesamten Karriere beweist Gottwald jenen weitblickenden und gleichzeitig servilen Zynismus, der ihm zur Macht verhalf.

Die Prager Prozesse sind ebenfalls eines seiner Meisterwerke. Ende 1951 lässt Gottwald Rudolf Slánský, den Generalsekretär der Kommunistischen Partei KSČ, und dreizehn andere (hauptsächlich jüdische) Würdenträger verhaften. Sie werden gefoltert, bis sie ihren Text für die Anhörung auswendig aufsagen können. Elf der Gefangenen werden zum Tode verurteilt und am 3. Dezember 1952 gehängt.

Drei Monate später stirbt dann auch Stalin. Klement Gottwald packt warme Klamotten ein und reist von Prag nach Moskau. Von der Tribüne aus sieht er zu, wie Millionen Genossen dem Vater der Völker die letzte Ehre erweisen. Stundenlang dauert das Defilee. Der gesundheitlich durch zu viel Hochprozentiges und die Syphilis geschwächte Gottwald hat kalte Füße und fängt sich schließlich eine Erkältung ein. Am 14. März, kaum zurück in Prag, rafft ihn eine daraus resultierende Lungenentzündung dahin. Aber der große Sterbefall hat noch mehr kleinere im Gepäck: Abgesehen von unserem bemitleidenswerten Gottwald gibt es bei den Trauerfeierlichkeiten für Stalin fast fünfhundert Tote, die im Gedränge totgetrampelt werden.

Gottwald bekommt in Prag eine fast so schöne Beisetzung wie Stalin, nur ein wenig kleiner und mit weniger Toten. Wie damals üblich, wird seine Leiche einbalsamiert – jedoch ein bisschen zu spät. Die Mumie zerfällt und wird 1962 nach längeren Diskussionen um den Personenkult verbrannt. (O. Ch.)

Der Wind der Geschichte

KONRAD ADENAUER (1876–1967)

Kann man mit einundneunzig Jahren noch einen dummen Tod sterben? Konrad Adenauer hat es uns am Ende eines langen Lebens vorgemacht.

1917 wird er in Köln zum jüngsten Oberbürgermeister einer deutschen Großstadt gewählt. Nach der Machtergreifung Hitlers setzen ihn die Nazis ab. Mit dem Ende des Nazireichs wird er zum Vorsitzenden der CDU und 1949 zum ersten Kanzler der Bundesrepublik Deutschland. Als gewitzter Politiker erkennt er, dass der Kalte Krieg Deutschland die Chance bietet, sich wieder einen Platz im westlichen Bündnis zu sichern. Die Vereinigten Staaten von Europa, deren Bildung Adenauer gemeinsam mit Christdemokraten aus Frankreich, Belgien und Italien unterstützt, bieten der deutschen Industrie gute Absatzmärkte und waschen das Land gleichzeitig von seinem Verlierermief von 1945 rein. Im Januar 1963 unterzeichnen Adenauer und de Gaulle den Élysée-Vertrag, der die deutsch-französische Freundschaft dauerhaft besiegelt.

Im gleichen Jahr tritt der alte Kanzler zurück, bleibt aber als äußerst emsiger Abgeordneter seiner Partei im Bundestag und nimmt an allen Parteitagen teil. Leider sind Kongresszentren häufig ungemütlich und ziemlich zugig. Das von München hingegen ist total überheizt, während draußen kalter Regen niederprasselt. Schon seit seiner Jugend leidet Adenauer an Atemwegsproblemen, die ihm bereits die obligatorische preußische Wehrpflicht erspart haben. Sein Lungenvolumen ist so gering, dass er nie eine Lebensversicherung abschließen kann, weil man ihn überall ablehnt. Und so besiegt der kalte Wind diesen Veteranen, der schwer

erkältet nach Hause zurückkehrt und sich nicht wieder erholt. Am 19. April 1967 stirbt Adenauer in seinem Haus in
Bad Honnef-Rhöndorf.

Erst im Februar des gleichen Jahres lernte Adenauer auf
einer Reise durch das von Franco regierte Spanien eine alte
Marquesa kennen, die ihm am Ende ihrer Unterhaltung
ein ewiges Leben wünschte. »Nee, dat ist zu viel!«, soll der
ehemalige Bundeskanzler ihr geantwortet haben. Aber ein
bisschen mehr hätte es doch auch sein können, oder? (B. F.)

Wozu dient dieser komische rote Knopf?

MITROFAN IWANOWITSCH NEDELIN (1902–1960)

Mitten im Kalten Krieg verspricht die nagelneue Interkon-
tinentalrakete R-16 einen echten Fortschritt auf dem Gebiet
der nuklearen Abschreckung. Mitrofan Nedelin hat in seiner
Eigenschaft als Kommandant der sowjetischen Streitkräfte
die Entwicklung des dreißig Meter hohen Wunderwerks
höchstpersönlich in Auftrag gegeben.

Am 24. Oktober 1960 zieht Nedelin seine schicke Uniform
an und begibt sich zur Abschussrampe 41 des Weltraum-
bahnhofs Baikonur in der kasachischen Steppe. Seine breite
Brust ist mit unzähligen Orden geschmückt, die er im Lauf
seiner steilen Karriere bei der Roten Armee angesammelt
hat. Auf seinem revolutionären Herzen ruhen die Medaille
»Für die Einnahme Königsbergs«, der »Rotbannerorden«, der
Orden »Held der Sowjetunion« und eine ganze Reihe hoher
militärischer Auszeichnungen, deren Bedeutung niemand
kennt, außer vielleicht der russische Kriegsminister.

Nedelin will dem Genossen Chruschtschow eine Freude machen und die Rakete noch vor dem Jahrestag der Oktoberrevolution am 7. November an den Start bringen. Die versammelte, für den ruhmreichen Abschuss zuständige Mannschaft hat bis zum Umfallen gearbeitet und dabei das gesammelte Liederrepertoire der Arbeiter- und Bauernrevolution rauf und runter gesungen, nur um rechtzeitig fertig zu werden.

Die Art von Treibstoff, den man benötigt, um eine Rakete aus der Schwerkraft der Erde herauszukatapultieren, hat nicht viel mit dem Benzin an unseren Tankstellen gemein. Es handelt sich vielmehr um extrem giftige und ätzende Chemikalien, mit denen man ungemein vorsichtig umgehen muss, weil sie ansonsten sofort miteinander reagieren.

Als am Tag zuvor die Tanks befüllt wurden, stellte man bei einem der Behältnisse ein massives Leck fest. Die Ingenieure forderten einen sofortigen Stopp der Arbeiten. Nedelin jedoch wurde wütend und erklärte, im Fall eines echten Atomkriegs bestünde schließlich auch keine Möglichkeit, den Start einer Rakete zu verzögern. Und so wurde der Raketenstart mit Volldampf weiter vorbereitet. Bis zu einem Punkt, an dem es kein Zurück mehr gibt: Bei vollständig gefüllten Tanks muss der Countdown innerhalb der nächsten vierundzwanzig Stunden eingeleitet werden, weil die Chemikalien sonst die Hüllen der Behälter verätzen.

Am Montag, den 24. Oktober wird Nedelin mehrmals vom Kreml aus angerufen. Vielleicht ja sogar von seinem Kumpel Nikita persönlich. Nedelin wird nervös, weil er sieht, dass sich die Arbeiten in die Länge ziehen. Er fordert einen Wagen an und lässt sich mit anderen hohen Offizieren von der Beobachterplattform zur achthundert Meter entfernten Abschussrampe bringen, weil er mit eigenen Augen sehen will, was an der Verzögerung schuld ist. Man bringt ihm einen Stuhl, damit es der Kommandant auch schön bequem hat, wenn er seinen Truppen den Kopf zurechtrückt und ihnen ein bisschen Dampf macht.

Und das ist bitter nötig, denn es geht immer schlechter voran. Man improvisiert. In dem Lastwagen, von dem aus die Ingenieure die technischen Eingriffe leiten, wird der Stress allmählich zur Panik. Die Sicherheitselektronik schwächelt und wird außer Betrieb gesetzt. War es dieses Abschalten? Oder hat ein betrunkener Techniker seine Wodkaflasche auf dem berühmten roten Knopf abgestellt? Wie dem auch sei, um 18 Uhr 45, während Nedelin von seinem zwanzig Meter neben der Rakete postierten Thron immer noch alle anschnauzt, bricht plötzlich Feuer aus. Sofort erreichen die Flammen die vollen Tanks, und die komplette Rakete explodiert in einem Feuerball von hundert Metern Durchmesser und einer Temperatur von dreitausend Grad Celsius. Der ruhmreiche Soldat Nedelin zerfällt in Sekundenbruchteilen zu Asche, seine hübschen Orden werden zu einem unkenntlichen Metallklumpen eingeschmolzen. Weiter entfernt stehende Techniker versuchen noch zu fliehen, gleiten aber auf dem geschmolzenen Asphalt aus und werden im Nu von der Hitze und den Giftgasen, die aus der Rakete hinausströmen, eingeholt.

Der Kreml verordnet die sofortige Vertuschung des Unfalls. Leonid Breschnew übernimmt den Vorsitz der Untersuchungskommission. Am 26. Oktober wird die Mitteilung herausgegeben, Marschall Mirtofan Iwanowitsch Nedelin sei bei einem Flugzeugabsturz ums Leben gekommen.

Das Geheimnis um die Katastrophe wird erst 1989 gelüftet, Glasnost sei Dank. Bei den offiziellen Opferangaben spricht man von vierundachtzig getöteten Militärs, von denen siebenundzwanzig nach der Explosion an den Folgen ihrer Verletzungen starben, und siebzehn Zivilisten. Diese Angaben entsprechen wohl weitgehend der Realität. Der Konstrukteur der Rakete, Michail Jangel, überlebte das Unglück unverletzt. Er hielt sich zum Zeitpunkt der Explosion gemeinsam mit Kollegen außerhalb des Gefahrenbereichs in einer Raucherzone auf. Eine der wenigen noch beachteten Sicherheitsmaßnahmen, das Rauchverbot in der Nähe der Rakete, rettete ihm paradoxerweise das Leben. (O. Ch.)

Schmelzguss ist wie Gulasch: Heiß muss er sein

PÉTER VÁLYI (1919–1973)

Der Chemieingenieur Péter Vályi tritt 1945 in die Kommunistische Partei Ungarns ein und beginnt eine schöne, unaufgeregte und gemächlich vorankommende politische Karriere, wie es sich für einen vorsichtigen Menschen in den sozialistischen Ländern gehört. 1967 wird er Finanzminister, 1970 Mitglied des Zentralkomitees und im folgenden Jahr schließlich Vize-Premierminister.

In dieser Eigenschaft wird er am 15. September 1972 ins Lenin-Eisenwerk in Miskolc im Nordosten des Landes, nicht weit von der slowakischen Grenze, eingeladen. Der Abend ist bereits fortgeschritten, doch das tut nichts zur Sache. Schwerindustrie, ganz gleich ob sozialistisch oder nicht, wird rund um die Uhr betrieben.

Genosse Doktor Sándor Énekes, der Fabrikdirektor, präsentiert mit stolzgeschwellter Brust die vorbildliche Situation der ungarischen Eisenverarbeitung, zu der er mit revolutionärem Eifer beiträgt. In ihrer Begeisterung lassen die beiden Herren die einfachsten Vorsichtsmaßnahmen außer Acht. Auf einem von der entzückten Delegation benützten Steg gleitet Vályi aus und verliert das Gleichgewicht. Der entsetzte Fabrikdirektor packt ihn am Schlafittchen, um im letzten Augenblick zu verhindern, dass der Herr Minister stürzt, rutscht dann aber mit ihm zusammen in die glühende Schmelze unter ihnen.

Am 18. September verkündet die ungarische Nachrichtenagentur das Ableben des Genossen Vályi. Über den Genossen Énekes wird kein Wort verloren. Sollte er überlebt haben, was höchst unwahrscheinlich ist, dürfte er danach mindestens eine Schulung in Sachen Arbeitssicherheit nachgeholt haben.

Es bleibt die Erkenntnis, dass osteuropäischen Würdenträgern unabhängig vom herrschenden Regime die ärgerliche Angewohnheit gemein ist, sich einen Teufel um Sicherheitsvorkehrungen zu scheren. Die Kaczyński-Zwillinge wären noch heute ein Paar, hätte Lech Alexander, der damalige Präsident Polens, nicht unbedingt darauf bestanden, dass seine Tupolew am 10. April 2010 in Smolensk landet. Dort herrschte nämlich an diesem Tag ein heftiger Sturm. Eine Landung ein wenig weiter entfernt – und alles wäre vermutlich gut gegangen.

Im Fall Péter Vályi mehrten sich einige Zeit später die Behauptungen, der KGB hätte den Sturz des Vize-Premiers in den Schmelzofen bewusst herbeigeführt. Immer diese üble Nachrede ... (O. Ch.)

VII. Die Hyperaktiven

Man muss kein politisches Amt bekleiden, um eines allzu dämlichen Todes zu sterben. Der Philosoph, Mathematiker und Astronom THALES VON MILET (ca. 624–548 oder 545 v. Chr.), einer der Sieben Weisen von Griechenland, hielt es an einem sehr heißen Tag für angebracht, seine grauen Zellen ein wenig zu schonen und zu einem athletischen Wettbewerb zu gehen, wo er im Zuschauerrund an Dehydration starb. Man kann kaum lautstark genug gegen die allgemein herrschende Ansicht Sturm laufen, Sport sei gesund. Sport ist Mord, das weiß doch jeder, nicht erst seit Winston Churchill. Schwimmen, Rennen, Fahrrad fahren und einige andere Körperertüchtigungen sind die Ursache vieler Dramen, deren Hauptdarsteller vielleicht uralt geworden wären, hätten sie nicht ständig danach getrachtet, sich zu bewegen, zu betätigen und aktiv zu sein. »Der Tod holt als Erstes die ein, die wegrennen«, hat einmal ein französischer Schriftsteller, Jean Giono, gesagt. Und der wurde immerhin 75 Jahre alt.

Der Koloss und die Wölfe

MILON VON KROTON (ca. 555–510 v. Chr.)

Milon, Sohn des Diotimos, ist Athlet. Seine Stärke ist außergewöhnlich, fast schon legendär. Durch seine Ehe mit Myia ist er außerdem der Schwiegersohn von Pythagoras, einem der größten Philosophen des Mittelmeerraums und bis heute von Sechstklässlern verhasster »Erfinder« von einem Satz, in dem Buchstaben und Zahlen zu Unverständnis zusammengefasst werden. Wenn der Mathematiker keine rechtwinkligen Dreiecke massakriert, kümmert er sich höchstpersönlich um Milons Training und gibt ihm unzählige halb medizinische, halb magisch-religiöse Ratschläge zu Hygiene und Ernährung.

Tatsächlich heimst sein athletischer Schwiegersohn jede Menge Titel im Ringkampf ein: sechs Siege bei den Olympischen Spielen, sieben bei den Pythischen Spielen, neun bei den Nemëischen und zehn bei den Isthmischen. Er ist ein wahrhaft umwerfender Sportler!

Milon ist aber nicht nur gut in Form, hat Glück in der Liebe und viel Geld, sondern kümmert sich auch um seine Hirnwindungen, indem er regelmäßig den Kursen seines Schwiegervaters folgt. Eines Tages erweist sich seine große Kraft sogar hier als sehr nützlich, denn es gelingt ihm, die einstürzende Decke des Lernsaales zu stützen, bis sich alle Schüler in Sicherheit gebracht haben. Und man erzählt sich auch noch ganz andere außergewöhnliche Dinge über ihn. So soll er in der Lage sein, einen Ochsen mit bloßer Hand niederzuschlagen und ihn an einem einzigen Tag zu verspeisen. Abgesehen von diesem gesegneten Appetit soll er eine um seinen Kopf gebundene Kordel einfach dadurch sprengen können, dass er die Schläfenadern anschwellen lässt. Wahnsinn.

Als alter Mann will Milon, sei es aus verhängnisvoller Neugier oder als letztes Aufbäumen seines Ehrgeizes, noch einmal wissen, wie viel ihm von der Stärke seiner Jugend geblieben ist. Bei einem Waldspaziergang bemerkt er am Wegrand einen dicken Baum, der in zwei Hälften gespalten ist. Um die von der Natur begonnene Arbeit zu vollenden, legt er die Hände in den Spalt und bemüht sich, den Baum gänzlich auseinanderzureißen. Doch seine Kraft ist nicht mehr so wie früher. Er schafft es nicht. Seine Hände klemmen in dem Spalt. Der arme Milon sitzt bewegungsunfähig fest und kann sich nicht verteidigen. Die wilden Tiere im Wald, allen voran die Wölfe, wittern seine Angst und machen sich einen Spaß daraus, den imposanten Athleten genüsslich mit Haut und Haaren aufzufressen. (Ph. Ch.)

Riskante Rüstung

FRIEDRICH I. (HRR)
genannt FRIEDRICH BARBAROSSA (ca. 1123–1190)

Der kleine Fritz entstammt dem adligen Geschlecht der Staufer. Im Jahr 1152 wird er zum Nachfolger seines Onkels Konrad III. und damit zum König gewählt, 1155 in Rom vom Papst zum Kaiser gekrönt. Damit herrscht er, den man als politischen Erben Karls des Großen ansieht, über ein Reich, das neben Deutschland, Österreich und Böhmen auch große Teile Ostfrankreichs und den Norden Italiens umfasst – ein Imperium, das durch religiöse Konflikte und

Einfälle der Normannen geschwächt ist und dessen Verwaltung Friedrich Barbarossa erst noch organisieren muss.

1189 begibt er sich gemeinsam mit Philipp II. von Frankreich und dem englischen König Richard Löwenherz auf den von ihm angeführten Dritten Kreuzzug, der Sultan Saladin aus Jerusalem vertreiben soll. Nach einem langen Marsch quer durch Europa und das byzantinische Kaiserreich kommt es in Anatolien zu Kämpfen mit den Turkmenen. Kurz darauf stirbt Friedrich Barbarossa am 10. Juni 1190. Allerdings nicht auf dem Schlachtfeld.

Der Legende nach will sich der Kaiser nach dem Kampf erfrischen und steigt in voller Rüstung in das kühle Nass eines Flusses und säuft ab – keine seiner Glanzstunden, da sind wir uns einig. Möglich ist auch, dass Barbarossa den Fluss zu Pferd überqueren will, dieses aber scheut und seinen schwer bewaffneten Reiter abwirft. Das klingt immerhin ein wenig heldenhafter ... Dritte und letzte Variante: Friedrich Barbarossa will den Fluss zu Fuß überqueren, aber der thermische Schock löst einen Herzinfarkt aus.

Sicher ist eigentlich nur, dass Friedrich Barbarossa ertrunken und dass seine Rüstung sicher nicht ganz unschuldig an seinem vorzeitigen Dahinscheiden ist. (D. A.)

Astreine Beule

THOMAS VON AQUIN (ca. 1225–1274)

Thomas von Aquin hätte nicht sterben müssen. Jedenfalls nicht so früh.

Der spätere Dominikaner wird um 1225 auf Schloss Roccasecca bei Aquino in Italien geboren. Seine Ausbildung beginnt er bei den Benediktinern, später studiert er in Neapel, Paris und Köln. An verschiedenen Universitäten in ganz Europa übt er Lehrtätigkeiten aus und kommt dabei ziemlich weit herum. Außerdem schreibt er wie ein Besessener. Seine literarische und philosophische Produktion, bei der es sich hauptsächlich um Kommentare zu antiken oder heiligen Schriften handelt, ist höchst beeindruckend.

Am 6. Dezember 1273 aber ändert sich plötzlich alles. Thomas hat während einer Messe ein mystisches Erlebnis. Ist es eine Gotteserfahrung oder ein Schlaganfall? Egal, jedenfalls beschließt er von diesem Augenblick an, absolut nichts mehr zu schreiben. Im Vergleich zu dem, was er bei dem Anfall gesehen hat, komme ihm sein Werk vor »wie Stroh«, erklärt er. Gleichzeitig jedoch geht es mit der Gesundheit des Mannes, der so bullig wirkt, dass man ihn gern mit einem Stier vergleicht, rapide bergab. Was ihn allerdings nicht daran hindert, weiterhin herumzureisen.

Auf dem Weg zum Konzil von Lyon, zu dem Papst Gregor X. ihn berufen hat, stirbt Thomas von Aquin am 7. März 1274. Er ist ungefähr fünfzig Jahre alt. Es wird berichtet, dass er sich beim Reiten den Kopf an einem Ast stößt und sofort das Bewusstsein verliert. Nach einer kurzen Ohnmacht kann er sein Pferd wieder besteigen, segnet aber kurze Zeit später im Zisterzienserkloster Fossanova das Zeitliche. Die Abfolge der Symptome entspricht ziemlich genau dem Krankheitsbild bei einem Schädel-Hirn-Trauma. Der Schlag gegen den Kopf könnte den Riss eines Blutgefäßes zur Folge gehabt haben, das so lange blutete, bis der Patient dem erhöhten Hirndruck erlag.

Doch die Berichte über seine letzten Stunden widersprechen sich. Es könnte auch sein, dass er zwar unterwegs starb, aber ganz friedlich, während er den begleitenden Mönchen das Hohelied Salomons erläuterte.

Wenn man Dante Glauben schenken mag, so hat ein gewisser Karl I. von Anjou, niemand Geringerer als der König von Sizilien, seine Finger im Spiel. Der soll den Gelehrten mit vergiftetem Konfekt um die Ecke gebracht haben. Würden wir dem aber Glauben schenken, hätten wir Thomas von Aquin bei den Verfressenen untergebracht.

Wie auch immer: Der Mann ist tot, und die Leiche muss irgendwie entsorgt werden. Um ihn die noch verbleibenden mehreren Hundert Kilometer bis zu seinem Bestattungsort, dem Dominikanerkloster Les Jacobins in Toulouse zu überführen, kocht man seinen Körper wie einen Coq au Vin, löst das zarte Fleisch von den Gebeinen und nimmt in einem Schrein nur die sauberen Knochen mit. Womit wir doch wieder bei den kulinarischen Seltsamkeiten dieses Buches angekommen wären. (Ph. Ch.)

Lanzendämmerung

HEINRICH II. VON FRANKREICH (1519–1559)

In Kürze zusammengefasst kann man festhalten, dass Europa in der zweiten Hälfte des 16. Jahrhunderts durch die fast vierzig Jahre andauernden Religionskriege gebeutelt wird, bei der alle gegen jeden kämpfen: Gläubige gegen Ungläubige, Franzosen gegen Engländer, Frauen gegen Männer, Könige gegen ihren schlechten Ruf …

Der französische König Heinrich II. gehört zum Lager der Katholiken. Zusammen mit Spanien und England unterzeichnet er 1559 den Vertrag von Cateau-Cambrésis, mit dem die vereinten katholischen Mächte die abtrünnigen Völker unter Kontrolle bringen wollen. Zumindest für eine Weile beschränken sich die Hugenottenkriege auf wenige, schnell niedergeschlagene Aufstände. Endlich kann das Volk wieder aufatmen.

Der Vertrag wird nicht nur durch eine, sondern gleich zwei Ehen bekräftigt: Die Tochter Heinrichs II. heiratet Philipp II. von Spanien, Heinrichs Schwester Margarete bekommt den Grafen von Savoyen. Um diese Doppelhochzeit zu feiern, soll in Paris ein grandioses Fest mit einem großen Turnier stattfinden, mit Rüstungen und Bannern, Lanzen und funkelnden Schwertern und riesigen gepanzerten Pferden. Wer als Erster am Boden liegt, hat verloren. Teilnehmen dürfen natürlich nur die feinen Leute, der Adel und die Prominenz. Auch der König selbst hat sein Erscheinen angekündigt, was aber zu erwarten war, denn er liebt den Schaukampf. Meistens gewinnt er, aber auch das ist normal – schließlich ist er der König.

Der 30. Juni 1559 ist der letzte Turniertag. Das Fest war ein großer Erfolg und hat viele fröhliche Zuschauer auf den Turnierplatz in der Rue Saint-Antoine gelockt. Alles ist glattgelaufen. Der König hat mehrmals gekämpft und jedes Mal gewonnen, aber wir wissen ja schon, dass das ganz normal ist – schließlich ist er der König.

Die Sonne geht unter. In der Luft flirrt der Staub der Straße. Die Zuschauer sind müde. Die ersten brechen bereits auf, als den Herrscher plötzlich die Lust überkommt, einen letzten Kampf mit einem jungen kernigen Aristokraten auszufechten. Mutter und Schwager versuchen, ihn von seinem Vorhaben abzubringen, weil es schon spät ist, und sogar der Gegner ziert sich ein wenig. Der König wird böse: Wenn er ein Lanzenbrechen vorschlägt, dann hat es stattzufinden! Schließlich ist er der …

Die beiden Schlachtrösser preschen voran, es rumst, es knallt, und sehr schnell stellt man fest, dass irgendetwas nicht stimmt. Der König ist zwar beim Aufprall nicht vom Pferd gestürzt, aber am Rand des Turnierplatzes rutscht er zitternd aus dem Sattel. Schnell eilt man ihm zu Hilfe, und was man vorfindet, ist nicht gerade schön. Die Lanze von Heinrichs Gegner ist vom Schild des Königs abgeprallt, abgebrochen, unter das Visier seines Helms geraten und in das ungeschützte royale Gesicht eingedrungen. Die Verletzungen sind erheblich: Neben Dutzenden von Splittern, die tief im Fleisch sitzen, ist ein großes Holzstück unmittelbar unter dem Brauenbogen in Heinrichs Auge eingedrungen. Als man versucht, es herauszuziehen, schreit der König vor Schmerzen. Also lässt man es stecken. Allenthalben herrscht große Bestürzung. Wie soll es weitergehen, wenn der König nicht überlebt? Der junge Gegner kommt auf Knien angekrochen und bettelt darum, dass man ihm Hände und Kopf abhacken möge, aber der schwer leidende König verzeiht ihm hochherzig.

Während der folgenden zehn qualvollen Tage seines Todeskampfs bietet die zeitgenössische Medizin ihr gesamtes Repertoire an unheilvollen Behandlungsmethoden auf, das sich hauptsächlich auf Abführmittel und Aderlasse beschränkt. Als die beiden größten Chirurgen ihrer Zeit, Ambroise Paré und André Vésale, am Lager des Königs eintreffen, liegt dieser bereits im Sterben. Heinrichs kränklicher und zerbrechlicher Sohn, der erst fünfzehnjährige François, macht sich bereit, den Thron zu besteigen und Frankreich in ein schreckliches Blutbad zu stürzen. Schade. (B. L.)

Allegro mortale

ERNEST CHAUSSON (1855–1899)

Ernest Amédée Chausson wird am 20. Januar 1855 in eine wohlhabende Familie in Paris hineingeboren. Zunächst kommt er dem Wunsch seiner Eltern nach, Rechtswissenschaften zu studieren, aber eigentlich sehnt er sich danach, sich als Komponist ganz und gar der Musik zu widmen.

Er wird Sekretär bei der *Société nationale de musique*, einer Vereinigung, die das musikalisch-künstlerische Erbe Frankreichs fördern und fortentwickeln will, und hält darüber hinaus einen eigenen Salon ab, zu dem er die befreundeten Komponisten Henri Duparc, Gabriel Fauré und Claude Debussy einlädt. Nachdem er bereits zwei vierhändig zu spielende Sonatinen für Klavier komponiert hat, schreibt er sich schließlich am Pariser Musikkonservatorium ein. Er entdeckt die Musik von César Franck, ist bei der Entstehung von Richard Wagners *Parsifal* in Bayreuth dabei und komponiert Melodien, die von den Dichtern symbolistischer Poesie inspiriert sind. Später werden seine Werke länger und persönlicher, wie zum Beispiel seine Oper *Le Roi Arthus*.

Die Sommerfrische verbringt Chausson üblicherweise in Limay im Nordwesten von Paris in einer Villa. Nach langen mit Komponieren verbrachten Tagen liebt er es, sich an der frischen Luft zu vergnügen.

An jenem 10. Juni 1899 ist es sehr heiß. Um sechs Uhr abends hat Chausson für diesen Tag genug von seinem Streichquartett und besteigt stattdessen das Fahrrad – das ist der Anfang vom Ende. Wäre er doch nur zu Hause geblieben! Seine älteste Tochter Étiennette begleitet ihn. Als das junge Mädchen feststellt, dass ihr Vater ihr nicht nachgekommen ist, dreht sie um und findet ihn mit blutender Schläfe im Park der Villa liegen. Chausson, der einst in sein Tagebuch schrieb: »Der Tod kommt unerwartet, aber nicht unvorhergesehen«, hat leider nichts vorhergesehen. War der Hang zu steil, war er zu müde, lag ein Stein im Weg? Wir werden es wohl nie erfahren. (F. Ch.)

Aufs tote Gleis geraten

LOUIS HÉMON (1880–1913)

Am 12. Oktober 1880 wird Hémon in der Nähe des Hafens von Brest geboren, was möglicherweise der Grund ist, warum er schon früh eine gewisse Reiselust verspürt. Recht bald verzichtet er auf die angestrebte Diplomatenkarriere, lernt Vietnamesisch, weil er in den Fernen Osten auswandern will, und verlässt seine Familie.

Zunächst jedoch landet er in London, wo ihn das East End der armen Leute zu verschiedenen Romanen inspiriert, Werke, in denen man seine Menschlichkeit gegenüber den Verlierern dieser Welt spürt. Schließlich lernt er Lydia O'Kelly kennen, mit der er eine Tochter bekommt.

Nach acht Jahren in London zieht er 1911 allein nach Kanada weiter. Zunächst plant er, zu Fuß den See Lac Saint-Jean zu umrunden – ein Marsch von etwa eintausend Kilometern –, wird aber dann doch als Landwirtschaftshelfer in Saint-Gédéon sesshaft. Aus dieser Erfahrung stammt der Stoff zu seinem nächsten Werk, *Maria Chapdelaine*. Hémon beschreibt darin die Abenteuer einer jungen, traditionelle Werte verkörpernden Frau aus Québec. Das Buch wird dreimal verfilmt, in viele Sprachen übersetzt und erlangt weltweiten Ruhm.

Eine Zeitlang arbeitet Hémon als Übersetzer und macht sich dann auf, um sich den einfachen Freuden des Lebens zu widmen – der Ernte in Westkanada. Wie ein echter Tramp läuft er mit einem gleichgesinnten Australier an den Gleisen der Canadian Pacific Railway entlang. Am 8. Juli 1913 kommen die Weggefährten durch Chaplau in der Provinz Ontario. Um den dichten Wald durchqueren zu können, muss man auf den Schienen laufen. Als gegen 19 Uhr 15 der Zug pfeift, sind die beiden vermutlich etwas angeheiterten Pilger der festen Überzeugung, die Eisenbahn käme auf dem Gegengleis. Die Lokomotive erwischt Hémon und reißt ihn samt seiner Träume mit sich. In seinen Stiefeln findet man eine kleine Barschaft. Sie reicht gerade so eben für sein Begräbnis. (F. Ch.)

Herzschlagfinale

FRANK HAYES (1888–1923)

Belmont Park ist eine der großen Pferderennbahnen New Yorks und liegt auf Long Island einige Kilometer nördlich des heutigen Flughafens J.F. Kennedy. Am 4. Juni 1923 ist ein Rennen angesagt. Pferdenarren und elegante Ladys haben sich mitsamt allerlei ausladenden Kopfbedeckungen, wie es im Pferdesport nun mal so üblich ist, versammelt. Das zweite Rennen steht kurz vor dem Startschuss. Es ist ein Jagdrennen mit zwölf Hindernissen über dreitausendzweihundert Meter, was in etwa zwei Meilen entspricht.

Eines der gesetzten Pferde heißt Sweet Kiss. Die Stute hat bisher noch nicht viel von sich reden gemacht. Sie wird von Frank Hayes geritten, der sich zwar schon einige Male als Jockey in den Sattel geschwungen hat, in einschlägigen Kreisen aber eher als Trainer bekannt ist. Bei den Wetten sind die beiden nicht besonders gut aufgestellt. Zu Beginn des Rennens steht der Kurs bei zwanzig zu eins.

Zur allgemeinen Überraschung und sicher auch zu der von Hayes liegt Sweet Kiss aber nach der Hälfte der Strecke tatsächlich mit zwei Längen in Führung. Als ihre Verfolger näher kommen, fiebert das gesamte Hippodrom außer Atem mit. Aber die Stute kann noch einmal beschleunigen und geht wie von übernatürlichen Kräften angetrieben mit einer Pferdelänge Vorsprung über die Ziellinie. Die wenigen Verwegenen, die ein paar Dollar auf die Stute gesetzt hatten, sind völlig aus dem Häuschen – ganz zu schweigen von ihrem Eigentümer, der wahrscheinlich selbst in seinen kühnsten Träumen nicht mit einem solchen Sieg gerechnet hat.

Frank Hayes aber, der sich doch eigentlich auch freuen oder zumindest überrascht sein müsste, verhält sich ausgesprochen unpassend. Er hängt ein wenig schräg auf seinem Pferd, als hätte ihn plötzlich die Lust auf eine kleine Siesta überkommen. Dafür aber gibt es einen triftigen Grund, denn der gute Mann hat den Löffel abgegeben, vermutlich schon irgendwann während des Rennens.

Ein toter Jockey, ist denn das erlaubt? Das Reglement ist eindeutig: Soll das Rennen gezählt werden, muss das Pferd mit Reiter durch das Ziel gehen, und als solcher zählt auch eine noch recht frische Leiche. Wie bedauerlich, dass der Gewinner selbst von seinem kurzen Ruhm nichts mehr mitbekam. (O. Ch.)

Die spinnen, die Ärzte

RENÉ GOSCINNY (1926–1977)

Als René Goscinny am Morgen des 5. November 1977 um neun Uhr seine Wohnung verlässt, um eine harmlose Vorsorgeuntersuchung vornehmen zu lassen, ist er ein vom Schicksal verwöhnter Mann. Mit seinen einundfünfzig Jahren ist er auf dem Höhepunkt einer ungewöhnlichen Karriere aus viel Arbeit, noch mehr Talent und einer gehörigen Portion Neugier gegenüber Neuerungen jeder Art angelangt. Innerhalb von zehn Jahren ist es ihm und ein paar anderen gelungen, Comics salonfähig zu machen und nicht mehr ausschließlich Kinder, sondern auch Erwachsene, Künstler und ein breites Publikum für die gezeichneten Geschichten zu begeistern. Mithilfe der Wochenzeitschrift *Pilote* schafft es Goscinny, eine ursprünglich für Kinder gedachte Ausdrucksform in ein kreatives, satirisches, kritisches und manchmal auch pädagogisches Werkzeug zu verwandeln. Mickymaus war gestern. Goscinny bringt seine eigenen Ansprüche an Qualität, Kultur und subtilem Humor unter einen Hut und erschafft etwas völlig Neues. Asterix und Lucky Luke sind in der ganzen Welt bekannt, und seit Molière können sich nur wenige Franzosen rühmen, tatsächlich in den alltäglichen Sprachgebrauch aufgenommen worden zu sein. Wer hat nicht schon einmal gesagt: »Die spinnen, die Römer?«

Als Goscinny an diesem Novembermorgen mit seiner Frau Gilberte in die Klinik im 17. Arrondissement fährt, besteht für ihn kein Grund, an einer Fortsetzung seiner Fahrt auf der Erfolgsspur zu zweifeln. Ein Belastungs-EKG ist ein völlig normaler Vorgang zu Überwachung des Herzens und wird täglich hundertfach durchgeführt, weil man so auch kleinste Anomalien an der Pumpe nachweisen kann.

Als sich der Patient an diesem Morgen auf dem Ergometer über Schmerzen im linken Arm beklagt, bittet ihn der Arzt, noch ein wenig weiterzumachen; er möchte die offenkundige Schwäche genauer diagnostizieren. Die »Schwäche« aber erweist sich als massives Herzversagen. Innerhalb von fünfzehn Sekunden bricht Goscinny zusammen. Alle Reanimationsversuche sind umsonst. Der Erfinder von Asterix ist tot.

Der zunächst als Pfuscher beschuldigte Kardiologe wird schon bald entlastet. Goscinny litt an einer zu diesem Zeitpunkt nicht erkennbaren Herzkrankheit. Laut Expertenmeinung hätte er auch am nächsten Tag auf der Straße oder Jahre später auf der Treppe zusammenbrechen können.

Die Karriere seiner Helden jedoch geht mit anderen Zeichnern und Textern unvermindert weiter. Nur für die ganz eingefleischten Fans von Goscinny sind an jenem Tag auch Asterix, Obelix, Lucky Luke, Rantanplan und Isnogud gestorben. Gegen Gaius Infarctus erwies sich der Zaubertrank leider als unwirksam. (B. L.)

Lieber Gras rauchen als Heu schnupfen

CHRISTA PÄFFGEN genannt NICO (1938–1988)

Christa Päffgen, die sich selbst Nico nennt, ist eine bildschöne Deutsche, groß und blond wie eine germanische Göttin. Außer mit unbeschreiblicher Schönheit ist sie mit einer verwirrend tiefen Stimme gesegnet, die Marlene Dietrich auf die Ränge einer laienhaft rauchenden Anfängerin verweist. Eine solche Stimme kann nur einer Berlinerin gehören. Zwar ist Christa Päffgen in Köln geboren, aufgewachsen aber ist sie in der deutschen Hauptstadt.

Ihre Karriere beginnt, ganz untypisch »deutsch«, in Amerika. In New York startet das junge Model dank der freundlichen Unterstützung von Andy Warhol in der Gruppe *Velvet Underground* seine Musikkarriere. Zuvor hat Nico bereits erste Schritte im Filmbusiness gemacht, 1960 spielt sie sogar in Fellinis *Dolce Vita* mit. Und auch als Muse macht sie sich einen Namen, denn Salvador Dalì liebt es, sich mit ihr zu umgeben.

Unberührbar ist die schöne Blondine aber durchaus nicht, wie eine ganze Sammlung ausgesprochen berühmter Liebhaber beweist. Zu ihnen zählen – ohne Anspruch auf Vollständigkeit – Brian Jones, Bob Dylan, Jim Morrison und Alain Delon, der wahrscheinlich der Vater von Nicos 1962 geborenem Sohn Ari ist. Ari hat später in einer Biografie seiner Mutter Fotos von sich selbst veröffentlicht, angesichts derer jeder unwillkürlich sagt: »Er hat die Augen seines Vaters.« Delon allerdings hat die Vaterschaft immer bestritten.

Am 13. Dezember 1974 tritt Nico in der ehrwürdigen Kathedrale von Reims auf. Die schöne Deutsche gibt ihr Repertoire zum Besten und begleitet sich dabei selbst auf dem Harmonium. Das Publikum ist hingerissen, vor allem, als Nico das Stück *The End* ihres Freundes Jim Morrison sowie eine sehr spezielle Version von *Deutschland, Deutschland über alles* anstimmt. Fünftausend Zuschauer nehmen an dieser psychedelischen Messe teil, und im Kirchenschiff wabert auf halber Höhe eine dichte, sehr aromatisch duftende Wolke. Und nein, es ist kein Weihrauch … Bezeichnenderweise verzichtet das Erzbistum nach diesem Auftritt darauf, weiterhin weltliche Konzerte in der Kathedrale stattfinden zu lassen.

Nicos Karriere jedoch ist auf dem absteigenden Ast und versandet schließlich komplett. Sie hat aufgrund ihres Heroinkonsums zunehmend Probleme und beschließt, sich auf die Sonneninsel Ibiza zurückzuziehen, wo sie sich nach ihren ersten Erfolgen ein Haus gekauft hat.

Am 18. Juli 1988 setzt sie sich auf ihr Fahrrad, um im Dorf ein wenig Shit zu erstehen. Aber die brennende Sonne der Balearen bekommt der Dame nicht. Ausgelöst durch ein Aneurysma, stürzt sie unglücklich und stirbt kurze Zeit später an einer Gehirnblutung. (O. Ch.)

Wenn alle Stricke reißen

OWEN HART (1965–1999)

Manchmal hängt der Ruhm am seidenen Faden, wie das Schicksal des kanadischen Wrestlers beweist. Der am 7. Mai 1965 geborene Hart tritt in die Fußstapfen seines Vaters, der ebenfalls Wrestler ist, und sichert sich zweimal den Tag-Team-Titel der World Wrestling Foundation.

Am 23. Mai 1999 ist die Arena von Kansas City zum Bersten gefüllt. Owen Hart soll gegen den amtierenden Intercontinental Champion *The Godfather* antreten und sich den Titel zum dritten Mal sichern. Geplant ist, dass Hart an einem Seil von der Decke heruntergeschwebt kommt und seinen Gegner damit »verunsichert«. Doch das Kunststück misslingt. Der Wrestler löst versehentlich die Verankerung, stürzt aus vierundzwanzig Metern Höhe ab und knallt in eine Ecke des Rings. Dort bleibt er leblos liegen.

Das Publikum, das es ja gewohnt ist, inszenierte und

dramaturgisch ausgefeilte Darbietungen vorgesetzt zu bekommen, geht im ersten Moment natürlich davon aus, dass der Absturz zur sogenannten Storyline, dem vorher abgesprochenen Handlungsplan zwischen den Wrestlern gehört. Erst der Kommentator kann der grölenden Menge glaubhaft versichern, dass der Freiflug nicht beabsichtigt war.

Für Owen Hart macht das keinen Unterschied mehr. Er stirbt noch im Ring an inneren Blutungen. (F. Ch.)

Drei, zwei, eins – tot. Die Fährnisse des Sports

RAYMOND JOHNSON CHAPMAN (1891–1920), ein amerikanischer Baseball-Spieler, starb dank eines mitten in sein Gesicht geschlagenen Balls.

JOHN GODFREY PARRY-THOMAS (1884–1927), ein walisischer Rennfahrer, wurde von einer der Antriebsketten seines Fahrzeugs enthauptet, als er gerade dabei war, seinen eigenen Geschwindigkeitsrekord zu brechen.

Und schließlich WLADIMIR WIKTOROWITSCH SMIRNOW (1954–1982), Florettfechter und Olympiasieger. Während eines Kampfes zur Fechtweltmeisterschaft brach die Klinge seines Gegners, bohrte sich durch Smirnows Maske und durch sein Auge ins Gehirn. Smirnow starb acht Tage später in einem Krankenhaus in Rom.

Sie haben nach der Lektüre dieses Kapitels das Gefühl, es insgesamt etwas langsamer angehen lassen wollen? Dann dürfen Sie sich auf die kommenden Seiten freuen …

VIII. Die Geruhsamen

PYRRHUS I. (ca. 319–272 v. Chr.), König der Molosser und Hegemon der Epiroten, starb, nachdem er mit seinen Kriegselefanten zweimal die römischen Truppen besiegt hatte, dank der freundlichen Unterstützung eines Dachziegels, den eine Frau nach ihm warf.

Könnte es sein, dass die Klassifizierung eines Todes unter der Rubrik »dumm gelaufen« relativ ist? So manche Todesart, die man bei normalen Sterblichen als trivial einstufen würde, wirkt geradezu grotesk, wenn sie eine herausragende Persönlichkeit trifft, die man lieber ruhmreicher hätte abtreten sehen. Und: Ein dämlicher Tod ist unfair, am schlimmsten ist es aber, wenn man eigentlich gar nichts gemacht hat. Der Abenteurer, der sich ausruht, der Forscher im Ruhestand und der Kämpfer, der sich in sein Büro zurückzieht, leben gefährlicher, als sie selbst es vermuten. Aber die meisten Unfälle passieren ja erwiesenermaßen im Haushalt.

Tödliche Erleichterung

ANTOINE DE BOURBON (1518–1562)

Der am 22. April in der Picardie geborene Antoine de Bourbon heiratet 1548 eine Person namens Jeanne d'Albret und wird dadurch nach dem Tod seines Schwiegervaters zum König von Navarra, einem historischen Staat im westlichen Pyrenäenraum. Der Ehe entstammen fünf Kinder; eines davon ist der zukünftige französische König Heinrich IV.

Als Prinz durch das Blute und eines der hochrangigsten Mitglieder des französischen Königshauses zeichnet sich Antoine vor allem durch seinen politischen Opportunismus, seinen Mut in der Schlacht und seine wechselnden religiösen Überzeugungen aus. Zunächst eifriger Verfechter des reformierten Glaubens, schließt er sich später dem Katholizismus an, um sich beim französischen Hof anzubiedern – und hat Erfolg damit, denn als der König von Frankreich, Heinrich III., kinderlos auf dem Sterbebett liegt, benennt er einen von Antoines Söhnen zu seinem Nachfolger.

Bevor das geschieht, verkompliziert die Konvertierung zunächst einmal Antoines familiäre Situation, denn sein jüngerer Bruder, der Fürst von Condé, stellt sich an die Spitze der Hugenotten, und auch seine Frau Jeanne bleibt weiterhin glühende Protestantin. Antoine bemüht sich zwar, die ihm Angetraute der Ketzerei zu bezichtigen, hat aber damit keinen Erfolg.

Katharina von Medici ernennt ihn zum Generalstatthalter des Reichs und beauftragt ihn mit der Befreiung von Rouen. Die Stadt befindet sich in den Händen der Protestanten und wird versorgt und unterstützt von der Flotte Elizabeths I. von England – der Vorzeigeprotestantin überhaupt. Ab September 1552 belagert Antoine an der Spitze der königlichen Armee die Stadt in der Normandie. Sie wird von Graf Gabriel de Montgomery verteidigt und bietet den Angreifern tapfer die Stirn. Um seine eigenen Truppen zu motivieren, reitet Antoine de Bourbon mutig und ohne Rücksicht auf die feindliche Artillerie der ersten Angreiferreihe voraus. Während des Ansturms aber überkommt ihn ein menschliches Bedürfnis. Er springt aus dem Sattel, tritt kurz beiseite und stellt sich zum Pinkeln an eine Böschung. Während er sich erleichtert, trifft ihn eine Kugel und verwundet ihn schwer.

Etwa einen Monat später kann die königliche Armee die Stadt endlich einnehmen. Leider hat Antoine de Bourbon nichts von seinem Sieg. Der Wundbrand setzt ihm von Tag zu Tag mehr zu. Am 17. November 1562 stirbt er an den Folgen seiner Verletzung. Voltaire dichtete ihm einen spöttischen Nachruf:

> *Hier ruht ein Prinz, du sollst es wissen,*
> *Ohn' Glanz sein Leben – er starb beim Pissen.*
>
> (D. A.)

Feuer und Flamme

STANISLAUS LESZCZYNSKI (1677–1766)

Selten verlief ein Leben so abenteuerlich wie das des Stanislaus Leszczynski. Er war König von Polen und letzter Herzog von Lothringen und Bar, eine schillernde Persönlichkeit mit großem Appetit und ebenso viel Humor. Ihm war einiger Erfolg, aber auch haufenweise Unglück beschieden. Sein abenteuerliches Leben, das ihn kreuz und quer durch Europa führte, inspirierte ihn zu einem treffenden Satz: »Viele Stufen führen zum Ruhm – verfehlt man aber nur eine, stürzt man ab.«

Am 20. Oktober 1677 wird Leszczynski als Sohn einer alteingesessenen polnischen Adelsfamilie in Lwow in der heutigen Ukraine geboren. Er erhält eine gediegene Ausbildung und bereist die größten Städte Europas.

Das Abenteuer beginnt, als der russische Zar Peter der Große und August II. von Polen dem Königreich Schweden den Krieg erklären. Zu Schweden gehören in der Mitte des 17. Jahrhunderts große Teile Norddeutschlands, Finnlands und der baltischen Staaten. Was als Blitzkrieg geplant wurde, endet im Fiasko für die Verbündeten. Der erst fünfzehnjährige Schwedenkönig Karl XII. jagt August II. vom polnischen Thron und setzt stattdessen einen Vertrauten ein. Überraschung! Es ist Stanislaus Leszczynski. Seine Regentschaft jedoch ist nicht von langer Dauer, denn er und sein junger schwedischer Freund müssen nach der Schlacht von Poltawa abdanken.

Karl XII. flieht in die Türkei und kriecht bei seinem Kumpel Ahmed III. unter. Leszczynski bietet er die Regentschaft über das zu dieser Zeit schwedisch regierte Herzogtum Pfalz-Zweibrücken unweit der Grenze zu Lothringen an, wo Leszczynski bis zu Karls Tod 1718 bleibt. Danach flüchtet er nach Frankreich und lebt bescheiden von einer kleinen Pension, die er von der französischen Krone erhält.

Doch 1725 passiert Leszczynski etwas vollkommen Unerwartetes. Ludwig XV., der regierende König von Frankreich, hält um die Hand seiner Tochter Marie an. Diese plötzliche Entwicklung der Dinge katapultiert ihn zurück in den diplomatischen Reigen Europas.

1733 stirbt August II., und der polnische Thronfolgekrieg beginnt. Leszczynski begibt sich vorsichtshalber nach Warschau und wird am 12. September 1733 als rechtmäßiger König und Großherzog von Litauen anerkannt. Leider hat er nicht viel davon. Schon am 22. September fällt Russland in Polen ein und proklamiert August III. zum König – denn unglücklicherweise hat der verhasste August II. einen Sohn hinterlassen.

Leszczynski hat genug. Nachdem er zum zweiten Mal den polnischen Thron verloren hat, lässt er sich in Lunéville, wieder in Lothringen, nieder, übt dort aber keine Machtposition mehr aus. Am 5. Februar 1766 steht er wie üblich um sechs Uhr morgens auf und wärmt sich in seinem Lehnstuhl am Kamin. Plötzlich fängt sein Morgenmantel Feuer. Er schreit, ruft und schlägt wild um sich, aber niemand kommt ihm zu Hilfe. Bis er endlich gehört wird, vergehen Minuten. Man findet ihn im Kamin. Kross gebraten zwar, aber leider: mehr tot als lebendig.

Es ist eine junge Dienerin, die Erste Hilfe leistet. Leszczynski, nur gerade so noch bei Bewusstsein, soll zu ihr gesagt haben: »Wer hätte gedacht, dass wir beide eines Tages gleichermaßen feurig sind?«

Doch auch die schlüpfrige Äußerung ganz im Stil der Zeit kann nicht darüber hinwegtäuschen, dass es den zweifach Abgedankten böse erwischt hat. Er fällt in Ohnmacht. Seine linke Körperhälfte einschließlich des Gesichts weisen schwerste Verbrennungen auf. Obwohl er im Lauf des Tages noch mehrmals das Bewusstsein wiedererlangt, bleibt sein Zustand kritisch. Zwei Wochen nach dem Unfall steigt das Fieber. Der französische Hof in Versailles, wo Leszczynskis Tochter nebst royalem Gatten sitzt und um das Leben ihres Vaters bangt, wird zweimal am Tag über den Zustand des

Patienten informiert. In einem der letzten Briefe, die er an seine Tochter diktiert, verabschiedet sich Leszczynski humorvoll: »Ihr habt mir geraten, mich vor der Kälte in Acht zu nehmen. Vielleicht hättet Ihr besser daran getan, mich vor der Wärme zu warnen.«

Er stirbt am 23. Februar 1766. (D. A.)

Warum in die Ferne schweifen

JULES-SÉBASTIEN-CÉSAR DUMONT D'URVILLE
(1790–1842)

Jules Dumont d'Urville ist vermutlich noch nie mit einem Zug gefahren, als er am 11. September 1837 in Toulon sein Schiff besteigt. Und dafür gibt es auch einen Grund. Die Eisenbahn ist eine ganz neue Erfindung, und es steht zu vermuten, dass ein Schiffsnavigator seiner Klasse einem derartigen Verkehrsmittel ein natürliches Misstrauen entgegenbringt.

Dumont d'Urville ist weder zufällig noch aus Verlegenheit Navigator geworden. Der junge Mann aus der Normandie, dessen Vater den Schrecken der Französischen Revolution zum Opfer fiel, hat von Anfang an nur ein Ziel im Leben: Spätestens mit fünfzig Jahren will er Konteradmiral sein.

Die Grundzüge des Segelns erlernt er in Brest. Die Schiffe können die von den Engländern blockierte Bucht nicht verlassen. Schnell macht er sich unter diesen Bedingungen die humorvolle Devise zu eigen: »Bei der Marine grüßt man alles, was sich bewegt. Alles, was sich nicht bewegt, wird angestrichen.«

1819, während einer Exkursion ins Mittelmeer, entdeckt er sein Interesse für Botanik, Insektenkunde und Archäologie. Er wird zum Naturbeobachter und schickt seine Fundstücke ab jetzt immer sofort ans Naturgeschichtliche Museum. Ein Jahr später stolpert er auf einer Insel, dem altgriechischen Melos, über eine wunderschöne Frauenstatue aus Marmor, die er Ludwig XVIII. schenkt und die bis heute im Louvre steht: die berühmte Venus von Milo. In den folgenden Jahren bereist er die Welt, sucht nach verschollenen Entdeckern und unbekannten Tierarten und kommt dabei ganz schön rum.

Die letzte große Reise des Seemanns führt in die Antarktis. Sie dauert von 1837 bis 1840. Der König überlässt ihm neben der *Astrolabe,* deren Kommando er übernimmt, noch ein zweites Schiff namens *Zèlée.* Die Fahrt zum Südpol verläuft nicht unproblematisch. Die Mannschaft erkrankt an Skorbut, die Ausrüstung ist unzureichend, man muss in Afrika überwintern. Bei einem neuerlichen Versuch, in die Antarktis vorzudringen, entdeckt Dumont d'Urville am 21. Januar 1840 ein bis dahin unbekanntes Land, das er zu Ehren seiner Frau Adèle Terre Adélie tauft. Adélieland, wie es im Deutschen heißt, ist ein seit dem 21. November 1924 offiziell von Frankreich beanspruchter und in seinen Grenzen am 1. April 1938 definierter Teil der Antarktis. Noch heute existiert dort eine kleine Forschungsstation namens Dumont-d'Urville, die man von Tasmanien aus in fünf Tagen mit einem Versorgungsschiff namens *Astrolabe* erreichen kann.

Bei der Rückkehr nach Toulon bringen die beiden Schiffe ungeahnte Reichtümer mit, und es fehlen nur achtunddreißig Mann Besatzung: dreizehn Deserteure und fünfundzwanzig Tote. Eine gute Ausbeute für die damalige Zeit. Am 31. Dezember 1840, mit genau fünfzig Jahren, wird

Dumont d'Urville zum Konteradmiral befördert. Er hat es geschafft. Sein Jugendtraum ist wahr geworden, und er kann sich endlich ausruhen.

Sonntag, der 8. Mai 1842 ist der Namenstag des französischen Königs Ludwig Philipp I. Anderthalb Jahre hat Dumont d'Urville sein Familienleben genossen. An diesem Tag steigen er, seine Frau Adèle und ihr sechzehnjähriger Sohn in den Zug, um nach Versailles zu fahren und die berühmten Wasserspiele zu bewundern.

Nach dem großartigen Schauspiel drängt sich eine unübersehbare Menge am Bahnsteig. Die Dumont d'Urvilles finden einen Platz im Zug um 17 Uhr 33. Gegen achtzehn Uhr entgleist die Lokomotive auf der Höhe von Meudon. Die Waggons schieben sich ineinander und fangen Feuer. Damals ist es noch üblich, die Wagen bei der Abfahrt abzuschließen, damit die Passagiere nicht auf die Schienen stürzen. Die unglücklichen Sonntagsausflügler verbrennen bei lebendigem Leib. Man zählt neunundfünfzig Tote, unter ihnen alle drei Mitglieder der Familie Dumont d'Urville. Der ruhmreiche Konteradmiral, der dreimal die Erdkugel umrundet hat, findet den Tod vor der eigenen Haustür bei einem der ersten Eisenbahnunglücke der Geschichte.

Heute steht auf dem Friedhof Montparnasse in Paris, ganz in der Nähe des Bahnhofs, den der Unglückszug nie erreicht hat, ein seltsames phallusartiges Denkmal zu Ehren Dumont d'Urvilles. Die Gravierungen im Stein erinnern an seine weiten Reisen. Der Grabstein ist auf die Schnelle errichtet worden und vermutlich das einzige Pariser Denkmal, auf dem Pinguine zu sehen sind. (O. Ch.)

Der Zungenbrecher

Allan Pinkerton ist der Prototyp des Privatdetektivs. Die von ihm gegründete Agentur existiert noch heute. In den wirtschaftlich expandierenden Vereinigten Staaten des 19. Jahrhunderts kümmert sich der gebürtige Schotte um alle möglichen Einsatzgebiete – von der Sicherheit in Eisenbahnen bis hin zum militärischen Geheimdienst. Schwerpunkt seiner Arbeit wird jedoch der Kampf gegen Gewerkschaften. Pinkertons Agentur unterwandert wiederholt Arbeiterproteste und unterstützt Streikbrecher im Dienst von Unternehmern.

Seinen kometenhaften Aufstieg verdankt der Mann aus Glasgow der Aufdeckung eines Komplotts, das die Ermordung von Präsident Lincoln während eines Besuchs in Baltimore geplant hat. Nach diesem Erfolg wird er im Amerikanischen Bürgerkrieg zur Aufklärung feindlicher Truppenbewegungen eingesetzt.

Wirklich berühmt wird Pinkerton jedoch durch seinen einzigen Fehlschlag. Im Fall Jesse James beißt er auf Granit. Der Gouverneur von Missouri hatte den Detektiv angeheuert, um den Robin Hood des Wilden Westens einzufangen. Nach einem missglückten Angriff, bei dem eine alte Dame verletzt und ein achtjähriges Kind getötet werden, verzichtet Pinkerton auf die weitere Verfolgung. Sein Leben lang kämpft der Detektiv um die Aufrechterhaltung amerikanischer Werte und Moralvorstellungen. Das jedoch tut er ohne große Worte. Er ist bekannt für seine Zurückhaltung und seine knappe Art, was jedoch nicht verhindert, dass ihm ausgerechnet seine Zunge zum Verhängnis wird.

Eines schönen Junimorgens begibt sich der Privatdetektiv zu Fuß in sein Büro in Chicago. Von einem Herzinfarkt einige Jahre zuvor hat er sich mehr schlecht als recht erholt und daher die Leitung seiner Agentur in die Hände seiner Söhne gelegt. Er selbst arbeitet nur noch sporadisch.

Am Morgen hatte es geregnet. Noch immer ist der Bürgersteig feucht. Ist es ein mangelhafter Reflex oder sind seine Schuhe unzureichend mit Nägeln beschlagen und glitschig? Auf jeden Fall knallt der gwiefte Spürhund der Länge nach auf das Trottoir. Abgesehen von ein paar Schürfwunden und einigen blauen Flecken steht er jedoch unverletzt wieder auf den Beinen. Unverletzt? Wirklich? Bei näherer Betrachtung stellt sich heraus, dass er sich bei seinem Sturz auf die Zunge gebissen hat. Und zwar heftig. Aber das findet er nicht weiter schlimm. Schließlich werden solche Wunden ständig von Speichel umspült und heilen fast wie von selbst.

Aber nicht so in diesem Fall. Irgendein bösartiger Mikroorganismus nistet sich in der verletzten Stelle ein. Die Zunge entzündet sich, und es bildet sich eine Nekrose, bei der infolge einer Blutunterversorgung das Gewebe zerfällt und sich unschön schwarz verfärbt. Kennt man von der Pest und vom Wundbrand. Sieht nicht schön aus, riecht nicht gut und ist zu allem Überfluss auch noch tödlich, wenn man nichts dagegen unternimmt. Was man im Jahr 1884 eindeutig nicht in aller erforderlichen Notwendigkeit tut. Drei Wochen später, am 1. Juli, stirbt Allan Pinkerton. (B. L.)

Zwischen Himmel und Erde

HUBERT LATHAM (1883–1912)

»Ich bin nicht kühn, ich bin unbekümmert. Mir ist klar, dass die Mediziner mich verurteilt haben. Ich werde jung sterben. Aber wenn es denn schon sein muss, dann würde ich lieber bei einem Flugzeugabsturz das Zeitliche segnen«, verkündete Hubert Latham einmal. Der Legende nach soll ihm eine Handleserin einen Unfalltod vorausgesagt haben, allerdings nicht bei einem Flugzeugabsturz. Sie sollte recht behalten.

Der am 10. Januar 1883 geborene Hubert Latham stammt aus Le Havre. Zusammen mit seinem Vetter Jacques Faure begeistert er sich für die Luftfahrt. Er überquert den Ärmelkanal mit einem Ballon und verbindet so die Heimat seiner Mutter, einer Französin, mit der seines Vaters, einem Engländer. Von 1909 an kann man ihn am Steuer seiner *Antoinette* bewundern, eines eleganten Doppeldeckers, den er allein zu fliegen gelernt hat und geradezu tollkühn und artistisch durch die Luft jagt. Mit sechsundzwanzig Jahren macht er schließlich den Pilotenschein, nachdem er mit einer Stunde und sieben Minuten bereits den Rekord des längsten Aufenthalts in der Luft vorzuweisen hat.

Sein nächstes Ziel ist wieder einmal der Ärmelkanal. Eine Woche vor Louis Blériot startet er zur Überquerung der Passage per Flugzeug. Auf halber Strecke setzt sein Motor aus. Man fischt ihn aus dem Meer, wo er auf dem schwimmenden Wrack seiner *Antoinette* sitzt und gleichmütig eine Zigarette raucht. Schon wenige Tage später startet er einen zweiten Versuch, stürzt aber erneut nur wenige Meilen vor der englischen Küste ab. Deswegen wird Blériot der erste

Mensch sein, der in einem Flugzeug den Ärmelkanal überquert, und nicht Lathan.

Doch der Flugbegeisterte lässt sich davon nicht unterkriegen. Immer noch im Jahr 1909 bricht er in Reims die
Rekorde für die längste zurückgelegte Entfernung in einem
Flugzeug und für die größte Flughöhe. Ein Jahr später bringt
er in der Picardie erstmalig tausend Meter zwischen seinen Flieger und den Erdboden. Nachdem er auch noch die
Seine überquert und den Eiffelturm in der Luft umrundet
hat, gönnt sich das Wunderkind der französischen Luftfahrt
erst einmal eine kleine Ruhepause und geht in Afrika auf
Großwildjagd.

Am 7. Juni 1912 schießt er bei Fort-Archambault im
Tschad auf einen wilden Büffel. Zum Glück für den Büffel
kann der junge Mann besser fliegen als zielen. Latham tötet
das Tier nicht, sondern verletzt es nur. Kein Wunder, dass
der Büffel sich mit unbändiger Wut auf ihn stürzt. Und so
stirbt der Dandy des Himmels, der unzählige Pirouetten in
der Luft gedreht hat, mit nur neunundzwanzig Jahren am
Boden – zertrampelt von einem dämlichen Rindvieh. (B. F.)

Nur noch ein Viertelstündchen

AUGUSTIN TRÉBUCHON (1878–1918)

Anfang November 1918 bittet das ausgeblutete Deutschland
um einen Waffenstillstand. Der Krieg, der in vier Jahren
einen großen Teil der europäischen Jugend dahingerafft hat,
ist endlich vorbei. Zumindest weitestgehend. Die Neuigkeit breitet sich rasend schnell vom Generalstab bis an die

Front aus, die Sache ist gegessen; es geht nur noch um ein paar administrative Einzelheiten. Die Soldaten, die noch im Schlamm der Schützengräben herumwaten, begreifen, dass sie offenbar tatsächlich mit dem Leben davonkommen.

Zu diesen Männern gehört der Soldat Augustin Trébuchon. Er ist vierzig Jahre alt, hat den Krieg von vorne bis hinten mitgemacht, sich bisher ganz gut ohne Verwundung oder irgendwelche Folgeschäden aus der Affäre gezogen und dient als Bote beim 415. Infanterieregiment. Seine Einheit steht auf der einen Seite der Maas – das gegenüberliegende Ufer wird vom deutschen Erbfeind gehalten.

Weit weg von diesem abgelegenen Frontabschnitt sitzt General Foch an seinem Schreibtisch. Er findet, dass die Verhandlungen für seinen Geschmack ein wenig zu schleppend vorangehen, und erteilt den Befehl, den Deutschen ein bisschen Dampf unter dem Allerwertesten zu machen. Die Aufforderung wird an die betreffenden Divisionen weitergeleitet. Am fernen Ufer der Maas erreicht die Order am 9. November einen General, dessen Name zu seinem Glück in Vergessenheit geraten ist. Er interpretiert den Befehl wörtlich und befiehlt seinerseits eine Offensive auf den letzten Drücker. Im Triumphzug will er die Maas überqueren und die Teutonen zwingen, sich vor ihm auf die Knie zu werfen und um Nachsicht zu winseln.

Ohne sich vorher über die Zahl der Gegner auf dem anderen Flussufer zu informieren, setzen die Soldaten des 415. Infanterieregiments bei Nacht und Nebel über den Fluss. Der Morgen des 10. November graut über siebenhundert in Kälte, Nässe und Schlamm kriechenden Männern.

Die Deutschen sind natürlich immer noch da und tun das, was sie seit vier Jahren in einem solchen Fall machen: Sie schießen. Kanonen und Maschinengewehre empfangen die französischen Soldaten, die ohne Schutz und Unterschlupf blockiert vor ihrem Brückenkopf festsitzen. So geht es den ganzen Tag. Am 10. November um acht Uhr abends zählt man sechzig Tote.

Mit dem Einbruch der Dunkelheit lässt das Feuer nach. Am Morgen des 11. November macht die große Neuigkeit vom Waffenstillstand auch in den Schützengräben die Runde. Es ist beschlossene Sache – ab elf Uhr sollen alle Waffen schweigen. Endlich einmal eine gute Nachricht! Aber wie soll es inzwischen weitergehen? Na, wie immer. Krieg eben. Bis elf Uhr wird geschossen.

An der gesamten restlichen Front halten die Gegner sich bedeckt. Nicht so an der Maas. Die Deutschen sind pedantisch genug, sich haargenau an den Zeitrahmen zu halten, und ballern fröhlich weiter. Ein Befehlshaber des 415. Infanterieregiments notiert mit unerschütterlicher Ruhe: »10:45. Noch immer schlagen Granaten ein.« Jetzt werden die Dienste des Meldegängers Trébuchon gebraucht. Er muss seinem Hauptmann eine Nachricht überbringen. Aber er soll sich gefälligst beeilen, denn in zehn Minuten braucht man keine Nachricht und keinen Hauptmann mehr, weil es dann keine Offensive und keine Front mehr gibt.

Trébuchon macht sich auf die Socken. Gegenüber schaut ein Deutscher auf die Uhr. Pünktlichkeit ist die Höflichkeit der Könige. Er drückt auf den Abzug, der Franzose wird in den Kopf getroffen und fällt. Es ist genau 10 Uhr 55. Trébuchon ist der letzte offizielle Tote des Ersten Weltkriegs.

»Um 10:57 Uhr schweigt das deutsche Maschinengewehr, das bisher noch geschossen hatte«, notiert der Hauptmann in seinem Bericht. Drei Minuten später bläst das Signalhorn zum Waffenstillstand. Der Krieg ist vorbei. Es erübrigt sich festzuhalten, dass die Offensive des 415. Infanterieregiments

nicht die geringste Auswirkung auf die Friedensverhand-
lungen hatte.

Auf dem Grabstein des Soldaten Trébuchon steht, ebenso
wie auf denen aller anderen an diesem Tag gefallenen Soldaten, als Todesdatum der 10. November. Eine Lüge, die
dazu gedacht war, über die Lächerlichkeit der Ereignisse an
jenem 11. November 1918 hinwegzutäuschen. Sie wurde erst
im Jahr 2008 aufgedeckt. (B. L.)

Wüstenlos

THOMAS EDWARD LAWRENCE
genannt LAWRENCE VON ARABIEN (1888–1935)

Thomas Edward Lawrence, der berühmte Lawrence von
Arabien, wird am 16. August 1888 in Tremadoc in Wales
als unehelicher Sohn eines englischen Adeligen und einer
Gouvernante geboren. Er ist das zweite von fünf Kindern
des Paars. Als Student in Oxford interessiert er sich für Geschichte und Archäologie und geht während der Semester-
ferien auf Entdeckungsreise zu den mittelalterlichen Schlössern Frankreichs. 1909 macht er eine Studienreise zu den von
den Franken erbauten Festungen in Syrien und im Libanon.

Nach seinem Abschluss kehrt Lawrence als Archäologe in
den Nahen Osten zurück. Er arbeitet an Ausgrabungen in
Byblos im Libanon, in Karkemiš in der Türkei und schließlich in Kafr Ammar in Ägypten, wo er unter dem Vorwand
archäologischer Forschungen die osmanischen Verteidi-
gungsstellungen im Sinai ausspionieren soll. Er verbringt viel
Zeit mit Arabern, erlernt ihre Sprache und ihre Gebräuche

und macht sich zur Entrüstung seiner Landsleute auch nichts daraus, ihre Kleidung zu tragen.

Lawrence kehrt nach England zurück, wird aber kurz vor Ausbruch des Ersten Weltkriegs als offizielles Mitglied des britischen Geheimdienstes wieder nach Ägypten entsandt. Im Juni des Jahres 1916 erheben sich die arabischen Stämme gegen den osmanischen Sultan und werden von den Briten unterstützt. Aufgrund seiner Orts- und Sprachkenntnisse wird Lawrence als Verbindungsmann ausgewählt und an den Ort des Geschehens geschickt.

1916 reist er in den Hedschas, um seinen Vorgesetzten über die Revolte der Araber gegen das Osmanische Reich zu berichten. Tatsächlich gelingt es ihm mit einiger Mühe, die Aufständischen unter dem Kommando von Faisal ibn Hussein zu einen, Anschläge auf die Eisenbahn zu koordinieren und die Nachhut der osmanischen Truppen so zu bedrängen, dass die Türken ihre Truppen von der ägyptischen Front abziehen müssen, um ihre Vorherrschaft auf der arabischen Halbinsel zu verteidigen. Am 6. Juli 1917 gelingt ihm sein Meisterstück, als er die Küstenstadt Akaba unterwirft, die England für uneinnehmbar hält.

Nach Kriegsende kehrt Lawrence ins Zivilleben zurück. Sehr zur Freude der meisten Beteiligten, die sich nur allzu gern eines Mannes entledigen, der von einem unabhängigen arabischen Reich träumt. Er arbeitet zunächst für Winston Churchill, später geht er unter einem anderen Namen als einfacher Soldat zur Royal Air Force. 1922 veröffentlicht er sein Buch *Die sieben Säulen der Weisheit*, in dem er über seine Kämpfe in der Wüste berichtet, und widmet sich anschließend seiner letzten Leidenschaft, der Mechanik. Er bastelt an Motorrädern herum, die er »George« nennt und in der Reihenfolge ihres Erwerbs durchnummeriert.

Am 13. Mai 1935 fährt Thomas Edward Lawrence mit seiner George VII. durch Dorset, als er zwei Radfahrern ausweichen will und die Kontrolle über sein Fahrzeug verliert. Nachdem er dem Tod in der Wüste oft nur mühsam von der Schippe gesprungen ist, sich mit türkischen Soldaten herumgeschlagen und den halben Nahen Osten befreit hat, stirbt Lawrence von Arabien daran, dass er in England bei einem Ausflug aufs Land von der Straße abkommt. Auf einem Kamel wäre ihm das bestimmt nicht passiert. (D. A.)

Ich packe meinen Koffer, und ich nehme mit …

JOSÉ SANJURJO (1872–1936)

Hier kommt ein wirklich dämlicher Tod, der zudem noch für eine spürbare Veränderung der Geschichte gesorgt hat. Denken wir uns zurück nach Spanien im Jahr 1936. Ein paar aufsässige Offiziere schmieden klammheimlich Putschpläne gegen die rechtmäßig gewählte Republik, die ihnen gleichzeitig zu rot und zu schwarz ist. Der kleine Dicke mit dem Schnurrbart, der später sechsunddreißig Jahre lang das Land mit eiserner Faust regieren soll, ist damals noch ein unbedeutender Offizier, der erst später zu der konspirativen Gruppe gestoßen ist. Niemand hat ihn als Leitfigur auf dem Schirm; in der Wichtigkeit rangiert er höchstens an fünfter oder sechster Stelle. Nun könnte man denken, dass Franco sich rücksichtslos seiner Ellbogen bedienen muss, um an die Spitze zu gelangen – aber er braucht einfach nur gar nichts zu tun.

Zu dem Zeitpunkt, den wir hier betrachten, heißt der

wahre Chef Emilio Mola. Er zieht die Fäden im Hintergrund. Er hat das Komplott gegen die Regierung geplant und benennt den Mann, der die Führung des Landes übernehmen soll. Es ist General Sanjurjo. Abgesehen von seinem fast unaussprechlichen Namen zeichnet ihn aus, dass er wegen mehrerer Putschversuche schon einmal zum Tod verurteilt wurde, seinen Hals aber gerade noch aus der Schlinge ziehen konnte und sich seither in Estoril in Portugal im Exil aufhält.

Am 30. Juli 1936 ist der Putsch gerade mal drei Tage alt. In allen großen Städten Spaniens wird mit unterschiedlichem Erfolg geschossen. Die Rebellen schicken ein Flugzeug nach Portugal, das Sanjurjo nach Spanien holen soll. Der Pilot gehört ebenfalls zu den Putschisten und ist eine Koryphäe auf seinem Gebiet. Das Flugzeug aber ist ein winziger zweisitziger Doppeldecker ohne Platz für Gepäck.

Als der künftige Staatschef, ein recht korpulenter Herr, auf dem Flugplatz erscheint, reißt der Pilot die Augen auf. Der gute Mann hat ein paar riesige Koffer bei sich. Sofort erhebt der Pilot Einspruch. Er erwähnt die geringe Kapazität des Flugzeugs, die Menge an Treibstoff, die er mitführen muss, und die relativ kurze Startbahn – Pilotenargumente eben. Der Caudillo in spe hält entgegen, dass er ohne seine Galauniform wohl kaum auf anständige Weise die Macht übernehmen könne. Außerdem sei ein Befehl schließlich ein Befehl, und man wolle doch sicher im Vorfeld der Vernichtung der Republik nicht mit kleinlichen Diskussionen anfangen.

Der Pilot steht stramm. Die Gepäckstücke werden so gut es eben geht verstaut, der Motor jault auf, und das Flugzeug nimmt Fahrt auf. Langsam und schwerfällig hebt es am äußersten Ende der Piste ab, gewinnt aber kaum an Höhe. Ein Reifen streift einen Baumwipfel. Die Schwerkraft will sich den militärischen Vorschriften einfach nicht unterwerfen. Das Flugzeug sackt ab, stürzt in ein Feld und kracht gegen einen Felsen. Der Pilot überlebt. Ihm sind die Details dieser Geschichte zu verdanken. General Sanjurjo hingegen ist sofort tot. Die Verschwörung verliert ihren Hoffnungsträger wegen eines Koffers voller Klamotten und einer Galauniform.

Drei Monate später stirbt auch General Mola bei einem Flugzeugabsturz, ohne dass man die Schuld auf irgendwelche Koffer schieben könnte. Die beiden Generäle, die außerdem die Führung der Bewegung hätten übernehmen können, verspielen ihre Chancen. Und schon hat Franco keine Rivalen mehr. (B. L.)

Nichts ist sicher

BUENAVENTURA DURRUTI (1896–1936)

Wenn es um den legendären Anarchistenführer Buenaventura Durruti ging, der im Spanischen Bürgerkrieg während der Belagerung von Madrid getötet wurde, schienen die Leute – je nach politischer Färbung – lange Zeit von zwei völlig unterschiedlichen Ereignissen zu sprechen. Für die militanten Republikaner traf ihn die Kugel eines Scharfschützen der Nationalisten, als er auf dem Weg zu seiner Kolonne an der Front war; für die Frankisten und gewisse Kreise der Anarchisten wurde er aus nächster Nähe von seinen falschen kommunistischen Freunden erschossen, die feige von der Verwirrung im Kampf um die stalinistische Vorherrschaft profitierten.

Wer hat recht?

Tatsache ist: Nach seinem Tod wird Durruti schnell zur Ikone des antifaschistischen Kampfs. Das wiederum könnte die allgemeine Befangenheit erklären, eine dritte, deutlich weniger rühmliche Variante seines Todes zu akzeptieren.

Betrachten wir die Fakten. Am Nachmittag des 19. November 1936 will der Anarchistenführer in Begleitung mehrerer Männer zu einem vom Feind besetzten Krankenhaus in Madrid gelangen, das von seinen Truppen angegriffen wird. Im Kugelhagel fahren sie die Avenida Pablo Iglesias entlang. Der Wagen hält an einem geschützten Ort. Durruti steigt aus, spricht mit ein paar Milizionären, die sich auf dem Rückzug befinden, und wird von einer Kugel getroffen, als er gerade wieder in sein Auto einsteigen will. Schnell bringt man den Verwundeten zu einem notdürftig im Hotel Ritz eingerichteten Lazarett. Er fällt ins Koma und stirbt am folgenden Tag.

Erst Jahre später wagt man sich an eine verlegene Erklärung heran. Man gibt jetzt zu, dass sich der bewiesenermaßen aus nächster Nähe abgegebene Schuss versehentlich löste. Jeder der Milizionäre in Durrutis Begleitung führte nämlich ein Schmeisser MP34 mit, das für seinen leicht auszulösenden Mechanismus berüchtigt war. Man riet Benutzern dieser Waffe grundsätzlich davon ab, sie mit ungesichertem Abzug in einem Fahrzeug zu transportieren. Wie sich zeigte, hatte einer von Durrutis Leibwächtern diese elementare Vorsichtsmaßnahme außer Acht gelassen. Seine Waffe ging versehentlich los, als alle wieder in den Wagen stiegen.

Die Wahrheit mag schmerzlich sein, aber Durruti starb nicht etwa den Heldentod, sondern fiel einem ganz banalen Unfall zum Opfer. (B. L.)

In den elysischen Gefilden

ÖDÖN VON HORVÁTH (1901–1938)

Der Schriftsteller und Bühnenautor Ödön von Horváth wird im damals zu Österreich-Ungarn gehörenden Fiume (heute Rijeka) geboren. 1919 beginnt er mit dem Studium der Literaturwissenschaften an der Universität München, in dieser Zeit macht er seine ersten Gehversuche als Schriftsteller. Ein großer Teil seiner Texte beschäftigt sich mit dem Aufstieg des Nationalsozialismus. Er ist ein entschiedener Nazigegner und soll seinen Biografen zufolge bei einer Wahlveranstaltung Hitler sogar eine Ohrfeige verpasst haben.

1930 nimmt von Horváths literarische Karriere richtig Fahrt auf. Sein Roman *Der ewige Spießer* wird zum großen Kritikerfolg, und das Berliner Publikum beklatscht begeistert seine ersten Theaterstücke. Alles ändert sich jedoch, als die Nazis an die Macht kommen. Von Horváth wird als entarteter Schriftsteller gebranntmarkt, seine Romane fallen der Bücherverbrennung zum Opfer, und seine Stücke werden in deutschen Theatern nicht mehr aufgeführt. 1936 flieht er zunächst nach Österreich, verlässt das Land aber kurz vor dem Anschluss an das Deutsche Reich. Nach Ungarn, Italien, der Schweiz und Holland findet er im Mai 1938 schließlich Zuflucht in Paris.

Am 1. Juni, nur ein paar Tage nach seiner Ankunft, geht von Horváth friedlich auf den Champs-Élysées spazieren, als plötzlich ein heftiger Wind aufkommt und einen Baum entwurzelt. Der Mann, der Hitler geohrfeigt hat, stirbt – erschlagen von einer Kastanie. (D. A.).

Heldentum und Schraubenzieher

PIERRE GEORGES
genannt COLONEL FABIEN (1919–1944)

Für einen Helden des Widerstands ist es ohnehin schon sehr schade, in den letzten Dezembertagen des Jahres 1944 ins Gras zu beißen. Aber noch dümmer ist es, nicht mit der Waffe in der Hand zu sterben, sondern weil man in seinem Büro mit Sprengkörpern herumhantiert. Genau das aber ist das traurige Schicksal von Pierre Georges, besser bekannt unter seinem Kampfnamen Colonel Fabien.

Als Sohn eines Bäckers wächst Pierre Georges in einem ziemlich dunkelrot eingefärbten Umfeld auf. Schon als Neunjähriger wird er Pionier, mit vierzehn schließt er sich der Jugendorganisation der Französischen Kommunistischen Partei an. Mit sechzehn wird er zum ersten Mal verurteilt, weil er Wände mit politischen Parolen beschmiert hat. Der junge Mann erlernt das Handwerk seines Vaters, später wird er Schienenleger und arbeitet als Schlosser bei der Eisenbahn. 1936 engagiert er sich im Spanischen Bürgerkrieg bei den Internationalen Brigaden, wo er eine fundierte militärische Ausbildung erhält. Die wiederum nützt ihm nach seiner Rückkehr ins besetzte Frankreich.

Am 21. August 1941 tötet Pierre Georges in Paris einen Anwärter der deutschen Kriegsmarine und muss als Pfarrer verkleidet aufs Land flüchten. Er nimmt schließlich an der Befreiung von Paris teil. Anschließend versammelt er fünfhundert Männer, mit denen er die Nazis bis nach Deutschland verfolgen will. Er ist sechsundzwanzig Jahre alt, könnte demnächst General und nach dem Ende des Krieges vielleicht Abgeordneter oder gar Minister werden.

Aber zunächst müssen die letzten Reste der Wehrmacht dran glauben, die sich noch in der Gegend von Mulhouse herumtreiben. Dazu ist dem Colonel jedes Mittel recht. Die Amerikaner stellen ihm keinen Sprengstoff zur Verfügung? Macht nichts. Die Kolonne hat drei unbenutzte deutsche Minen gefunden, die man prima gegen ihre ursprünglichen Besitzer einsetzen kann.

Es handelt sich um ziemlich schwere und große Panzerabwehrminen aus Holz, die den netten Namen Riegelmiene 43 tragen. Der Colonel ist ein Draufgänger und gibt gern den Witzbold. Einmal röstet er Plastiksprengstoff in einer Pfanne, um seinen Offizieren zu beweisen, dass das Zeug ohne Zünder nicht explodiert, und auch die drei Minen lässt er lachend in seinem Jeep herumkollern, wohl wissend, dass die Dinger nur explodieren, wenn sie geladen sind. Seine Mitfahrer aber sind anschließend in Schweiß gebadet.

Am Abend des 27. Dezember will sich unser Held nach einem schnellen Abendessen den Fund näher ansehen und ihn auseinanderschrauben. Weil er keinen Schraubendreher findet, holt er sich den Schürhaken. Nur Sekunden später kommt es zu einer heftigen Detonation, bei der das halbe Haus in die Luft fliegt. Colonel Fabien ist sofort tot. Mit ihm sterben seine Sekretärin und zwei weitere Offiziere. Zwei der neun Verwundeten erliegen später ihren schweren Verletzungen.

Am 3. Januar 1945 wird Pierre Georges mit viel Prunk und Pomp beigesetzt. Dennoch bleibt ein kleiner Wermutstropfen, denn die Kommunisten können nicht verwinden, dass sich ihr Held so ungeschickt angestellt haben soll. Gerüchte machen die Runde, es habe sich um ein Komplott gehandelt. Doch hieb- und stichfeste Beweise gibt es nicht. Sicher ist nur, dass der heldenhafte Colonel Fabien starb, weil er in seinem Büro an einer deutschen Mine herumgeschraubt hat, und der Grund für seinen Tod ist ziemlich dumm. Damit hat er es immerhin in die ehrenwerte Gesellschaft der hier Versammelten geschafft. Was an sich schon eine Auszeichnung ist. (B. F.)

Rechts vor links

GEORGE PATTON (1885–1945)

Nachdem General Patton an allen Fronten des Westens einen erbitterten Kampf gegen die Deutschen geführt, die US-Armee im Gewaltmarsch von der Normandie bis nach Bayern geführt hat und in zwei Weltkriegen dem Tod zigmal von der Schippe gesprungen ist, stirbt der siegesgewohnte Held an einer missachteten Vorfahrt im besiegten Land. Nach all den überstandenen Gefahren ist es ein absolut banaler Verkehrsunfall, der seinem Leben ein Ende setzt.

Der Zusammenprall eines Militärlastwagens mit dem Cadillac, in dem sich der General in der Nähe von Mannheim auf dem Weg zur Fasanenjagd befindet, ist nicht einmal besonders heftig. Beide Autos sind langsam unterwegs, weil sie auf einen unbeschrankten Bahnübergang zufahren. An den Fahrzeugen entsteht ein unerheblicher Blechschaden, und auf den ersten Blick wird auch niemand verletzt. Fahrer und Beifahrer des Lastwagens sind ebenso heil und gesund wie der Chauffeur des Generals und der neben ihm sitzende Stabschef. Wieso sollte es bei dem heldenhaften Passagier im Fond anders sein? Immerhin war der ja noch besser geschützt.

Aber offenbar gibt es doch ein Problem. Der General liegt

im Fußraum und kann nicht aufstehen. Der Aufprall hat ihn nach vorn katapultiert wie die anderen Passagiere auch, aber sein Kopf ist seitlich auf der Metallstange aufgekommen, die die vordere Bank vom hinteren Passagierraum trennt. Patton ist vom Hals abwärts querschnittsgelähmt. Er stirbt zwölf Tage später im Militärkrankenhaus von Heidelberg an einer Lungenembolie.

Natürlich werden ihm sämtliche militärischen Ehren erwiesen, die ihm zustehen, aber seine Vorgesetzten müssen sich anstrengen, ihre Erleichterung nicht allzu deutlich zu zeigen. Der arbeitslose Held ist ihnen lästig geworden, und zwar so sehr, dass einige Zeitgenossen gar einen Mordanschlag vermuten.

Der unbezähmbare Ritter Amerikas hält den Krieg nämlich mit dem Sieg keineswegs für beendet. Inzwischen sind es die Roten, die er verfolgt. Am liebsten würde er sie samt und sonders mit Atombomben bekämpfen und ihnen bis nach Moskau und darüber hinaus folgen. In dem Sektor Deutschlands, für den Patton zuständig ist, hat er alle nötigen Vorkehrungen getroffen, den Krieg bis zum Ural voranzutreiben. Er ist zu jeder Schandtat bereit, den Sowjets gegenüber den Casus Belli zu provozieren, und findet die Nazis inzwischen eigentlich gar nicht mehr so schlimm. Für ihn sind sie wertvolle Hilfsmittel im Kampf gegen den eigentlichen Feind und dessen jüdische Verbündete. Er weigert sich sogar, die Angehörigen der Wehrmacht und der SS in seinem Sektor zu entwaffnen – sicher ist sicher. Und wer weiß, wofür man die Handlanger des Teufels später noch einmal gebrauchen kann.

Doch zu diesem »später« soll es nicht mehr kommen. Ein simpler Autounfall ist vielleicht der Grund dafür, dass ein neuer, sich bereits abzeichnender Weltkrieg kalt bleibt. (B. L.)

Kopflos ins Unglück

GUILLAUME SEZNEC (1878–1954)

Die verzwickte Geschichte um die Affäre Seznec ist fast rekordverdächtig. Seit nunmehr neunzig Jahren kämpft die Familie des berühmtesten Opfers eines Justizirrtums in Frankreich um eine Revision, die inzwischen vierzehnmal abgelehnt wurde. Zuletzt 2006.

Guillaume Seznec wird 1924 in einem Indizienprozess des Mordes an einem Generalrat beschuldigt und verurteilt. Zwar bleibt ihm die Guillotine erspart, aber er verbringt neunzehn Jahre im Straflager auf den Îles du Salut vor der Küste von Französisch-Guyana – was viel weniger paradiesisch ist, als es zunächst klingt. Zurück in Frankreich unternimmt er alles Mögliche, um seine Unschuld zu beweisen, wird aber mit Ereignissen konfrontiert, mit denen er nicht gerechnet hat. Denn drei Jahre nach seiner Freilassung sitzt er erneut vor dem Schwurgericht. Dieses Mal im Publikum. Es geht um seine des Mordes angeklagte Tochter.

Der ehemalige Sträfling Seznec hat nämlich in der Zwischenzeit einen etwas windigen Schwiegersohn bekommen, was jedoch passieren kann, wenn man zwei Jahrzehnte in der Karibik Steine klopft. Er heißt François Le Her, ist verlogen, gewalttätig und war in Guillaume Seznecs Prozess der Hauptentlastungszeuge. Damals begann er zwischen zwei Verhören, seine Frau zu betrügen – und zwar mit Jeanne, der Tochter des Beschuldigten. Praktischerweise stirbt die Gattin genau zum richtigen Zeitpunkt (in allen Berichten steht das Wort »Freitod« immer in Anführungszeichen), und François Le Her heiratet Jeanne mit der erklärten Absicht, den Schwiegerpapa freizubekommen.

Tatsächlich verwandelt Le Her den Kampf in eine äußerst rentable Angelegenheit, macht seine Geständnisse zu Geld und organisiert Tourneen entlang der Wirkungsstätten des Schwiegervaters und hält Vorträge. Als der Held aus der Hölle des Straflagers zurückkehrt, versucht Le Her, sich zu seinem Agenten zu machen und ihm das bisschen Geld aus der Tasche zu ziehen, das Seznec im Arbeitslager beiseitelegen konnte. Natürlich geht das nicht lange gut. Weder mit dem griesgrämigen und störrischen Seznec noch mit der nervigen Ehefrau. Eines Tages tötet Jeanne, die es endlich leid ist, ständig geschlagen und bedrängt zu werden, ihren Ehemann mit drei Schüssen aus einer Pistole. Spiel, Satz und Sieg.

Der Prozess wird zum völligen Verwirrspiel. Die Tochter aus der ersten Ehe des Opfers hat den ältesten Sohn von Seznec geheiratet, den Bruder der Mörderin, der ebenfalls Guillaume heißt. Und diese Frau belastet nun jene, die gleichzeitig ihre Schwiegermutter und ihre Schwägerin ist. Um ihren Aspirinverbrauch einzudämmen, ziehen die Richter es vor, die Seznec-Tochter freizusprechen.

Unter diesen Umständen kann sicher jeder verstehen, dass der ehemalige Zwangsarbeiter danach nur noch selten ganz bei der Sache ist. Ist ja auch verwirrend, diese ganzen undurchsichtigen Familienverhältnisse. Wem kann man noch bedenkenlos Bonjour sagen, wenn man ihn beim Geburtstag von Großonkel François trifft? Eben.

Am 15. November 1953 überquert Seznec den Boulevard Saint-Marcel an der Ecke Avenue des Gobelins und übersieht einen Kleintransporter. Der Wagen fährt ihn über den Haufen – und verschwindet. Einige Tage später wird der Fahrer gefunden, schwört aber Stein und Bein, nichts bemerkt zu haben. Seznec ist nicht ganz tot, aber schwer ramponiert. Er stirbt nach drei Tagen des Leidens, nicht ohne der Affäre um ihn noch einmal Auftrieb zu geben, als er nämlich im Fieberwahn einen Satz murmelt, den die Journaille für ein Geständnis und einen Hinweis auf den Ort hält, wo er sein Opfer (die Leiche seines angeblichen Mordes wurde nie gefunden) entsorgt haben will. Noch während des Todeskampfes von Seznec beginnt man, am vermeintlichen Ort zu graben. Natürlich umsonst. (B. L.)

Rauchen gefährdet die Gesundheit

JULIEN CARETTE (1897–1966)

Julien Carette wird in Paris geboren. Nachdem er sich mit den unterschiedlichsten Beschäftigungen über Wasser gehalten hat, geht er zum Theater und erhält seine erste Sprechrolle im Odéon. In den 1930er Jahren geht es mit seiner Karriere bergauf. Den wirklichen Durchbruch aber schafft er schließlich beim Film. Zunächst übernimmt er ein paar kleinere Rollen in Stummfilmen, später kommt dann der Tonfilm. Carettes Pariser Dialekt macht ihn von einem auf den anderen Tag berühmt. Er dreht mehr als hundert Filme mit Marc Allégret, den Brüdern Prévert und Jean Renoir, dem er wichtige Rollen in *Die große Illusion*, *Bestie Mensch* und *Die Spielregel* verdankt.

Der Krieg unterbricht seine Karriere keineswegs. Er dreht unter der Regie von Claude Autant-Lara und mit Berühmtheiten wie Fernandel und Bourvil. Zu Beginn der 1960er Jahre zieht Julien Carette sich vom Film zurück. Er leidet unter einer schweren Arthrose, die ihn fast bewegungsunfähig macht.

Am 20. Juli 1966 sitzt der alte Schauspieler in seinem Sessel, den er so gut wie nicht mehr verlässt, zündet sich eine Zigarette an und döst ein. Sein Morgenmantel fängt Feuer. Die gesamte Wohnung verwandelt sich in ein Flammeninferno, er selbst trägt schwerste Verbrennungen davon. Man bringt ihn ins Krankenhaus von Saint-Germain-en-Laye, wo er stirbt, ohne das Bewusstsein wiederzuerlangen. (D. A.)

IX. Die Snobs

Es ist nicht jedem vergönnt, von einer Schildkröte, einem Eimer, einem Glas Wasser, einem zahmen Affen, einer Fliege oder einer Gitarre ins Jenseits befördert zu werden. Aber es gibt immer interessante Ausnahmeerscheinungen, die sich jedem Einordnungsversuch entziehen.

Diese Exzentriker des Dahinscheidens bilden in gewisser Weise die Aristokratie des dämlichen Sterbens. Ziehen wir also den Hut vor ihren Totenbahren, die manchmal eine gewisse Ähnlichkeit mit Karnevalswagen haben.

Ran an den Speck

AISCHYLOS (ca. 525–456 v. Chr.)

Einer der ältesten uns bekannten extravaganten Todesfälle hat unbestritten das Potenzial, es auf dem Treppchen der Absurdität ganz weit nach oben zu schaffen, weil in diesem Fall wirklich bemerkenswert viele unwahrscheinliche Umstände aufeinandertreffen. Eine weitere, durchaus nicht geringer zu bewertende Besonderheit dieser Geschichte ist, dass wir zwar nicht sehr viel über das Leben des griechischen Tragödiendichters Aischylos wissen, aber sein Tod trotz des ungewissen Datums in fast allen Biografien in epischer Breite ausgewalzt wird.

Hier ist die bekannteste Version: Der Dichter der *Orestie* reist auf Einladung des Königs von Syrakus 456 v. Chr. nach Sizilien. Eines Tages geht Aischylos in der Umgebung der Stadt Gela spazieren. An einer besonders hübschen Stelle setzt er sich, um die Landschaft zu bewundern. Über seinem Kopf kreist ein Greifvogel und sucht nach einer geeigneten Stelle, wo er seine Beute aus hoher Höhe fallen lassen kann. Er hat eine Schildkröte in den Fängen, deren Panzer er zerbrechen muss, um an ihr schmackhaftes Innenleben zu kommen. Mit seinen scharfen Augen entdeckt der Vogel den für seine Zwecke geradezu perfekten Felsen: rund, glatt und hell. Er lässt das Reptil fallen. Die Berechnungen des Greifvogels stehen denen der griechischen Mathematiker in nichts nach. Die Schildkröte zerschellt exakt auf dem kahlen Schädel des Tragödiendichters. Aischylos ist auf der Stelle tot.

Die nettere Variante der Erzählung stammt von Plinius dem Älteren (der in puncto »dämliches Sterben« dem großen Aischylos übrigens in nichts nachsteht!), der berichtet, ein

Orakel habe Aischylos kurz zuvor eine düstere Zukunftsprognose gestellt und ihm versichert, er würde eines Tages von einem herabstürzenden Haus erschlagen. Dazu muss man wissen, dass sich Aischylos in der unmittelbaren Umgebung des Ätna aufhielt, dessen seismische Launen schon im Altertum allgemein bekannt waren. Die Möglichkeit, dass ein Haus als Folge eines Erdstoßes unvermittelt ein- oder umstürzen könnte, erschien niemandem unwahrscheinlich. Nicht mal dem Dichter selbst. Um dem wenig erbaulichen Schicksal der über ihm einstürzenden Decke zu entrinnen (denn so wurde das herabstürzende Haus in der Prognose gedeutet), verbrachte er die meiste Zeit draußen. Dumm nur, dass der Vogel ihn entdeckte. Die außergewöhnliche Beute wiederum bestätigte die Voraussage des Orakels, denn was ist der Panzer einer Schildkröte, wenn nicht das Haus ihres Trägers?

Selbst einer genaueren Überprüfung durch die Wissenschaft hält die Anekdote stand. Auf Sizilien waren damals Bartgeier heimisch, die sich, wie Ornithologen herausgefunden haben, hauptsächlich von Hohlknochen wie Schädeln und Oberschenkeln ernährten. Um an das schmackhafte Innere der Knochen zu gelangen, warfen sie ihre Beute aus großer Höhe auf Felsen.

Dann ist die Geschichte also wahr? Ganze Generationen von Tragödiendichtern, Bartgeiern und Schildkröten warten noch immer auf die Antwort. Eines allerdings ist sicher: Auch wenn sich die seriösen Biografien über den Ort und das annähernde Datum einig sind, wird die Geschichte selbst grundsätzlich *immer* als Legende erzählt. Und noch etwas anderes ist sicher: Zum Glück für alle Kahlköpfigen ist das Verbreitungsgebiet des Bartgeiers inzwischen stark zurückgegangen. (B. L.)

Müßiggang ist aller Laster Anfang

XENOKRATES (ca. 396–314 v. Chr.)

Xenokrates kommt nach Athen, um zu lernen, und gehört zu den Schülern Platons, deren intellektuelles Schlusslicht er allerdings bildet. »Sein Geist war so schwerfällig, dass Platon beim Vergleich mit Aristoteles sagte: ›Für den einen brauche ich eine Bremse, für den anderen die Sporen.‹«, schreibt Diogenes Laertius, dessen *Zusammenstellung über Leben und Lehren der Philosophen* von nicht zu überprüfenden Fakten jedoch geradezu wimmelt. Gehen wir im Fall von Xenokrates dennoch davon aus, dass er recht hat.

Weil seine grauen Zellen nicht so fix sind, verlegt Xenokrates sich darauf, möglichst ernsthaft zu wirken, denn eine solche Haltung verleiht auch dem Dümmsten zumindest ein intelligentes Aussehen. Als entsagungsvoller, sittenstrenger Mann erwirbt er sich den Ruf eines unbestechlichen Philosophen. Er ist maßvoll und extrem gleichmütig. Eines Tages legen ihm Freunde aufgrund einer Wette die Hetäre Phryne ins Bett. Sie bietet ihre gesamte Verführungskunst auf, beschwert sich aber am nächsten Morgen, selbst sie könne ein steinernes Standbild nicht zum (Liebes-)Leben erwecken.

Geduldig und arbeitsam übernimmt Xenokrates nach seinem Meister die Akademie, leitet sie fünfundzwanzig Jahre lang und führt den Brauch ein, die Führung der Bildungsstätte grundsätzlich in die Hände der mittelmäßigen Lehrer zu legen. Das alles passierte vor langer Zeit, »unter dem Archontat des Lysimachos«. Für Geschichtsbanausen: etwa um 339 v. Chr.

Wenig abenteuerliche Bestimmungen erhalten bekanntermaßen die Gesundheit. Der leidenschaftslose Xenokrates erreicht das zweite Jahr der hundertzehnten Olympischen Spiele. Wiederum für Banausen: 314 v. Chr. Er ist über achtzig Jahre alt. Eines Nachts steht der Oberphilosoph auf, tastet sich vorwärts und kippt kopfüber in ein Kupferbecken. Diogenes Laertius ist dieser Vorfall eine hübsche Grabrede wert:

> *Er fiel in ein Kupferbecken, verletzte sich*
> *An der Stirn, stieß einen Schrei aus und starb.*
> *Xenokrates, der Universalmensch!*

Neben zahlreichen anderen Werken schreibt man dem Xenokrates eine *Abhandlung über den Tod* zu. (B. F.)

Zum Totlachen

CHRYSIPP VON SOLOI (ca. 280–206 v. Chr.)

Chrysipp wird in Soloi in Kilikien geboren, wo man angeblich das schlechteste Griechisch der damaligen Welt spricht, und geht als Schüler des stoizistischen Philosophen Kleanthes nach Athen. Die Ausbildung macht ihn nicht unbedingt zu einem Spaßvogel. Mit der größtmöglichen Strenge prangert er den fröhlichen Materialismus eines Epikur an, ist dabei aber selbst unendlich eitel. »Bringe mir nur die Lehrsätze bei, die Beweise finde ich selbst«, soll er eines Tages zu seinem Lehrmeister gesagt haben. Er hat es eilig, unabhängig zu werden, und macht sich als Redner einen Namen. Bekannt wird er durch dialektische Finessen wie diese: »Das, was du sagst, geht durch deinen Mund. Wenn du das Wort ›Karren‹ aussprichst, geht also ein Karren durch deinen Mund.«

Darum soll man also nicht »Sch★★★e« sagen.

Auch schön: »Was sich in Megara befindet, befindet sich nicht in Athen. In Megara befinden sich Menschen. Also befinden sich in Athen keine Menschen.« (Trösten Sie sich, wenn Sie diesen Satz zweimal lesen mussten, bevor Sie ihn verstanden – das geht den meisten so.)

Als Gipfel der abstrakten Spekulation kann man diesen ausgetüftelten Satz ansehen: »Ihr habt das, was ihr nicht verloren habt. Da ihr keine Hörner verloren habt, habt ihr also Hörner.«

Diese getürkten Syllogismen sind leider seine gesamte Hinterlassenschaft. Zwar hat Chrysipp viele Werke veröffentlicht, die Diogenes Laertius uns auch brav aufzählt, aber sie sind samt und sonders verlorengegangen. Tragisch ist das allerdings nicht, denn das meiste davon schrieb der Gauner ohnehin bei den wahren Denkern seiner Zeit ab.

Ohne die ziemlich verdrehten Umstände seines Todes wäre dieser eingebildete Hochstapler möglicherweise ganz dem Vergessen anheimgefallen. Bei einem Bankett, zu dem ihn seine Schüler eingeladen haben, sieht er, wie ein Esel die für die Gäste auf ein Silbertablett gelegten Feigen frisst. »Bringt ihm zu trinken!«, ruft Chrysipp der Gästeschar zu. Er ist von seinem Bonmot so begeistert, dass er in lautes Lachen ausbricht. Er röchelt, er japst, und zu guter Letzt fällt er tot um.

Wir gestatten uns den gedanklichen Exkurs, dass Chrysipp es in einem Anfall intellektueller Aufrichtigkeit amüsant fand, dass sich ein echter Esel unter die Gruppe der Schüler gemischt hat, die tatsächlich dumm genug waren, sich einem falschen Philosophen wie ihm anzuschließen. Sein Stoizismus und alle dialektischen Finessen waren machtlos gegen die atemberaubende Vereinfachung der Dinge, aus der

nur noch ein zerstörerisches, tödliches Lachen herausführte.
(B. F.)

Der unsichtbare Zweite

STEPHAN II. (?–752)

Über den zweiten Papst mit Namen Stephan (Stephan I.
war von 242–257 im Amt) weiß man nichts außer der Tatsache, dass er im März 752 zum Pontifex gewählt wurde und
gleich drei Tage darauf das Zeitliche segnete. Er traf keine
Entscheidung, sprach niemanden heilig und hatte keiner-
lei Einfluss auf die Liturgie. Bis heute ist die Amtszeit von
Papst Stephan II. das kürzeste Pontifikat überhaupt. Die nur
dreiunddreißigtägige Amtszeit von Johannes Paul I. kommt
einem dagegen schon geradezu biblisch vor.

Kompliziert allerdings wird die Angelegenheit mit dem
Tod von Papst Stephan. Im 8. Jahrhundert gilt nämlich die
Regel, dass nur zum Bischof geweihte Päpste – per definitionem ist jeder Papst gleichzeitig Bischof von Rom – ein
gültiges Amt innehaben und der Job als Vertreter Gottes auf
Erden für all diejenigen, die noch nicht Bischof sind, mit der
Weihe beginnt, nicht mit der Ernennung zum Papst. Da für
eine solche Zeremonie in der kurzen Amtszeit von Stephan
aber keine Zeit bleibt, wird er zunächst nicht als Papst anerkannt. Und um die Sache noch kniffliger zu machen, nimmt
sein Nachfolger ebenfalls den Namen Stephan an.

Die Zeit vergeht. Weil bestimmte Papstnamen immer
wieder gewählt werden, beginnt man vom 10. Jahrhundert
an, die hohen Herren zu nummerieren, auch die verflosse-

nen. Was aber soll man mit dem kurzlebigen Stephan anfangen, der zu allem Überfluss noch nicht einmal zum Bischof ernannt war? Auch im 10. Jahrhundert erkennt man ihn nicht als gültigen Papst an, somit wird sein Nachfolger ganz offiziell zu Stephan II. erklärt. Vom 13. Jahrhundert an aber ändert sich die Sachlage. Nun beginnt das Pontifikat mit der Wahl des Papstes und nicht mehr mit der Bischofsweihe. Im 16. Jahrhundert schließlich erkennt man den Drei-Tages-Stephan als gültigen Papst an und führt ihn im *L'Annuario pontifico* unter dem Namen Stephan II.

Sein Nachfolger, der bisher als Stephan II. geführt wurde, wird damit zu Stephan III. befördert, und allen nachfolgenden Stephans – derer es von 752 bis 942 auch noch sieben Stück gab – ergeht es gleichermaßen. Auch den bislang letzten Stephan, Stephan IX., upgradet man einige Hundert Jahre nach seinem Tod zu Stephan X. Um sich in diesem Wirrwarr überhaupt noch zurechtzufinden, ringt man sich schließlich zu einer doppelten Nummerierung durch, die nunmehr so lautet: Stephan IX. (X.)

1961 aber ändert sich alles noch einmal. Stephan II. wird wieder aus der Liste gelöscht, und zwar von Johannes XXIII., der übrigens selbst fehlerhaft nummeriert ist, weil es nie einen Johannes XX. gab. Stephan fällt erneut dem Vergessen anheim, und alle Päpste bekommen ihre ursprüngliche Nummerierung zurück. Da diese päpstliche Entscheidung jedoch nie Gesetz wird, bestehen für die Stephans nach wie vor beide Arten der Zählung.

Nun, seien wir ehrlich: Eigentlich ist es uns vollkommen egal, wie die Stephans im Vatikan nun gezählt werden. Tatsächlich könnte nur die Wahl und Amtseinführung eines Papstes, der den Namen Stephan führt – der letzte starb 1058 – die Angelegenheit erneut hochkochen lassen. Wie

würde er sich nennen? Stephan IX. nach der alten Zählung
oder Stephan XI. nach der neuen? Mit der zweiten Möglichkeit würde er unseren armen Kurzzeitpapst und sein
dreitägiges Pontifikat legitimieren. Die Geschichte wird es
uns vielleicht eines Tages lehren. (D. A.)

Über den Durst getrunken

BERTRAND DU GUESCLIN (1320–1380)

Bertrand du Guesclin ist ein hässliches Kind, als er 1320 im
Schloss La Motte-Broons unweit Dinan in der Bretagne geboren wird. Seine Eltern sind entsetzt. Obwohl er der geborene Krieger ist, wird er nicht zum Militärdienst zugelassen
(es ist nicht bekannt, ob wegen seiner Optik). Er versteckt
sich im Wald von Brocéliande und setzt sich an den Kopf
einer Bande. Die Pest bricht aus. Man beschuldigt Bettler
und Juden, die Quellen und Brunnen vergiftet zu haben.
Die Bretagne wird von den Erbfolgekriegen erschüttert. 1357
finden wir unseren Helden wieder, als er an der Verteidi-
gung der belagerten Stadt Rennes teilnimmt.

Bei der Schlacht von Cocherel kommt er seinen nationalen Pflichten nach und Frankreich unter Karl V. zu Hilfe.
Er triumphiert. 1370 wird du Guesclin von Karl V. mit der
Würde eines Connétable von Frankreich ausgezeichnet, einem hohen militärischen Grad, den heute niemand mehr
schert. In den folgenden zehn Jahren führt er einen taktisch
klugen Zermürbungskrieg gegen die englischen Truppen im
Land, der seinen Ruhm als Feldherr endgültig sichert.

Im Sommer 1380 verteidigt er Châteauneuf-de-Randon,

etwa hundertfünfzig Kilometer nördlich von Montpellier. An jenem Tag im Juli ist es sehr heiß. Du Guesclin trinkt das kalte Wasser einer Quelle in der Nähe des Dorfes Albuges, vermutlich allerdings viel zu viel davon. Jedenfalls erkrankt der kühne Ritter. Ob es eine Lungenentzündung oder die Ruhr ist, weiß man heute nicht mehr.

Er zieht sich zurück. Sein Zustand verschlechtert sich zusehends. Wenige Tage später legt du Guesclin die Beichte ab und lässt einen Notar rufen, um ihm sein Testament zu diktieren. Der mutige Kampf des unerschrockenen Recken gegen den Tod dauert noch weitere vier Tage, dann stirbt er und wird von allen beweint. Sogar von den Engländern.

Die Überführung in seine Heimat ist bereits organisiert. Es muss schnell gehen, weil die große Hitze die Verwesung begünstigt. In Puy-en-Velay wird die in Auflösung begriffene Leiche einbalsamiert. Man entfernt die Eingeweide, stopft Kräuter in die Bauchhöhle und bestattet die Innereien in der Kirche der Dominikaner. Ja, im 14. Jahrhundert wurden Gedärme bestattet. Das war so üblich.

Am 18. Juli, fünf Tage nach seinem tragischen Ableben, erreicht die bereits stark verweste Leiche den Ort Montferrand im Süden von Toulouse – man ist noch nicht wirklich weit gekommen. Dort kocht man den wackeren Ritter nach den damals üblichen Regeln der (Koch-)Kunst ein und trennt so das Fleisch von den Knochen. Das Herz wird in die Kirche Saint-Sauveur ins bretonische Dinan geschickt. Auf Geheiß von Karl V. bestattet man das, was vom Ritter übrig blieb, mit einem Staatsbegräbnis in der Königsgruft der Abteikirche von Saint-Denis. Er liegt an der Seite von Königin Jeanne de Bourbon, wo auch der König selbst seine letzte Ruhe finden soll. (F. Ch.)

Hochmut kommt vor dem Fall

FERNÃO DE MAGALHÃES
genannt MAGELLAN (1480–1521)

Ferdinand Magellan, portugiesisch Fernão de Magalhães, war ein portugiesischer Seefahrer, der im Auftrag der spanischen Krone segelte. Auf der Suche nach den Gewürzinseln begann er eine Weltumsegelung, in deren Verlauf er getötet wurde.

1518 schließt Magellan einen Vertrag mit Karl I. von Spanien, der ihm fünf Schiffe zur Verfügung stellt, um nach einer Passage zwischen dem Atlantik und dem Indischen Ozean zu suchen. Die fünf Schiffe – die von Magellan selbst kommandierte *Trinidad*, die *San Antonio*, die *Concepción*, die *Victoria* und die *Santiago* – werden mit Draufgängern bemannt, die bereit sind, eine Fahrt ins Ungewisse zu wagen.

Am 20. September 1519 sticht die mit Lebensmitteln für zwei Jahre beladene Flotte in See. Die Expedition lässt sich zunächst gut an. Schon nach drei Monaten ankern die Schiffe in der Bucht von Rio de Janeiro. Von diesem Zeitpunkt an geht es dann allerdings rapide bergab. Keiner der Männer ahnt, wie weit sich der amerikanische Kontinent nach Süden erstreckt und wie lang es dauern wird, die vermaledeite Passage zu finden.

Erst am 1. November 1520 entdecken sie die Durchfahrt zum Ozean auf der anderen Seite, die man später »Magellanstraße« taufen wird. Unsere seefahrenden Helden haben zwar keinen Schimmer, wie groß das Meer jenseits der Passage ist (und vermutlich auch nicht, dass sie nicht etwa den Durchgang vom Atlantik in den Indischen Ozean, sondern die Verbindung vom Atlantischen in den Pazifischen Ozean gefunden haben), aber der sonst so unerschütterliche Magellan weint vor Freude über den Fund. Schnell allerdings verkehrt sich die Freude ins Gegenteil, denn die Besatzungen der *San Antonio* und der *Concepción* desertieren. Inklusive der Schiffe. Nun hat Magellan nur noch drei Kähne, um sich in ein Abenteuer zu stürzen, das immer verhängnisvoller wird. Die Reise geht weiter, und die dezimierte Flotte fährt wieder hinaus auf den Ozean.

Doch nach ein paar Wochen liegen die *Trinidad*, die *Victoria* und die *Santiago* in einer Flaute fest, was den Entdecker dazu veranlasst, den Ozean Pazifik, »der Friedliche«, zu nennen. Das Trinkwasser fault und geht zur Neige, im Schiffszwieback finden sich Mäuseköttel und Würmer. Die Seeleute ernähren sich von Ratten und dem gekochten Leder, das ehemals die Rah hielt, und sterben wie die Fliegen. Auf den wenigen Inseln, an denen sie vorbeisegeln, findet die Besatzung kein Trinkwasser.

Erst nach sage und schreibe drei Monaten wendet sich das Blatt. Die Flotte erreicht eine Inselgruppe. Eingeborene legen mit ihren Bötchen an Magellans Schiffen an und klauen lachend alles, was nicht niet- und nagelfest ist. Nach einer kleinen routinemäßigen Schlägerei (die aufgrund der geschwächten Besatzung aber nicht gut für Magellan auszugehen scheint) schließt man dann doch lieber Frieden. Die Crew erholt sich langsam wieder von ihren Strapazen und lebt friedlich Seite an Seite mit den Eingeborenen.

Irgendwann jedoch geht es weiter zur Eroberung jener Inseln, die damals noch nicht Philippinen heißen. Die nächste Station der Flotte ist die Insel Massawa, deren Einwohner sich den Europäern gegenüber herzlich und freundlich zeigen. Endlich können sich die Männer wieder einmal richtig satt essen. Obwohl man sich in der Karwoche befindet, wird geschlemmt, was das Zeug hält. Der Stammesführer Kolambu bietet sich an, Magellan bei der Erkundung des Archipels zu begleiten.

Wieder einmal werden die Segel gesetzt. Der König der Insel Cebu zeigt sich jedoch weit weniger freundlich als Kolambu und fordert einen hohen Preis für die Benutzung seiner Bucht durch die Flotte. Magellan weigert sich. Für ihn ist der lokale König nichts als ein Vasall. Nach einigem Hickhack, der glücklicherweise zugunsten der Europäer ausgeht, beruhigen sich die Spannungen wieder. Alle Clanchefs verbünden sich mit Magellan, bekehren sich zum Christentum und unterwerfen sich der spanischen Krone. Alle – bis auf einen. Der hört auf den klingenden Namen Lapu-Lapu und ist Häuptling der Insel Mactan.

Magellan nimmt den Affront persönlich. Um dem widerspenstigen Häuptling eine Lektion zu erteilen, nähert er sich mit nur sechzig Männern heimlich der durch gefährliche Korallenriffe geschützten Küste Mactans. Die nur leicht bewaffneten Seeleute gehen siegessicher an Land. Aber der darauffolgende Kampf wendet sich zur großen Überraschung der Europäer, die mit Gegenwehr nicht gerechnet haben, zu einem blutigen Gemetzel. Magellan wird von einem vergifteten Pfeil getroffen, zu Boden geworfen und von zwei Lanzen durchbohrt.

Einer der außergewöhnlichsten Seefahrer stirbt am 27. April 1521 als Opfer seines eigenen Hochmuts. Niemand weiß, was aus seinen sterblichen Überresten geworden ist. Im besten Fall wurde er würzig zubereitet und gegessen, wie auf vielen der mikronesischen Inseln zu dieser Zeit üblich. (O. Ch.)

Eine umwerfende Geschichte

PIETRO ARETINO (1492–1556)

Ein Widersacher soll behauptet haben, Pietro Aretino entstamme der verbotenen Liebe eines Mönchs mit einer Nonne, und dies sei der Grund für seine geradezu teuflisch bösartige Schreibe. Wahrscheinlicher ist, dass er am 20. April 1492 als unehelicher Sohn eines toskanischen Edelmannes aus Arezzo (*Aretino* bedeutet: aus Arezzo) geboren wird. Er gehört der ersten Generation jener Schriftsteller an, die bereits in den Genuss des gerade erst erfundenen Druckhandwerks kommen. Sein ganzes Leben lang verbreitet er Texte, die er für seine jeweiligen Mäzene schreibt. In einem ausschweifenden, übertrieben blumigen Stil veröffentlicht er sowohl Erbauungsbücher als auch lasterhafte Schriften, spöttische Satiren und eloquente Lobreden, und zwar mit so spitzer Feder, dass sich Prinzen, Könige und selbst der Papst verpflichtet fühlen, ihn zu fördern, um nicht von ihm durch den Kakao gezogen zu werden.

Als junger Mann muss er seine Heimatstadt wegen eines Sonetts verlassen, in dem er wenig freundlich mit der Nachsicht des Pontifex ins Gericht geht. Er flüchtet nach Rom, wo er ausgerechnet die Unterstützung des Papstes Klemens VII. erhält, ehe er erneut wegen einiger obszöner Sonette aus der Stadt gejagt wird.

Aretino, der sich selbst als »göttlich« bezeichnet, schließt sich dem Söldnerführer Giovanni de' Medici an, der alles – zeitweise sogar sein Bett – mit dem Dichter teilt und nach einer Verwundung in der Schlacht in den Armen seines Freundes stirbt. Die leidenschaftliche Beziehung hindert den himmlischen Aretino allerdings weder daran, sich eine ganze Sammlung von Mätressen zuzulegen, noch daran, drei uneheliche Töchter zu zeugen, denen er als treusorgender Papa die Ausbildung finanziert.

Er zieht nach Venedig, wo es inzwischen möglich ist, jeden Text unzensiert drucken zu lassen. Der streitbare Mann wird immer wieder mit Pistole oder Stockschlägen bedroht und entwischt dem Tod manchmal nur mit letzter Not. Als es schließlich tatsächlich ans Ableben geht, sind die Umstände wirklich würdig. Aber es sind nicht die Folgen seines losen Mundwerks, die ihn ins Jenseits befördern, sondern die Eskapaden einer seiner Schwestern, die als Kurtisane in Venedig lebt. Eines Tages erzählt sie ihm, wie sie einmal einem einfach gestrickten Gemüt einen Streich spielte. Aretino muss so unbändig lachen, dass er rückwärts vom Stuhl kippt und sich den Schädel bricht. Und so scheidet das Enfant terrible der italienischen Renaissance mit einem anzüglichen Lachen aus dem Leben. (B. F.)

Auf der Suche nach der verlorenen Zeit

TERESA VON ÁVILA (1515–1582)

Teresa Sánchez de Cepeda y Ahumada wird im 16. Jahrhundert in einer kleinen kastilischen Stadt geboren, widmet ihr Leben Gott und der Reform des Karmeliterordens, macht mystische Erfahrungen wie innere Ansprachen, Visionen und Verzückungen und hat intellektuelle Visionen. Nach einem Leben im Dienste Gottes stirbt sie friedlich und getröstet im Oktober 1582.

»Betrüger«, werden die geneigten Leser jetzt rufen, »einen so heiligen Tod kann man doch mitnichten als skurril bezeichnen!« Und natürlich haben sie recht.

Es ist ein ganz besonderer Tod, der die gute Teresa ereilt, denn sie stirbt in einer Nacht, die nicht existiert. Oder wahlweise gleich mehrfach, nämlich in der Nacht von Donnerstag, den 4. Oktober 1582 auf Freitag, den 15. Oktober 1582. Ja, richtig gelesen! Die Heilige starb in einer Nacht, die zehn Tage lang dauerte.

Die Erklärung für dieses Phänomen ist vergleichsweise einfach. In einer Zeit, in der die Kirche sich nicht nur um den Glauben der Geistlichkeit, sondern auch um die Freizeitbeschäftigungen des gemeinen Fußvolks kümmert, beschließt Papst Gregor XIII., den bis dahin gültigen julianischen Kalender durch ein neues, etwas verändertes Modell zu ersetzen. Der alte Kalender ist gegenüber dem Sonnenjahr um etwa elf Minuten zu lang, was mit den Jahren zu einer zunehmenden Abweichung vom Sonnenlauf führt. Papst Gregor XIII bringt nun den nach ihm benannten und bis heute gültigen gregorianischen Kalender mit einer verbesserten Schalttagsregel ins Spiel. Um die Verspätung aufzuholen, die 1582 bereits volle zehn Tage beträgt, entschließt sich die Kirche, diese zehn Tage zu opfern und vom 4. Oktober gleich zum 15. Oktober zu springen. Zum Glück für die Geschichtsschreiber passiert in jener »Nacht« nichts Weltbewegendes, abgesehen vom Tod einer bescheidenen Heiligen in der Provinz Salamanca.

Um nun historisch ganz genau zu bleiben, weisen wir darauf hin, dass die heilige Teresa tatsächlich an ihrem ständigen Fasten, den Selbstkasteiungen und Entbehrungen starb, die sie sich in ihrem brennenden Glauben alle naslang auferlegte. Jeder mag selbst und für sich entscheiden, ob und inwiefern auch das als dummer Tod bezeichnet werden kann. (B. L.)

Die Kunst des Verreckens

JEAN-BAPTISTE LULLY (1632–1687)

Am 28. November 1632 wird Lully in Florenz geboren. Mit dreizehn übersiedelt er nach Frankreich, wo seine Talente als Komponist, Musiker und Tänzer schon bald der Herzogin von Montpensier auffallen. Sie holt den jungen Mann an ihren Hof. Unter der Leitung Lullys feiern ihre Spieler plötzlich große Erfolge und stellen die königlichen Musiker immer öfter in den Schatten.

Als die »Grande Mademoiselle« beim König in Ungnade fällt, wird Lully erster Geiger am Hof von Versailles. Jetzt geht sein Stern erst richtig auf. Ludwig XIV. schätzt ihn sehr. Der Musiker präsentiert bei Hof zahlreiche Werke – unter anderem sein berühmtes *Dieu sauve le roi*, das als *God save the king* zur englischen Nationalhymne wird. Lully schreibt auch ein Ballett für den König, in dem Ludwig XIV. höchstpersönlich, umgeben von seinen die Planeten darstellenden Ministern, als Sonne verkleidet tanzt. Es ist ein Werk, das Ludwig XIV. zu einigen verhängnisvollen Ideen verhilft …

Dank seines Eifers – Kritikern zufolge ist es eher sein Opportunismus – wird Lully schon bald oberster Intendant des königlichen Orchesters. Er nimmt die französische Staatsbürgerschaft an und inszeniert zusammen mit Molière mehrere Ballettkomödien. Lully ist stolz, reich und ein ausgemachter Perfektionist. Und genau das führt ihn ins Verderben.

Zu Beginn des Jahres 1687 feiert das Land die Genesung Ludwigs XIV., der gerade eine schwere Krankheit überstanden hat. Lully komponiert zu diesem Zweck ein *Te Deum*. Weil er mit den Leistungen seiner Musiker nicht zufrieden ist, dirigiert er bei den Proben selbst, und zwar mit einem besonderen Dirigentenstab. Ein Zeitgenosse erzählt: »Lully hatte nichts außer Acht gelassen – weder musikalisch noch in der Durchführung. Um seiner Hingabe Ausdruck zu verleihen, schlug er mit seinem Stock den Takt. Bei dieser Gelegenheit traf der Taktstock versehentlich seine Fußspitze.« Und zwar nicht zu knapp. Lully zertrümmert *fortissimo* seinen großen Zeh. Weil er aber die Probe seines Werkes unbedingt beenden will, kümmert er sich nicht weiter um die Verletzung. Wie es der Teufel will, vergisst er und auch in den kommenden Tagen immer wieder, den Hofarzt aufzusuchen. Es bildet sich rasch ein Wundbrand, der sich bald über das ganze Bein ausbreitet. Nach mehreren Wochen Todeskampf stirbt Lully am 22. März 1687.

Der berühmte Dirigentenstab wurde von Lullys Musikern verwahrt und Ende des 17. Jahrhunderts von der Fürstenfamilie von Monaco erworben. Bis zur Französischen Revolution soll man ihn geradezu verehrt haben. (D. A.)

Wer früher stirbt, ist länger tot

ANTOINE-FRANÇOIS PRÉVOST
genannt ABBÉ PRÉVOST (1697–1763)

»Obwohl ich auf Weisheit und Tugend hoffe, fällt es mir unendlich schwer, sie zu praktizieren«, vertraut Abbé Prévost einem seiner Freunde an.

Antoine-François Prévost wird am 1. April 1697 in Hesdin im Norden Frankreichs geboren. Er studiert bei den Jesuiten und wird Novize, ehe er 1711 nach Holland flieht und sich dem Militär anschließt. Nach den Jesuiten, versucht er es einige Jahre später bei den Benediktinern, wo er 1726 zum Priester geweiht wird. Die beiden ersten Bände von *Mémoires et aventures d'un homme de qualité qui s'est retiré du monde* (in etwa: Erinnerungen und Abenteuer eines Edelmanns, der sich von der Welt zurückgezogen hat) erscheinen 1728. Schon wenig später muss Prévost nach London fliehen. Dort hängt er den Priesterrock an den Nagel und widmet sich ganz der Schriftstellerei. 1733 erscheint das von seinem eigenen umtriebigen Leben inspirierte Werk *Manon Lescaut*, das vom Pariser Parlament sofort auf den Index verbannt wird. Der hoch verschuldete Ex-Geistliche gründet die Zeitschrift *Pour et Contre*, die sich mit englischer Literatur befasst. Doch auch die spült kein Geld in seine Taschen.

1734 kehrt er reumütig und pleite in den Benediktinerorden zurück, nachdem der Papst ihm zuvor die Absolution für seine Abtrünnigkeit erteilt hat. Seine Karriere als Autor von Sitten- und Abenteuerromanen setzt Prévost aber auch jetzt fort. Er kann es einfach nicht lassen …

Am 25. November 1763, nachdem Abbé Prévost ausgiebig im Kloster Saint-Nicholas-d'Acy gespeist hat, trifft ihn der Schlag. Er bricht am Fuß einer Kreuzigungsgruppe zusammen, an der später ein Hinweis auf seinen Tod angebracht wird.

Einer anderen, romantischeren Version zufolge macht der fromme Mann im Wald »nahe bei dem Ort La Croix-de-Courteuil« nach einem Blutsturz schlapp. Es heißt, man habe den leblosen Körper des Priesters am nächsten Tag zwischen Senlis und Chantilly unter einem Baum gefunden.

Welche Geschichte auch wahr sein mag: Man hält ihn auf jeden Fall für tot. Um sicherzugehen, dass er nicht ermordet wurde, wird eine Obduktion angeordnet. Der Chirurg hat sich gerade mit einem Skalpell an Prévosts Brust zu schaffen

gemacht und das Brustbein durchtrennt, als der vermeintlich
Tote einen lauten Schrei ausstößt. Der entsetzte Quacksal-
ber versucht noch, seinen Patienten hastig wieder zusam-
menzuflicken, doch die Wunde ist zu tief. Der Abbé öffnet
noch einmal die Augen, um den bedauerlichen Irrtum zu
konstatieren, dann aber verlässt die gebeutelte Seele seinen
misshandelten Körper für immer. (F. Ch.)

Komplizierte Gleichung

ÉVARISTE GALOIS (1811–1832)

Zwischen dem Mathematiker Évariste Galois und dem Dichter Arthur Rimbaud werden gern Parallelen gezogen. Beide
waren frühreife Genies. Der eine revolutionierte die Mathematik, der andere die Dichtkunst, und das, bevor sie zwanzig
Jahre alt waren. Wohin hätte ihre Begabung sie wohl noch
geführt, wäre ihr Werdegang nicht vorzeitig unterbrochen
worden? Die Frage gilt für beide. Den Unterschied macht
lediglich die Art der Unterbrechung. Rimbaud hörte lange
vor seinem Tod freiwillig auf zu schreiben, Galois' weiteres
Werk wurde von Freund Hein unterbunden.

Der junge Mann wächst in einer Epoche auf, in der sich
eine ungestüme republikanisch denkende Jugend gegen die
gerade erst wieder eingeführte und ziemlich festgefahrene
Monarchie auflehnt. Galois wütet gegen den König, macht
sich bei seiner gesamten Umgebung unbeliebt und wird sogar zweimal verhaftet. Auch seine mathematischen Theorien
treffen zunächst auf Unverständnis. Natürlich lässt sich kein
etablierter Mathematikprofessor gern von einem grünschna-

beligen Heißsporn vorführen, und so bleiben nur zwei, die ihm Gehör schenken: Einzig sein Lehrer Richard und der Mathematiker Poisson sind in der Lage, die Tragweite von Galois' Theorien zu erkennen.

Nach einem Verweis von der École polytechnique muss Galois zurück auf die normale Schule, wo er sich nach allen Regeln der Kunst langweilt. Er schreibt gehässige Briefe an seine Lehrer, wirft ihnen eine langsame Denkweise und Mittelmäßigkeit vor, unterbricht Sitzungen der Akademie und beteiligt sich an Demonstrationen.

Trotz eifriger Forschungen sind die Hintergründe für sein Drama weitestgehend unklar. Fest steht: Im Mai 1832, als er gerade seine zweite Gefängnisstrafe abgebüßt hat, verliebt sich Évariste Galois in eine Stéphanie-Félicie Poterine du Motel, die Tochter eines Arztes. Irgendwie scheint die Beziehung schiefzugehen, und zwei Freunde der Dame fordern das junge Mathematikgenie zum Duell. Davon zeugen die Sätze, die Galois nachweislich am Abend vor seinem Tod schrieb: »Ich wurde von zwei Patrioten provoziert … ich sterbe als Opfer einer nichtswürdigen Verführerin.«

Wohlwissend, dass er kein guter Schütze ist, setzt er in der Nacht vor dem Duell eine Art wissenschaftliches Testament auf und entwirft innerhalb weniger Stunden eine wichtige Grundlage der modernen Mathematik. Zwischen den Zeilen taucht immer wieder der Satz auf: »Ich habe keine Zeit mehr.«

Seine Berechnungen sind richtig. Wie befürchtet, trifft ihn am 30. Mai 1832 eine Kugel in den Bauch. Am nächsten Morgen stirbt er im Krankenhaus. Er ist zwanzig Jahre alt. Sein Testament endet mit den Worten: »Ich hoffe, es macht den Leuten Spaß, dieses Durcheinander hier zu überprüfen.« Fast zweihundert Jahre später ist dies auch der modernsten Mathematik noch nicht vollständig gelungen. (B. L.).

Die mörderische Dreschmaschine

HORACE VERNET (1789–1863)

Horace Vernet wird am 30. Juni 1789 in dem Galeriebau geboren, der damals den Louvre mit den Tuilerien verband. Sowohl sein Großvater als auch sein Vater sind Kunstmaler. Mit zwanzig Jahren macht sich der junge Horace einen Namen mit Schlachtengemälden, einer im Empire sehr beliebten Kunstgattung. Während der Restauration zieht er sich ein wenig zurück, gerät unter den Einfluss der Romantik und wird nach 1830 einer der offiziellen Maler der Julimonarchie.

Louis-Philippe I. von Frankreich gibt mehrere Schlachtendarstellungen in Auftrag, aber Vernet ist auch ein großer Fan des industriellen Aufschwungs Frankreichs unter der Regierung des »Bürgerkönigs«, was im Salon de la Paix im Palais Bourbon deutlich wird. Die Decke des Raums, den der Präsident durchqueren muss, um in den Plenarsaal zu gelangen, schmückt eine üppige Allegorie des friedlichen Frankreichs, umgeben von zwei Darstellungen dampfbetriebener Maschinen. Auf der einen Seite sieht man eine wuchtige Dampflokomotive, die von pausbäckigen Putten mit Kohle befeuert wird, die andere zeigt den Bug eines mächtigen Dampfers, der eine hellhäutige, sehr freizügig dargestellte Nymphe verjagt.

Horace Vernet reist viel. Auf der Suche nach interessanten Motiven besucht er Russland, den Orient und Nordafrika. Seine Lithografien von Reitern und Pferden finden reißenden Absatz, ebenso wie seine politischen und satirischen Zeichnungen.

Die bürgerliche Revolution und die Entmachtung von

Louis-Philippe 1848 jagen dem Maler einen ordentlichen Schrecken ein. Klar, der wichtigste Auftraggeber ist von einem auf den anderen Tag nicht mehr da. Dazu kommt, dass ihn Ingres und Delacroix künstlerisch längst abgehängt haben. Vernet hängt den Pinsel an den Nagel, zieht sich in sein schönes Häuschen in Südfrankreich zurück und kümmert sich fortan nur noch um seine Landwirtschaft.

Eines Tages reitet er auf einem Esel in der Gegend herum. Auf einem benachbarten Bauernhof will er sich mit der Funktion einer dampfbetriebenen Dreschmaschine vertraut machen, die gerade frisch aus Paris eingetroffen ist. Leider hat er die Rechnung ohne sein Grautier gemacht. Dem Langohr ist der Triumph der Technik zu laut. Es fürchtet sich, bockt und wirft Horace Vernet ab, der sich dabei eine Rippe bricht. Doch dabei bleibt es nicht. Aus der Verletzung wird ein Abszess. Nach wochenlangen Qualen und dem erfolglosen Eingreifen der besten Ärzte stirbt der Künstler am 17. Januar 1863 in Paris, wohin er in der Zwischenzeit gebracht wurde.

Für Vernet ist es gleich dreifach dumm gelaufen, und der Sensenmann war niederträchtig genug, ihm die Zeit zu lassen, es selbst festzustellen: ein Schlachtenmaler, der ganz prosaisch in seinem Bett stirbt, ein begnadeter Pferdezeichner, der vom Esel fällt, und ein Verehrer von Technik, der Opfer einer mechanischen Dreschmaschine wird – es ist der reinste Hohn, und der Sterbende ist sich dessen durchaus bewusst. Um ihn darüber hinwegzutrösten, verleiht ihm Napoleon III. am 7. Dezember 1862 am Krankenbett den Orden *Grand Officier de la Légion d'Honneur*, eine der höchsten Auszeichnungen der Ehrenlegion, als »großem Maler einer großen Epoche«. (B. F.)

Kein Land in Sicht

ISABELLE EBERHARDT (1877–1904)

Isabelle Eberhardt wird als Tochter einer russischen Aristokratin am 17. Februar 1877 in Genf geboren. Die Mutter hat sich in den Hauslehrer ihrer Kinder verguckt und brennt mit ihm vom Hof in Sankt Petersburg ins Schweizer Exil durch. Besagter Hauslehrer, von dem keiner weiß, ob er tatsächlich Isabelles Vater ist, erzieht das Mädchen zusammen mit ihren Brüdern und einer anderen Schwester wie einen Jungen. Schon als Kind begeistert sich Isabelle für den Orient, weil sie gern Reiseberichte westlicher Forscher schmökert.

1897 zieht Isabelle mit ihrer Mutter nach Bône (heute Annaba) in Algerien. Die junge Frau ist begeistert von ihrer neuen Heimat und interessiert sich lebhaft für Kultur und Lebensweise der einheimischen Bevölkerung in der Kolonie – was damals nicht eben als schick gilt. Sie konvertiert sogar zum Islam, was sich unverhofft als praktisch erweist, als sie etwas später Slimène Ehnni kennenlernt, einen jungen Mann algerischer Abstammung. Die Hochzeit mit dem Quartiermeister der französischen Garnison, den sie bei einem Ritt durch die Wüste kennengelernt hat, kann so ganz ohne Religionskrieg vollzogen werden. Mehrere Jahre lang bereist sie in Begleitung ihres Ehemannes die Sahara, ehe sie 1903 als Korrespondentin einer algerischen Zeitung in den Süden des Landes geht.

Im Verlauf ihrer – wie sich herausstellen sollte – letzten Reise lernt Isabelle Eberhardt General Lyautey kennen, den sie sehr sympathisch findet. (*Wie* sympathisch, ist leider nicht überliefert.) Vor allem über die algerische Politik sind sie sich einig. Mitte Oktober trifft Isabelle in Begleitung des

Generals in der Oase Aïn Sefra ein, wo sie ihr letztes Buch *Sud oranais* beendet.

Am 21. Oktober 1904 ist nach einem Gewitter plötzlich ein donnerndes Rauschen zu hören. Regenmassen haben das Bett des nahen Wadis in einen reißenden Fluss verwandelt. Das Wasser steigt unglaublich schnell und reißt alles mit sich, was nicht bei drei auf der Palme ist. Innerhalb kürzester Zeit steht der komplette Ort unter Wasser. Nur wer sich auf eines der Dächer retten kann, hat eine Chance, der Katastrophe zu entgehen.

Als das Wasser abläuft, sind die Straßen mit Toten übersät. General Lyautey eilt der Bevölkerung der Oase zu Hilfe und lässt auch nach Isabelle Eberhardt suchen. Erst am folgenden Tag findet man ihre Leiche. Die Wassermassen haben sie weit fortgerissen. Isabelle Eberhardt wurde nur siebenundzwanzig Jahre alt. Sie ertrank mitten in der Wüste. (D. A.)

Brennende Vaterlandsliebe

ALBÉRIC MAGNARD (1865–1914)

Albéric Magnard macht bereits Bekanntschaft mit der Tragik des Lebens, als er noch nicht einmal vier Jahre alt ist. In der Nacht des 3. April 1869 springt seine psychisch labile Mutter aus dem Fenster ihrer Wohnung im vierten Stock. Sie überlebt den Sturz und ist noch bei vollem Bewusstsein, ehe sie in den Morgenstunden den Löffel abgibt.

Magnard wird bei den Benediktinern im englischen Ramsgate erzogen, »versteckten Leuten, die zwar wie alle

Priester, aber dennoch liebenswert, intelligent und liberal sind«. 1887 legt er sein Diplom in Rechtswissenschaften ab.

Er interessiert sich leidenschaftlich für Musik, nimmt Klavierstunden und hält sich für einen ganz guten Pianisten. Im Sommer 1886 unternimmt er mit einigen Freunden eine Reise nach Bayreuth. Die Musik Wagners fasziniert ihn.

Mit achtundzwanzig verlässt er schließlich das Kloster, um sich ganz der Musik zu widmen. Er lernt von großen Meistern wie Jules Massenet und Vincent d'Indy, mit dem ihn eine tiefe Freundschaft verbindet. Er komponiert – nicht viel, aber seine Werke gelten als tiefsinnig und schön. 1896 heiratet er Julia Creton. Aus einer ersten Ehe bringt er Sohn René mit, 1901 kommt die Tochter Ève, drei Jahre später die Tochter Ondine zur Welt.

Magnard wird 1914 nicht eingezogen. Als echter Patriot bemüht er sich mehrfach darum, in den aktiven Militärdienst berufen zu werden, aber er ist bereits zu alt. Schließlich gibt er seine Versuche auf und schreibt an einen Freund: »Unter diesen Umständen bestehe ich nicht weiter darauf. Man wird das Elsass und Lothringen auch ohne mich zurückbekommen.«

Wie recht er doch hat!

Anfang August hält sich Magnard in seinem Herrenhaus in Baron im Département Oise auf. Weil die deutschen Truppen unaufhaltsam vorrücken, schickt er seine Frau und die beiden Töchter nach Paris. Er selbst bleibt mit Söhnchen René und einem Revolver zurück. »Hier drin sind sechs Kugeln«, sagt er zu seiner Frau. »Fünf für die Deutschen und eine für mich.«

Am 2. September 1914 fallen die Feinde in Baron ein. Einen Tag später umstellen sie das Anwesen, schnappen sich den jungen René, binden ihn an einen Baum und fordern den Vater auf herauszukommen. Plötzlich löst sich ein Schuss. Der Komponist ist überzeugt, dass sein Sohn getötet wurde, zieht seinen Revolver und erschießt ohne großes Federlesen zwei Deutsche. Das lassen sich die anderen natürlich nicht bieten. Sofort wird das Haus unter Beschuss genommen und schließlich angezündet. Den unverletzten Jungen lassen die Deutschen laufen.

Ob Magnard bei der Schießerei oder in seinem brennenden Haus umkommt, ist nicht ganz klar – jedenfalls überlebt er die Sache nicht. Die verkohlten Überreste des Musikers werden an Ort und Stelle begraben. Das Feuer zerstört auch Magnards unveröffentlichte Partituren, etwa eine Oper sowie einen später komponierten Liederzyklus.

Nach dem Krieg werden die sterblichen Überreste Albéric Magnards auf den Pariser Friedhof Passy überführt. 1984 fügt man der Sterbeurkunde des Komponisten den Vermerk »gestorben für Frankreich« hinzu. Wie das gemeint ist, wird in der Urkunde aber leider nicht erklärt. (O. Ch.)

Die Flügel der Seelenwanderung

ALEXANDER NIKOLAJEWITSCH SKRJABIN
(1872–1915)

Sein Vater ist Diplomat, seine Mutter Pianistin, und der am 6. Januar 1872 in Moskau geborene Alexander Skrjabin wird einer der originellsten Komponisten Russlands. Er gehört zum Kreis der von Chopin beeinflussten Moskauer Musiker und huldigt seinem polnischen Vorbild mit zahlreichen romantischen Stücken. Aber irgendwann kehrt er Russland den Rücken und bereist Europa und Amerika, wo er große Erfolge feiert. Inzwischen wird seine Musik zunehmend von der Mystik beeinflusst. Jedes Werk soll ein »kleines, magisches Ritual« sein. Auf seinen Partituren bringt der Komponist Vermerke wie »mysteriös«, »düster«, »göttlich« und »verträumt« an, die dem Interpreten die erwünschte Klangstimmung verdeutlichen sollen. In zunehmendem Maß interessiert er sich für die Farbsynästhesie, die Töne und Tonarten mit spezifischen Farbwahrnehmungen verknüpft.

Anfang 1914 geht er auf eine Konzerttournee durch Nordindien, wo er die Kollektivekstase und den Glauben an Seelenwanderung kennenlernt. Er träumt von einem Tempelbau, einer Art »hinduistischem Bayreuth«, in dem ausschließlich sein multimediales Werk *Mysterium* aufgeführt werden soll. Nun ja. Auch wenn es nicht belegt ist, hat Monsieur Skrjabin offensichtlich auch mit dem einen oder anderen Betäubungsmittel Bekanntschaft geschlossen …

Bei seinem letzten Konzert, es findet in Petrograd statt, wird Skrjabin von einer Stechfliege in die Oberlippe gestochen. Nach langen Qualen stirbt er am 27. April 1915 an einer Blutvergiftung. Seine letzten Worte sollen gelautet haben: »Wer ist da?« Eine berechtigte, ja geradezu philosophische Frage. (F. Ch.)

Auch Passivrauchen kann tödlich enden

HUGH HECTOR MUNRO genannt SAKI (1870–1916)

Hugh Hector Monro wird in Birma geboren, das damals noch zum britischen Empire gehört. Schon mit zwei Jahren verliert er die Mutter und verbringt seine Kindheit gemeinsam mit seinen Geschwistern bei der Großmutter und den Tanten in England in einem sehr strengen Haushalt. Erst später wird er sich des Potenzials seiner Kindheitserlebnisse für seine Erzählungen bewusst. So spiegeln sich die derben Erziehungsmethoden seiner weiblichen Verwandtschaft in vielen seiner Geschichten wider.

1893 geht Munro zur birmanischen Polizei, muss aber drei Jahre später wegen schlechter Gesundheit sein Abschiedsgesuch einreichen und nach England zurückkehren. Er wird Journalist und schreibt unter anderem für die *Morning Post,* die ihn zu Reportagen in den Balkan, nach Sankt Petersburg, nach Polen und nach Paris schickt, wo er sich schließlich kurzzeitig niederlässt und schreibt.

Bereits 1900 veröffentlicht er sein erstes Buch *The Rise of the Russian Empire*, das einzige Werk, das unter seinem eigenen Namen erscheint. Zwei Jahre später folgt eine Sammlung von Kurzgeschichten. Der Roman *Der unsägliche Bassington* bringt dem Mann, der sich fortan nur noch Saki nennt, schließlich den Durchbruch.

Als der Erste Weltkrieg ausbricht, meldet er sich freiwillig, um an die Front zu gehen, obwohl er eigentlich schon zu alt ist. Blöderweise wird er trotzdem genommen. Er lehnt es ab, Offizier zu werden, sondern kämpft als einfacher Soldat. Am 14. November 1916 liegt er in einem Schützengraben bei Beaumont-Hamel. Eine Offensive bahnt sich an. Absolutes Stillschweigen wird von den Männern gefordert. Einer der Soldaten jedoch zündet sich eine Zigarette an. Ein deutscher Scharfschütze schießt und trifft Saki. Seine letzten Worte sollen gewesen sein: »Mach deine verdammte Zigarette aus!« (D. A.)

Vom wilden Affen gebissen

ALEXANDER I. VON GRIECHENLAND (1893–1920)

Alexander I. ist nur drei Jahre lang griechischer König. Seine Befugnisse werden während seiner Regierungszeit stark eingeschränkt. Während er in seinem Palast in Athen kaltgestellt ist, führt Premierminister Elephterios Venizelos die Staatsgeschäfte von Griechenland, das sich im Krieg mit Bulgarien und dem Osmanischen Reich befindet.

Weil er ansonsten nicht viel zu tun hat, heiratet er 1919 Aspasia Manos, eine Offizierstochter, die aus dem altgriechischen Adel stammt. Der arme Alexander I. hat leider nicht lange Freude an seiner Ehefrau. Ein Jahr nach der Hochzeit geht er im Park spazieren und wird von einem kleinen Affen in Beine und Bauch gebissen. Die schnell herbeigerufenen Ärzte reinigen und verbinden die Wunden zwar, schaffen es aber nicht, der Entzündung Einhalt zu gebieten – die Tetanus-Schutzimpfung wird leider erst acht Jahre später erfunden. Schon nach wenigen Stunden schwitzt und fiebert der unglückliche König. Die Blutvergiftung nimmt ihren Lauf, und sein Todeskampf zieht sich über drei Wochen hin. Der Kranke deliriert, schreit und ruft nach seiner Mutter, bis er zu guter Letzt ins Koma fällt und stirbt. Der Verbleib des Affen ist bis heute ungeklärt. (Ph. Ch.)

Entfesselter Blinddarm

ERIK WEISZ
genannt HARRY HOUDINI (1874–1926)

Der König der Taschenspieler wird am 24. März 1874 in Budapest geboren. Als er vier Jahre alt ist, zieht seine Familie nach Wisconsin in den Vereinigten Staaten. In Amerika verändert er seinen Namen zu Erik Weisz, ehe er schließlich Harry Houdini wird. Später gibt er sogar vor, in Wisconsin geboren zu sein.

Bereits mit neun Jahren tritt er als Trapezkünstler und »Prinz der Lüfte« auf. Seinen Künstlernamen wählt er zu Ehren seines Vorgängers Jean Eugène Robert-Houdin, einem französischen Zauberer. Er wird ein Meister der Entfesselung aus Handschellen und Ketten und ein weltweit bekannter Illusionist. Eine seiner berühmtesten Nummern ist das Befreien aus einer Zwangsjacke, während er an einem Seil über einem Gebäude hängt. Ein anderer Trick, den er zeitlebens vorführt, ist es, sich aus einem Sack zu befreien, der in einem mit Schlössern versehenen und mit Seilen umwickelten Koffer steckt.

Dem aufkommenden Spiritismus steht Houdini kritisch gegenüber. Er entzaubert die als Medium auftretenden Taschenspieler dadurch, dass er seinem Publikum die von der Konkurrenz angewendeten Tricks verrät. Seine skeptische Haltung gegenüber allem, was mythisch ist, ist der Grund für ziemlichen Ärger mit seinem Freund Arthur Conan Doyle, dem Schöpfer des Sherlock Holmes, weil dieser felsenfest überzeugt ist, Houdini besitze tatsächlich übernatürliche Kräfte.

In jeder seiner Aufführungen bittet Houdini jemanden

aus dem Publikum, ihm einen Faustschlag in den Bauch zu versetzen, um seine Unbesiegbarkeit zu demonstrieren. Am 22. Oktober 1926 belässt es ein Student in Montreal nicht bei einem Schlag, sondern verabreicht ihm gleich eine ordentliche Tracht Prügel. Wenige Stunden später beklagt sich der Zauberer über Bauchschmerzen. Die sind am 31. Oktober immer noch da, aber Houdini weigert sich, die Aufführung in Detroit platzen zu lassen. Dafür platzt etwas anderes – sein Blinddarm nämlich. An Halloween stirbt Harry Houdini an einer Bauchfellentzündung. (F. Ch.)

Kleider machen Leute

ANTONI GAUDÍ (1852–1926)

»Die Kunst der Gotik ist nicht perfekt. [...] Sie ist ein Stil des Zirkels, der Formeln und der ständigen Wiederholung«, stellt der am 25. Juni 1852 in Reus in Spanien geborene Antoni Gaudí fest, als er die architektonischen Bauwerke in Barcelona studiert. Seine eigenen Bauvorhaben sind daher eher eine Synthese aus orientalischem Geist und katalanischem Nationalismus.

Ab 1883 widmet er sich den Plänen der sich in der Entstehung befindlichen Kathedrale Sagrada Familia im Stil des Modernisme, einer katalanischen Spielart des Jugendstils. Dieses Unterfangen wird zu seinem persönlichen Turmbau zu Babel. Gleichzeitig entstehen aber auch andere Gebäude in seinem eigenwilligen Stil. Er liebt runde, organisch wirkende Formen. Barcelona verdankt ihm den Park Güell, die Casa Batlló und die auch »La Perdrera« genannte Casa

Milà, die alle zwischen 1900 und 1914 entstehen und wahre Meisterwerke der geschwungenen Linien, unregelmäßigen Grundrisse, schräg gemauerten Stützen und naturnahen weichen Formen mit Motiven aus Flora und Fauna sind. Weitere Vorlieben Gaudís sind Bruchsteine und bunte Keramikfliesen.

Er ist ein glühender katalanischer Nationalist und setzt sich über das Verbot hinweg, öffentlich Katalanisch zu sprechen. Die Leute lieben ihn dafür, aber die Obrigkeit sieht das gar nicht gern. Der verquere Architekt landet für einige Zeit im Gefängnis. Auch die Arbeit am Bau der Sagrada Familia isoliert ihn immer mehr und stellt ihn schließlich auch vor finanzielle Probleme.

Das alles schlägt ihm aufs Gemüt. Am 7. Juni 1926 wird er auf dem Weg zur Arbeit von einer Straßenbahn erfasst. Wegen seines verwahrlosten Äußeren erkennt man ihn nicht und bringt ihn zunächst in das Armenhospital Hospital de la Santa Creu. Dort finden ihn ein Freund und der Gemeindediener der Sagrada Familia drei Tage später. Zwar lassen sie ihn sofort in ein Privatzimmer verlegen, aber er stirbt noch am selben Tag. Es ist der 10. Juni 1926. Ganz Barcelona trauert um ihn. Antoni Gaudí wird in der Krypta der noch nicht vollendeten Kathedrale beigesetzt, der er zwölf Jahre lang seine gesamte Kraft gewidmet hat. Die immerhin ist schon fertiggestellt. Ganz im Gegensatz zur restlichen Kirche. Prognosen zufolge kann ab 2026 mit einer finalen Bauabnahme gerechnet werden – also genau hundert Jahre nach dem Tod ihres Schöpfers. (F. Ch.)

Tanz mit dem Tod

ISADORA DUNCAN (1877–1927)

»Ich habe mein ganzes Leben lang nur getanzt«, soll Isadora Duncan einst gesagt haben.

Sie wird am 26. Mai 1877 in San Francisco geboren und muss sich schon früh am Unterhalt der Familie beteiligen, indem sie Kindern Tanzunterricht erteilt. Duncan neigt von Kindesbeinen an zum Nonkonformismus. Das sittenstrenge, moralinsaure Amerika gefällt ihr nicht. Sie kehrt ihm den Rücken und geht ins liberalere Europa.

1904 eröffnet sie in Deutschland, genauer gesagt in Berlin-Grunewald, eine Tanzschule, deren Schülerinnen sich die »Isadorabels« nennen, fünf Jahre später folgt eine weitere in Paris, später noch eine in Meudon, einem Pariser Vorort. Und sie tanzt auch selbst, barfuß, nur von ein paar Schleiern mehr oder weniger verhüllt. Sie bemüht sich, Gefühle durch improvisierte Choreografien auszudrücken, lässt sich von den Gestalten auf griechischen Vasen inspirieren und bringt ihren sowohl für Frauen als auch für Männer empfänglichen Körper zur völligen Ekstase. Als Muse des modernen Tanzes beflügelt sie viele zeitgenössische Künstler wie zum Beispiel die französischen Bildhauer Rodin und Bourdelle, die von der Freiheit ihres Ausdrucks fasziniert sind.

Isadora Duncans oft skandalträchtiges Privatleben ist eine Dauertragödie. Im April 1913 hat das Auto, mit dem ihre beiden Kinder und deren Kinderfrau nach Hause fahren, eine Panne. Der Fahrer steigt aus, um den Motor mit der Kurbel wieder anzuwerfen, vergisst aber, die Handbremse anzuziehen. Der Wagen rollt in die Seine. Geborgen werden nur noch drei Leichen.

Wenige Jahre später verliebt sich Isadora in den Luftfahrt-pionier Roland Garros. Doch das Glück währt nicht lang. Schon am 5. Oktober 1918 kommt ihr Liebhaber bei einer Luftschlacht ums Leben.

In den frühen Zwanzigerjahren des 20. Jahrhunderts findet sie Gefallen am Kommunismus und fühlt sich bemüßigt, ihren Beitrag zur sozialistischen Revolution zu leisten und eine Schule in Moskau zu eröffnen. Allerdings stoßen ihre kühnen pädagogischen Ansätze bei den Sowjets auf wenig Gegenliebe, und das Projekt wird gestoppt. Sie heiratet den Gewohnheitstrinker und Dichter Sergej Jessenin, der sich am 28. Dezember 1925 in einem Hotel in Leningrad erhängt. Die Ehe, so viel kann man sagen, verläuft mehr oder weniger glücklos.

Duncan kehrt als kinderlose Witwe in die Vereinigten Staaten zurück. Während ihrer triumphalen Tournee winkt sie Abend für Abend mit ihrem roten Schal und ruft provozierend: »Der hier ist rot – ich bin es auch!« Kurz darauf veröffentlicht sie ihre Memoiren und wird dank des mittlerweile erfundenen Kinos weltweit berühmt.

Auf dem Höhepunkt ihres Erfolgs kehrt sie nach Frankreich zurück und nimmt ihre Lehrtätigkeit wieder auf. Im September 1927 fährt sie zu einer Gala nach Nizza, wo sie einen jungen Automechaniker kennenlernt. Ihr junger Gespiele holt sie mit einem offenen Wagen am Hotel *Negresco* ab. Über die Promenade des Anglais geht es ins kurvige Hinterland der Stadt. Nach wenigen Kilometern verfängt sich der lange rote Schal der Tänzerin in den Speichen des Hinterrades. Isadora Duncans Halswirbel brechen. Sie ist sofort tot. Erwürgt von dem roten Schal, der sie berühmt gemacht hat. (F. Ch./D. A.)

Im blauen Dunst

ANTON WEBERN (1883–1945)

Im Wien des Jahres 1945 zu leben ist keine besonders ange-
nehme Angelegenheit. Die bevorstehende Kriegsniederlage
sorgt für Entbehrungen, Angst und Schuldbewusstsein. Die
Stadt wird bombardiert, von Osten her nähert sich die Rote
Armee, von Westen nähern sich die Alliierten.

Im Dezember 1944 hat Anton Webern seinen einund-
sechzigsten Geburtstag gefeiert. Er gilt als einer der Pioniere
der atonalen Musik, die seinen Ruf als Hauptvertreter des
musikalischen Expressionismus begründet.

Wenige Monate später sitzt Webern in Wien und bläst
Trübsal. Seit nunmehr sieben Jahren hat er nichts mehr
zu tun, denn das Naziregime stuft die Zwölftonmusik als
entartete Kunst und ihren Erzeuger als »Kulturbolschewist«
ein. Das Leben in der einst so angenehmen pulsierenden
Hauptstadt ist kaum noch auszuhalten. Weberns Sohn Peter,
der im Gegensatz zu seinem Vater ein überzeugter Nazi
ist, stirbt am 14. Februar bei einem Luftangriff auf seinen
Zug – der Komponist wird also gleich von mehreren Seiten
getroffen.

Die Wiener ziehen sich vor den Russen in Richtung
Westen zurück. Und so beschließen auch Anton und seine Frau Minna, die Stadt zu verlassen und nach Mittersill
ins Salzburger Land zu ihren Töchtern Amalie, Marie und
Christine und Christines gewieftem Ehemann Benno Mattl
zu gehen.

Die Güter des täglichen Bedarfs werden im amerikanisch
verwalteten Sektor streng rationiert. Zivilisten fehlt es fast
an allem, was zur Folge hat, dass der Schwarzmarkt blüht

und gedeiht. Benno hat es faustdick hinter den Ohren und nimmt an diesem Boom teil. Heimlich besorgt er sich über die Amerikaner selten gewordene Ware, die man essen, trinken, rauchen oder weiterverkaufen kann.

Am Abend des 15. September 1945 essen die Weberns bei ihrer Tochter und ihrem Ehemann zu Abend. Anton freut sich, denn Benno, der noch für den gleichen Abend ein paar amerikanische Kumpel für einen Deal erwartet, hat ihm zum Nachtisch eine Zigarre versprochen. Bennos Geschäftspartner erscheinen gleich nach dem Essen. Webern schnappt sich die versprochene Zigarre und überlässt die jungen Leute ihren Verhandlungen. Er hat keine Ahnung, dass Ausgangssperre herrscht, tritt vor die Tür und reißt ein Streichholz an, um seine Zigarre anzuzünden. Weiter kommt er nicht mehr. Ein vor dem Chalet als Wachtposten aufgestellter Soldat schießt drei Kugeln auf ihn ab. Webern kann noch ins Haus wanken und berichten, was geschehen ist. Wilhelmine und Christine helfen ihm, sich auf einem Bett auszustrecken. Dort bleibt dem Komponisten gerade noch die Zeit, zu murmeln: »Es ist aus.« Dann stirbt er.

Was hatte der Soldat vor der Hütte zu suchen? Warum hat er direkt geschossen, ohne Webern die Möglichkeit zu geben, sich zu erklären? Der Besuch der Amerikaner scheint eine Falle für den windigen Schwiegersohn gewesen zu sein, den man in flagranti erwischen wollte. Der Schütze hieß Raymond Norwood Bell, genannt Ray. Er war Alkoholiker und arbeitete normalerweise in der Küche des Hauptquartiers. An jenem Abend aber war er zufällig nüchtern. Er hörte Schritte auf dem Kies, sah die Flamme des Streichholzes und schoss. Schnell kapierte er, dass er eine ziemliche Dummheit begangen hatte, verschwand auf der Suche nach einem Arzt in der Dunkelheit und überließ Webern seinem kurzen Todeskampf. Wenige Monate später kehrte Ray nach Amerika zurück, wo er 1955 starb, ohne je erklären zu können, warum er auf Webern geschossen hat.

Die Untersuchung des Zwischenfalls dauerte gerade einmal zwei Tage. Man hatte keine Zeit, sich um Nebensächlichkeiten zu kümmern, denn die große Geschichte wurde nun einmal nicht in Mittersill geschrieben. (O. Ch.)

Der verkühlte Komiker

KARL VALENTIN (1882–1948)

Karl Valentin, den man später als den deutschen Charlie Chaplin bezeichnete, hat keine schöne Kindheit. Und als Erwachsener wird es dann auch nicht viel besser.

Als Valentin Ludwig Fey wird er am 4. Juni 1882 in München geboren. Weil seine Schwester und seine zwei älteren Brüder kurz nach seiner Geburt sterben, wird er als Einzelkind erzogen. Die Schule empfindet er als »Zuchthaus«. Nur seine Spiele lenken ihn ab. Ein anderes Vergnügen des jungen Valentin ist das Schlittschuhfahren auf der zugefrorenen Isar. Eines Tages bricht er ein, verkühlt sich und wird in der Folge zum Asthmatiker.

Seine musikalische Begabung macht vor keinem Instrument Halt. Er spielt so gut wie alles: Zither, Geige, Mandoline und verschiedene Blasinstrumente. 1902 baut er einen Musikapparat, den er das »Lebende Orchestrion« nennt und mit dessen Hilfe man gleichzeitig zwanzig verschiedene Instrumente spielen kann. In diese Zeit fallen auch erste öffentliche Auftritte als »Vereinshumorist«. Er hat ein Gastspiel in Nürnberg und tritt dort erstmals unter dem Namen Karl Valentin auf.

Der Erfolg kommt 1908 mit dem Monolog *Das Aquarium*. Valentin entwickelt darin die groteske Körpersprache, für die er berühmt werden soll, und eine ihm eigene Selbstironie. Sein Sprachwitz zielt auch auf das Publikum, das sich in seinen Aufführungen vor Lachen kaum auf den Stühlen halten kann.

1911 lernt er Elisabeth Wellano kennen, die als Liesl Karlstadt fünfundzwanzig Jahre lang seine Bühnenpartnerin wird. Im gleichen Jahr heiratet er Gisela, das Dienstmädchen seiner Eltern, mit der er bereits zwei Töchter hat.

Das noch junge Kino fasziniert Valentin. Er richtet sich in München ein eigenes Filmstudio ein und dreht etwa vierzig Kurzfilme, die teilweise auf seinen eigenen Sketchen beruhen – unter anderem den Stummfilm *Karl Valentins Hochzeit*.

Zu Beginn des Ersten Weltkrieges wird Valentin gemustert, aber wegen seines starken Asthmaleidens vom Kriegsdienst befreit. Ab 1924 ist es vorbei mit den halbleeren Theatern – der Krieg ist endlich überstanden, Deutschland erholt sich langsam. Die Weimarer Republik hat begonnen, eine glanzvolle Zeit für die schönen Künste. Valentin kauft sich ein eigenes Theater, den Goethe-Saal in München, das er allerdings schon nach acht Wochen entnervt wieder schließt, weil die Feuerwehr einen brennenden Zigarettenstummel in einem Sketch nicht durchgehen lassen will.

1934 startet er einen weiteren Versuch und eröffnet sein *Panoptikum*, das er jedoch nach zwei Monaten mangels Erfolg wieder schließen muss. Valentin verliert durch den Fehlschlag seine und Karlstadts gesamten Ersparnisse; Liesl erleidet einen Nervenzusammenbruch und muss lange pausieren.

Fünf Jahre später endet die Bühnenpartnerschaft, zu allem Überfluss verbietet das NS-Regime den Großteil von Valentins Kunst. Um für den Lebensunterhalt seiner Familie zu sorgen, fertigt der Künstler Haushaltsartikel an und wartet auf bessere Zeiten.

Nach dem Krieg treten Karl Valentin und Liesl Karlstadt nach jahrelanger Trennung wieder gemeinsam auf, allerdings mit nur mäßigem Erfolg. Eines Abends im Februar leert sich nach der Vorstellung das Theater. Auch Liesl Karlstadt geht nach Hause. Wie nach jeder Vorstellung wird das Haus ordentlich abgeschlossen. Leider hat man dabei Karl Valentin übersehen, der noch dabei ist, sich umzuziehen. Das Theater ist nicht beheizt. Der nach dem Krieg unterernährte Schauspieler verkühlt sich. Am 9. Februar 1948 stirbt Karl Valentin an einer Lungenentzündung. Es ist Karneval – ein Rosenmontag. Die Zeit, in der man traditionell verkleidet den Winter verjagt … (F. Ch.)

Das war ein Schuss!
Davon wird man noch reden …
MRS. WILLIAM BURROUGHS,
geborene JOAN VOLLMER (1923–1951)

Auch wenn der amerikanische Autor William S. Burroughs 1997 im fortgeschrittenen Alter ganz normal einem Herzinfarkt erlag, heißt das noch lange nicht, dass es seiner Frau Joan ebenso erging. Der Schriftsteller tötete sie nämlich eigenhändig im Jahr 1951, und zwar unter ziemlich merkwürdigen Umständen.

Das Leben von William Burroughs verläuft alles andere als ruhig. Der bekennende Homosexuelle schlägt mit seinen Freunden Jack Kerouac und Allen Ginsberg gern ausgiebig über die Stränge, probiert die unterschiedlichsten Drogen aus, hat kurzlebige, heiße Liebschaften und steht immer mit einem Fuß im Gefängnis. Dass er Joan Vollmer tatsächlich heiratet, ist da schon mehr als ungewöhnlich. Die junge Frau, die Burroughs während einer Saufnacht kennenlernt, ist ebenso ausgeflippt wie er, aber offenbar schafft sie es, in dem Propheten der Beat Generation die nötige Bisexualität für eine Hochzeit und später sogar ein Kind zu erwecken.

Der bis zu diesem Zeitpunkt noch eher wenig produktive Schriftsteller und seine Frau treten nach einer Polizeirazzia in ihrer Wohnung, bei der Hinweise auf eine Dealertätigkeit des Hausherrn gefunden wurden, hastig einen nicht ganz freiwilligen Urlaub in Mexiko an. Da aber Mexiko hinsichtlich bewusstseinserweiternder Substanzen niemandem etwas schuldig bleibt, geht das fröhliche Feiern mit Morphinen und Tequila auch dort uneingeschränkt weiter.

Während einer zünftigen Sause in der ersten Etage einer amerikanischen Bar amüsiert sich William mit einem Spielzeug, das beiderseits der Grenze fast an der Tagesordnung ist: einer Automatikpistole. Das Spiel aber, das er seiner Frau in seiner trunkenen Heiterkeit vorschlägt, ist alles andere als banal. Das Publikum quiekt vor Vergnügen, denn William hat vorgeschlagen, eine Live-Version des Wilhelm Tell mit Joan als Tells Sohn aufzuführen. Man sucht bereits nach einem Apfel. Leider hat der im Lauf des Abends konsumierte Stoff, der Joan jedes Risikobewusstsein vergessen lässt, William die Zielsicherheit gekostet. Seine Kugel verfehlt den Apfel, nicht aber seine Unterlage. Die Gattin stirbt an einer Kugel mitten im Kopf.

Der verhinderte Tell wird verhaftet und des Totschlags angeklagt, aber sein Bruder bezahlt die geforderte Kaution und holt ihn aus dem Knast. Zwar erhält William die Auflage, in Mexiko zu bleiben, kann das Land vor seinem Prozess aber heimlich verlassen. Dennoch sorgt das Drama bei William Burroughs für lebenslängliche Spuren, die er mit hinlänglich bekanntem Erfolg schreibend verarbeitet. Wie eine Berufung eben so entsteht ... (B. L.)

Total stoned

BRIAN JONES (1942–1969)

»Der Weg der Exzesse führt in den Palast der Weisheit«, sagte William Blake einmal. Davon kann die nun folgende Musikcombo nun wahrlich ein Liedchen singen.

Brian Jones wird am 28. Februar 1942 in Cheltenham geboren. Ab 1962 spielt er Gitarre in einer Band, die sich soeben erst in London gegründet hat, kümmert sich um sein langes Haar und vervollkommnet sein ausgefallenes Outfit. Das erste Konzert mit seiner Gruppe findet 1963 statt, ein Jahr später erscheint die erste Platte. Bei den nächsten Konzerten braucht die Band bereits Polizeischutz. Teenager in aller Welt verfallen in Ekstase, wenn The Rolling Stones irgendwo auftauchen.

Brian Jones ist ein musikalisches Naturtalent und Multi-Instrumentalist. Abgesehen von der Gitarre spielt er Mundharmonika, Flöte, Sitar, Marimbaphon, Hackbrett, Cembalo, Akkordeon, Kazoo, Banjo, Orgel, Piano, Saxophon, Posaune, Klarinette und Mellotron.

Sein Verhältnis zu Frauen stellt den jungen Mann vor gewisse Probleme. Meistens schwängert er sie, um sie bald danach zu verlassen. Männer hingegen sind ihm zu viril. Lieber flüchtet er sich in die künstlichen Paradiese von Whisky, Amphetaminen und LSD. Nach Problemen und Ausfällen drängen ihn seine Kumpels Mick Jagger und Keith Richards nach und nach aus der berühmtesten Rockgruppe der Welt. Sie sind den bewusstseinserweiternden Substanzen zwar ebenfalls zugeneigt, aber immerhin noch so bei Sinnen, dass sie das Geld für ihre Mittelchen verdienen können.

1969 zieht sich Jones auf die Cotchford Farm zurück, seiner luxuriösen Bleibe, in der er seine Träume in einem Oscar Wildes würdigen Durcheinander ausleben kann. Er denkt an eine neue progressive Bluesband mit John Lennon und Jimi Hendrix. Am 9. Juni wird seine Trennung von den Rolling Stones offiziell bekannt gegeben, und Jones gleitet ins Reich der Halluzinogene ab. Sein Haus verfügt über einen Swimmingpool, wo der junge Mann gern wild und ausgiebig feiert. In der Nacht vom 2. auf den 3. Juli 1969 ist dem Musiker nach einem nächtlichen Bad. Kurz zuvor hat er angeblich ein Schlaf- sowie einige Aufputschmittel eingenommen. Ein ganz mieser Cocktail.

Brians Pflegerin findet den Musiker Stunden später reglos im Wasser. Die Temperatur im Becken, die ständig bei 30°C gehalten wird, der Alkoholpegel, die Narkotika und die Lebensweise des begnadeten Gitarristen haben zu einer irreversiblen Erfahrung geführt: Brian Jones ist in seinem Schwimmbad sanft entschlafen. Der Tod des Musikers wird als Unfall eingestuft.

Trotzdem ranken sich die verrücktesten Gerüchte um den Exitus der Rockikone. Eine der verbreitetsten Legenden ist das von seinen früheren Kollegen von den Rolling Stones in

Auftrag gegebene Mordkomplott. Auch die These, Jones sei von einem gewissen Frank Thorogood um die Ecke gebracht worden, erwies sich als hartnäckig. Der Bauunternehmer hat an Jones' letztem Abend mit ihm und anderen Gästen zusammen gefeiert und soll auf dem Sterbebett den Mord gestanden haben.

Aber wie konnte man überhaupt auf die Idee kommen, der mehr oder weniger durchgehend bekiffte, besoffene oder zugedröhnte Jones sei nicht eines natürlichen Todes gestorben? Vielleicht, weil bei der Obduktion zwar Restalkohol, aber keine Amphetamine oder andere Drogen im Blut nachgewiesen werden konnten. (F. Ch.)

Der Streich des Samurai

YUKIO MISHIMA (1925–1970)

Hiraoka Kimitake – das ist sein richtiger, aber ebenso unaussprechlicher Name – wird am 14. Januar 1925 in Tokio geboren. Er entstammt einer Beamtenfamilie des gehobenen japanischen Bürgertums, was ihn jedoch nicht daran hindert, später für sich höchst einflussreiche Vorfahren zu erfinden. Der Junge wird von seiner Großmutter väterlicherseits erzogen und zeigt schon früh literarisches Talent.

1941 erscheinen seine ersten Novellen unter dem Namen Yukio Mishima in einer Zeitschrift. Nach dem Krieg wird Mishima für einige Monate Beamter im Finanzministerium. Nach dem Erscheinen seines Romans *Geständnis einer Maske* im Jahr 1949 wird er schlagartig berühmt und kann von seiner Autorentätigkeit leben. Er besucht Europa und Amerika.

In Japan beschäftigt er sich mit Kampfkunst und Bodybuilding. Seine häufigen Besuche in homosexuellen Kreisen, bei Prostituierten und Transvestiten bilden die Grundlage seines zweiten Romans *Kinjiki*. 1957 heiratet er unter dem Druck seiner Familie und wird Vater zweier Kinder.

In den frühen 1960er Jahren wendet sich Mishima mehr und mehr dem Nationalismus zu, stänkert gegen die Demokratie und entwickelt sich zum Sprachrohr eines ausschließlich auf den Kaiser ausgerichteten Japan. Bis dahin ist alles schön und gut. Aber dann gerät er irgendwie aus dem Tritt. 1967 lässt er sich bei den japanischen Selbstverteidigungsstreitkräften anheuern. Er gründet die Gesellschaft Tatenokai (Schildgesellschaft), die sich der Bekämpfung des Kommunismus und dem Schutz traditioneller japanischer Werte verschreibt. Die Uniformen für seinen Verein entwirft er selbst. Er tüftelt Pläne für einen Staatsstreich aus. Am 25. November 1970 ist es dann so weit. Yukio Mishima steht zeitig auf, zieht die schnieke Uniform Marke Eigenbau an und trommelt vier Mitglieder der Tatenokai zusammen.

Der Wachposten am Tor der Ichigaya-Kaserne mitten in Tokio winkt Mishimas Wagen durch. Man kennt den streitbaren Autor, fürchtet ihn aber offenbar nicht. Mishimas Männer überwältigen General Masuda in seinem Büro und nehmen ihn als Geisel. Mishima fordert alle Soldaten der Kaserne auf, vor dem Hauptquartier zu erscheinen. Vom Balkon des Gebäudes aus hält er eine kurze Rede, die in dem Aufruf gipfelt, Japan, seine Tradition, Geschichte, Kultur und den Kaiser zu schützen und Widerstand zu leisten gegen machthungrige Politiker, welche die japanische Armee zu Handlangern Amerikas machen wollen.

Mishimas Rede ist kaum zu hören. Sie wird übertönt vom

Lärm kreisender Hubschrauber und vom Hohngelächter und dem lauten Spott der jungen Soldaten.

Angefressen verschwindet Mishima im Büro des Generals und schließt die Tür hinter sich. Er kniet nieder, legt Uniform, Stiefel und seine Armbanduhr ab, stößt sich den Dolch in die Bauchdecke und zieht einen waagerechten Schnitt quer über seinen Magen – genau wie die Tradition des Harakiri es verlangt. Sein Freund und Adjutant Morita besorgt den Rest und enthauptet Mishima, ehe er ihm in den Tod folgt. Mishimas Männer lassen den General frei. Sie werden sofort von der Polizei verhaftet. Um 12 Uhr 20 ist der Spuk vorbei und Yukio Mishima auf dem besten Weg, zur Legende zu werden.

In einem seiner letzten Briefe hatte er geschrieben: »Man soll bezeugen, dass ich nicht als Literat, sondern als Krieger gestorben bin.« Wir würden sagen: Er ist vor allem als Depp gestorben. (D. A.)

Gut geerdet lebt sich's besser

KEITH RELF (1943–1976)

Jedes elektrische Gerät, das am Stromnetz hängt, funktioniert dank zweier Drähte. Wenn nun einer dieser Drähte durch Verschleiß, Wärme oder Vibration seine Isolierung verliert und mit einem metallischen Teil besagten Gerätes in Berührung kommt, steht dieses unter Spannung. Jedes Lebewesen, welches das unter Spannung stehende Metall berührt und dabei – wie meistens – auf einem schlecht leitenden Untergrund steht, wird so ein Teil des elektrischen

Stromkreises, der durch das Gerät, seinen Benutzer und den Boden verläuft und aufgrund der schlechten Leitfähigkeit dieser für einen solchen Zweck nicht vorgesehenen Bahn ziemliche Schäden anrichten kann. Aus diesem Grund haben Techniker in ihrer unendlichen Weisheit eine Einrichtung erfunden, die man »Erdung« nennt und die es dem an unpassender Stelle auftretenden Strom gestattet, eine leitfähige Verbindung mit dem elektrischen Potenzial des Erdbodens einzugehen, ohne den Metabolismus des Benutzers in Mitleidenschaft zu ziehen.

Wie alle Geräte, deren Funktion auf die Bewegung von Ladungsträgern zurückzuführen ist, ist auch eine elektrische Gitarre dieser Regel unterworfen, und auch wenn die Spannung der Mikrofone minimal ist, kann einen die Fehlfunktion eines nicht geerdeten Verstärkers mit 220 Volt wirksamer umhauen als ein Überbrückungskabel.

Eine didaktische Vorführung dieses Phänomens musste der britische Rocksänger und Gründer der Gruppe *The Yardbirds*, Keith Relf, am eigenen Leib über sich ergehen lassen, als er in einer lauen Mainacht des Jahres 1976 in seinem eigenen Tonstudio im Keller seines Hauses zu seiner elektrischen Gitarre griff. Die Demonstration hatte allerdings keinen Lerneffekt. Zumindest nicht für ihn. Es war sein Sohn Danny, der, als er nichts von seinem alten Herren hörte, am nächsten Tag im Untergeschoss nachschauen ging und den leblosen Körper fand.

Im Prinzip kann ein gesunder Mensch, der auf trockenem Boden steht, einen kurzen Stromschlag von 220 Volt aushalten. Nicht so der Rocker, der (vermutlich von Sex, Drugs and Rock 'n' Roll) nicht ganz fit war und Probleme mit der Lunge hatte.

Rockgrößen wie Eric Clapton, Jeff Beck, Jimmy Page und

Robert Plant, die mit ihm arbeiteten oder gearbeitet hatten, trauerten um Keith Relf. Und bei der Heimkehr überprüften sie vermutlich sofort, ob ihre elektrischen Instrumente ordentlich geerdet waren. (B. L.)

Finger am Abzug

TERRY KATH (1946–1978)

Kann es eine Person geben, die Jimi Hendrix höchstpersönlich um sein Talent an der Gitarre beneidet hat? Kann es.

Terry Kath wird am 31. Januar 1946 in Chicago geboren. Seine Geburtsstadt inspiriert ihn zu dem Titel seines ersten Albums: *The Chicago Transit Authority*. So heißt auch die Gruppe, bis sie sich mit dem zweiten Album in Chicago umbenennt. Ab 1970 feiern die sechs Jungs große Erfolge mit ihrem unverwechselbaren Sound und nehmen insgesamt elf Alben mit Riesenhits wie *If you leave me now* oder *Saturday in the Park* auf.

Terry Kaths kurzes Leben besteht erstens aus der Leidenschaft für Jazzrock, zweitens aus dem ausgeprägten Interesse für Waffen. Nach einer feuchtfröhlichen Fete hantiert der Sänger und Waffensammler am frühen Morgen des 23. Januar 1978 mit einer Knarre herum, die ihm jemand geschenkt hat. Er richtet den Lauf auf die Schläfe eines Freundes, der sich das allerdings besorgt verbittet. Um ihn zu beruhigen, sagt Terry: »Keine Sorge, die ist nicht geladen«, hält sich die Pistole selbst an die Schläfe und drückt ab – mit tödlicher Folge. (F. Ch.)

Monsieur 100 000 Volt

CLAUDE FRANÇOIS (1939–1978)

Claude François wird am 1. Februar 1939 in Ismailia in Ägypten geboren. Er ist der Nachkomme französischer Staatsbürger, die seit dem Bau des Suezkanals in Nordafrika leben. 1956 wird der Kanal von Nasser verstaatlicht. Die Familie muss das Land verlassen und lässt sich in Frankreich nieder. Nach vielen Jahren bequemen Lebens sind die Françoises ruiniert und müssen sich irgendwie durchschlagen. Da der junge François sehr musikalisch ist, spielt er in verschiedenen kleinen Orchestern, mit denen er 1961 schließlich nach Paris kommt.

Er hält sich mehr schlecht als recht über Wasser, bis er 1962 mit *Belles, belles, belles,* einer französischen Ausgabe des Songs *Girls, Girls, Girls* von Eddie Hodges, einen großen Erfolg landet. Von nun an nimmt seine Karriere Fahrt auf. Der junge Mann wird sehr populär. Er arbeitet wie ein Besessener, ist immer hinter neuen Stücken, vornehmlich aus den USA, her, verlangt viel von seinen Mitarbeitern und wird zu einem der größten Showstars Frankreichs. Seine oft von der Kritik verrissenen Songs verkaufen sich millionenfach. Eines seiner Chansons bringt es gar zu weltweitem Ruhm – das von vielen Sängern gecoverte *Comme d'habitude,* das ein gewisser Frank Sinatra zuvor als *My Way* interpretiert hat.

Nachdem François immer eher als Schwiegermutterschwarm gegolten hat, ruft er Ende der Sechziger eine Welle der Entrüstung hervor, als er sich bei jedem seiner Auftritte von äußerst spärlich bekleideten Tänzerinnen begleiten lässt, den sogenannten Clodettes, die bei jedem ihrer Fernsehauftritte beim jugendlichen Publikum für Aufregung sorgen.

In den Siebzigern verlegt sich Claude François auf geschäftliche Aktivitäten. Er gibt mehrere Zeitschriften heraus und betätigt sich als Produzent, dem einige junge Talente ihren Durchbruch verdanken.

Am 11. März 1978 endet seine Karriere auf brutale Weise. An diesem Tag soll er im Fernsehen seine neue Single vorstellen und wird bereits von einem bekannten Journalisten im Studio erwartet. Zuvor jedoch nimmt Claude François in seiner Wohnung in Paris noch ein Bad. Dabei stellt er fest, dass eine Wandleuchte über seiner Badewanne schief hängt. Der immer ungeduldige Perfektionist will sie von der Badewanne aus selbst richten – und stirbt an einem Stromschlag. Die Single wird postum veröffentlicht und hat großen Erfolg. (D. A.)

Augen auf im Straßenverkehr

ROLAND BARTHES (1915–1980)

Roland Barthes wird in Cherbourg geboren. Seinen Vater verliert er schon sehr früh. Nach dem Abitur studiert er klassische Literatur an der Sorbonne in Paris. Der Kriegsausbruch unterbricht seine Studien, aber aus gesundheitlichen Gründen wird Barthes ausgemustert. Er hat Tuberkulose. Den größten Teil des Zweiten Weltkriegs verbringt er in Sanatorien in Frankreich und der Schweiz. Barthes nutzt die erzwungene Untätigkeit, um viel zu lesen und die unterschiedlichsten Autoren zu entdecken. Er denkt ausgiebig über das Gelesene nach, was seinen Niederschlag schließlich im wegweisenden Werk *Am Nullpunkt der Literatur* findet.

Ab 1952 arbeitet Barthes im Außenministerium. In einer Zeitschrift veröffentlicht er kurze Texte, in denen er die Entwicklung der Gesellschaft analysiert und die 1957 unter dem Titel *Mythen des Alltags* zusammengefasst erscheinen. Mit diesem Buch wird Barthes schlagartig bekannt.

Zuvor jedoch absolviert er ein Praktikum im Bereich Lexikologie beim CNRS, einer nationalen französischen Wissenschaftseinrichtung, die dem Forschungsministerium unterstellt ist und sich der Grundlagenforschung widmet. Die folgenden Jahre werden die fruchtbarsten im Leben des Roland Barthes. Er veröffentlicht eine Reihe kritischer Werke bei einem großen französischen Verlag und erhält den Lehrstuhl für literarische Semiologie am Collège de France, eine der Forschung und Lehre gewidmeten Institution in Paris.

In *Mythen des Alltags* schreibt Roland Barthes über den Citroën DS: »Bisher erinnert das superlativische Auto eher an das Bestiarium der Kraft. Jetzt wird es zugleich vergeistigter und objektiver. [...] Offensichtlich tritt an die Stelle der Alchemie der Geschwindigkeit ein anderes Prinzip: Fahren wird ausgekostet.«

Man kann Barthes die Umsetzung seiner Theorie in die Praxis nicht vorwerfen. Am 25. Februar 1980 wird er von dem damals für Kulturangelegenheiten zuständigen Jack Lang zu einem Essen mit dem sozialistischen Präsidentschaftskandidaten François Mitterand eingeladen. Nach dem Treffen beschließt Barthes, zu Fuß nach Hause zu gehen. Er überquert die Straße gegenüber dem Collège de France. Augenzeugen zufolge soll er zuvor brav nach links und rechts geschaut haben – aber hat er vielleicht andere Dinge im Kopf? Hat er das Auto übersehen? Jedenfalls wird er von einem Lieferwagen umgefahren. Er ist bewusstlos. Ein Krankenwagen bringt ihn ins Hospital. Weil er ohne Ausweispapiere unterwegs ist, wird er erst am Abend identifiziert.

Von offizieller Seite wird bekannt gegeben, Barthes' Gesundheitszustand sei nicht besorgniserregend. Die Wirklichkeit allerdings sieht anders aus. Aus irgendwelchen Gründen sagt die Familie des Philosophen nicht die Wahrheit. Aber warum? Es gibt mehrere Möglichkeiten. Entweder erschien den Angehörigen der Unfall einfach zu banal für den berühmten Autor der *Mythen des Alltags*, umso mehr, als Barthes immer wieder gegen die vielen Autos in Saint-Germain-des-Prés wetterte und Freunden gern gute Ratschläge gegen das Überfahrenwerden zu geben pflegte. Oder es liegt daran, dass der Schriftsteller von einem Essen mit François Mitterand kam und man dem politischen Gegner durch das Verschweigen des Ernstes der Sachlage keine Handhabe geben wollte.

Wie dem auch sei – der, den es am meisten angeht, kann nicht mehr viel dazu sagen. Der schwer verletzte und zusätzlich durch die Spätfolgen seiner Tuberkulose und zu vielen Besuchern am Krankenbett geschwächte Roland Barthes stirbt am 26. März 1980 um 13 Uhr 40 an Atemwegskomplikationen. (D. A.)

Schluckspecht

THOMAS LANIER WILLIAMS
genannt TENNESSEE WILLIAMS (1911–1983)

Der aus dem Bundesstaat Mississippi stammende Thomas Lanier Williams III. borgt sich sein Pseudonym Tennessee und die Umgebung, in der seine Theaterstücke spielen, aus den amerikanischen Südstaaten.

Er studiert in Columbia, arbeitet kurz in einer Schuhfabrik, ist Portier und Barmann und flüchtet sich in das Schreiben von Gedichten. Nachdem er bei Eintritt der USA in den Zweiten Weltkrieg wegen Alkoholmissbrauch sowie Herz- und Nervenbeschwerden ausgemustert wird, beginnt er 1943 eine Karriere als Dramatiker. Williams verarbeitet in seinem schriftstellerischen Œuvre unter anderem auch seine schwierigen Familienverhältnisse.

Endstation Sehnsucht sichert ihm 1947 den Ruhm auf der Bühne und ein Jahr später beim Film. Der Autor jedoch vereinsamt. Er verkauft sein Haus in New Orleans und wohnt in einem Hotel in New York. Er trinkt viel, isst wenig und hat jeden Abend Angst davor, allein zu sterben. Am 24. Februar benutzt er den Deckel eines Medikamentenfläschchens, in dem er, wie jeden Abend, die ihm verschriebenen Präparate sammelt, um sie dann auf einen Schluck einzunehmen.

Doch an diesem Abend ist alles anders: Mit den Pillen verschluckt Williams den Deckel und erstickt daran.

In seinem Testament verfügt Tennessee Williams eine Seebestattung möglichst nah der Stelle in Havanna, wo der Dichter Hart Crane ins Wasser gegangen ist, wird dann aber doch in St. Louis, Missouri, begraben. (F. Ch.)

Rechts vor links

JÖRG HAIDER (1950–2008)

Der Politiker wird am 26. Januar 1950 in Bad Goisern in Oberösterreich geboren. Seine politische Karriere beginnt mit dem Eintritt in die Freiheitliche Partei Österreichs (FPÖ), die damals noch eine kleine Partei ist und bei Wahlen immer im einstelligen Prozentsatz bleibt. 1986 wird Haider ihr Vorsitzender und macht sie zu einer wahren Wahlkampfmaschine. 1989 wird er nach deftigen Zugewinnen bei der Landtagswahl zum Landeshauptmann von Kärnten gewählt. Nach einem Misstrauensantrag anlässlich einer öffentlichen Äußerung des Hitler sehr wohlgesonnenen Haider über die Beschäftigungspolitik im Dritten Reich, für die er sich später allerdings entschuldigt, verliert er dieses Amt 1991 wieder.

1999 gewinnt die FPÖ mit Haider als Spitzenkandidaten mit einem Stimmenanteil von 42 Prozent die Wahl des Kärntner Landtags. Die FPÖ wird damit erstmals stimmenstärkste Partei in einem Bundesland und Haider zum zweiten Mal zum Landeshauptmann gewählt. Bei den Nationalratswahlen im selben Jahr wird die FPÖ zweitstärkste Partei und bildet eine Regierungskoalition mit der ÖVP unter Wolfgang Schüssel als Kanzler. Dies löst internationale Proteste aus, weil die FPÖ in vielen Ländern als rechtextreme Partei angesehen wird. Regierungen anderer EU-Staaten stellen vorübergehend ihre Kontakte zu Österreich ein.

Doch der Erfolg ist nicht von langer Dauer. In der FPÖ kommt es zum Machtkampf. 2005 gründet Haider seine eigene Partei, das Bündnis Zukunft Österreich (BZÖ). Bei der ersten Wahlteilnahme an einer Landtagswahl in der Steiermark erreicht die BZÖ nur 1,7 Prozent der Stimmen.

2008 gibt Haider bekannt, in die Bundespolitik zurückkehren zu wollen. Doch dazu kommt es nicht mehr. Am 11.
Oktober 2008 stirbt der Politiker. Nach einer durchzechten
Nacht in einem Club rammt er in einer Siebziger-Zone nach
einem Überholvorgang (vermutlich über rechts!) einen Be-
tonpfeiler. Zum Unfallzeitpunkt ist es neblig. Haider fährt
142 Stundenkilometer und hat 1,8 Promille Alkohol im Blut.

Nach seinem Tod brodelt die Gerüchteküche. So wird
bekannt, dass der verheiratete Familienvater Jörg Haider vermutlich eine homosexuelle Beziehung zu seinem Assisten-
ten Stefan Petzer unterhielt – was natürlich absolut nicht zu
seiner erzkonservativen Politik passt. Weitere Gerüchte beschäftigen sich mit Verschwörungstheorien und Mordkom-
plotten. Außerdem kursiert die unbewiesene Mär, Haider
habe in Liechtenstein ein Bankkonto mit 45 Millionen Euro
gehabt. Die Wahrheit nimmt der rechtspopulistische Haider
mit ins Grab. (D. A.)

X. Zu schön, um wahr zu sein

Es gibt eine Reihe von Anekdoten, die sich für dieses Buch nicht wirklich eignen. Zwar haben wir bei jeder unserer Zusammenkünfte gerne über sie gewitzelt, aber bei näherem Hinsehen lösten sich die oft schnurrigen Legenden schnell in Wohlgefallen auf. Auch wenn es stimmt, dass PIUS XII. (1876–1958) häufig an heftigem Schluckauf litt, so starb er doch an einem ordinären Schlaganfall. Und JAYNE MANSFIELD (1933–1967) verunglückte zwar tatsächlich bei einem Autounfall, aber es ist nicht richtig, dass sie dabei von einem Stück Blech enthauptet wurde. Um das Thema der skurrilen Todesarten ranken sich viele drollige, aber oft nur unzureichend geprüfte Geschichten. Weil einige von ihnen aber immer wieder auftauchen und gern weitererzählt werden, wollten wir sie auch hier erwähnen – und sie in aller Form dementieren.

Es steht in den Sternen

GEROLAMO CARDANO (1501–1576)

Gerolamo Cardano war Arzt, Philosoph und Mathematiker. Auch als Erfinder tat er sich hervor. Außerdem war er verrückt. Er mag schon als junger Mann ein wenig anfällig für den Wahnsinn gewesen sein, aber letztendlich waren seine Söhne schuld daran, dass er endgültig den Verstand verlor.

Der hochintelligente Cardano ist als Mediziner und Mathematiker längst europaweit berühmt, als seine Söhne anfangen, ihm das Leben schwer zu machen. Zunächst beschließt der Älteste, den Cardano sehr liebt, seine Frau zu vergiften. Er wird verhaftet und gesteht die Missetat. Papi bemüht sich und gibt sein Bestes, ihn aus dem Gefängnis zu holen – leider umsonst. Sohnemann wird exekutiert, und Cardano hat seinen ersten Schlag weg.

Nun kommt der zweite, deutlich weniger geliebte Sohn ins Spiel. Der Kleine ist ein typischer Prol, begeht Gaunereien, spielt und braucht natürlich ständig Knete. Weil Papi die aber nicht in ausreichendem Maß herausrückt, bricht er bei ihm ein. Cardano wird wütend, lässt den Filius verhaften und verbannen. Um sich zu rächen, denunziert der Sohn seinen Alten bei der Inquisition. Cardano wird nun seinerseits verhaftet, der Ketzerei verdächtigt und verliert alle Posten und Privilegien. Zumindest aber entkommt er der Folter und dem Scheiterhaufen.

Dafür hat er seit dieser Zeit einen an der Waffel. Wen wundert's. Er ernennt sich zum größten Geist aller Zeiten und strahlenden Propheten, läuft in verrückten Outfits herum und erregt allenthalben Missfallen. Um noch eins draufzusetzen, schreibt er eine ausgesprochen ausgefallene

Autobiografie, in der sich aufsehenerregende Beobachtungen mit wirrem Geschwafel abwechseln. Er erklärt, von unsichtbaren Gestalten umgeben zu sein, die ihn durch seine Zukunftsvisionen leiten und beschützen. Geradezu methodisch beschreibt er sich selbst als Feigling, Versager und Loser und bezichtigt sich der Verleumdung und des Verrats, ohne aber auch nur für einen Moment sein strahlendes Genie infrage zu stellen. En passant stellt er fest, dass Schmerz unerlässlich für sein inneres Gleichgewicht sei und dass er sich aus diesem Grund den ganzen Tag beiße und kneife.

Die Mär von seinem außergewöhnlichen Tod beruht auf der Tatsache, dass der gute Mann sich auch mit Astrologie beschäftigt. Er erstellt Horoskope für alle möglichen großen Persönlichkeiten – unter anderem auch für Jesus. Ja, richtig gelesen. Ein Horoskop für den Gottessohn. Niemand wundert sich, dass er es auch für sich selbst tut (er ist, nach eigener Aussage, ja quasi ein Messias) und bei dieser Gelegenheit seinen Tod im Alter von zweiundsiebzig Jahren, zwei Monaten und zwölf Tagen vorhersagt. Cardano ist zwar zeitlebens ein Hypochonder, doch das vorausgesagte Alter rückt heran, ohne dass sich eine schlimme Krankheit oder ein Gebrechen zeigen, die ihn dahinraffen könnten. Was tun? Die Legende erzählt, dass unser Freund Gerolamo wenige Wochen vor seinem angekündigten Tod einfach aufhörte zu essen, um zum richtigen Zeitpunkt den Löffel abzugeben.

Zugegeben, die Geschichte ist nett – aber sie ist erfunden. Zwar steht Cardanos eigenes Horoskop tatsächlich in einem seiner Bücher, aber man kann leicht feststellen, dass er sich wohlweislich gehütet hat, irgendwelche Todesdaten anzugeben. Gerolamo Cardano starb mit fünfundsiebzig Jahren friedlich in seinem Bett. (B. L.)

Dehnbare Blase

TYCHO BRAHE (1546–1601)

Erste Version: An einem Oktobertag des Jahres 1601 wird
der dänische Astronom Tycho Brahe, dank dessen Beobachtungen Kepler die Gesetzmäßigkeiten und die Bewegung
des Sonnensystems ausarbeiten konnte, von seinem kaiserlichen Gönner und Mäzen Rudolf II. von Habsburg eingeladen. Er besteigt die Kutsche seines hochgestellten Gast-
gebers – ein seltenes und äußerst begehrtes Privileg – und
dreht zusammen mit dem edlen Herrn eine Runde durch
Prag, wo er lebt. Leider überkommt ihn unterwegs ein sehr
menschliches Bedürfnis: Er muss pissen. Wenn man jedoch
in der kaiserlichen Staatskarosse sitzt, bittet man nicht um
eine Pinkelpause wie bei irgendeinem dahergelaufenen Post-
kutscher. Man gestattet sich nicht einmal die Erwähnung
körperlicher Funktionen. Also schweigt Tycho und hält an.
Nun ist der Weg aber recht lang und Tycho ganz besonders
höflich. Das Resultat: Der Däne stirbt als Märtyrer der Eti-
kette an einem Urinstau.

Zweite Version: Am 13. Oktober 1601 wird Tycho Brahe
in Prag von dem berühmten Adeligen und stadtbekannten
Mäzen Peter Vok von Rosenberg zum Essen eingeladen. Der
Mann von Stand hat eine Schwäche für gute Weine und
schenkt immer wieder nach, bis dasselbe geschieht wie in
der ersten Version. Der Astronom muss austreten, tut es aber
nicht, weil es sich nicht gehört und er der Ehrengast ist. Als
das Essen endlich zu Ende ist und Tycho sich erleichtern
könnte, kommt nichts. Fazit: Blasenverschluss. Außerdem
mehrere Tage Todeskampf, den Kepler als Augenzeuge folgendermaßen schildert: »Auch nach fünf schlaflosen Näch-

ten konnte er nur unter größten Mühen Wasser lassen. Der Durchfluss war beeinträchtigt.«

Die beiden Versionen eines in beiden Fällen gleichermaßen saudoofen Todes tauchen bis heute mit schöner Regelmäßigkeit in den Biografien des dänischen Astronomen auf. Weil man es genauer wissen wollte, exhumierte man den Wissenschaftler gleich mehrmals – sicher ist sicher.

Erste Exhumierung: Zur Dreihundertjahrfeier von Tycho Brahes Todestag lässt die Universität Prag 1901 seinen Sarg öffnen, kann aber hinsichtlich der Blase nicht viel sagen, weil kaum noch etwas davon übrig ist. Als freundliche Geste schickt man einige Barthaare des Toten in sein Geburtsland Dänemark. Fast ein Jahrhundert vergeht. 1994 wartet eine schwedische Universität mit einer Überraschung auf: Eine Untersuchung der Barthaare hat eine so hohe Konzentration von Quecksilber ergeben, dass man einen Mord nicht mehr ausschließen kann.

Hypothese Nr. 1: Angesichts der immer wiederkehrenden Anekdote vom zurückgehaltenen Urin ist es möglich, dass der Astronom entweder an Blasensteinen oder einer Prostatavergrößerung litt. Das gefundene Quecksilber stammte eventuell aus Medikamenten, die er selbst zusammengemischt und sich damit behandelt hatte.

Hypothese Nr. 2: Tycho Brahes Tod hat nichts mit Blasenproblemen zu tun, er ist vielmehr vergiftet worden. Kandidaten für die Tat gäbe es reichlich, angefangen bei Kepler, der Brahe wegen dessen Aufzeichnungen ans Leder gewollt haben könnte, bis hin zum König von Dänemark.

Es folgt die zweite Exhumierung – vermutlich, weil man bei der ersten Obduktion des verrotteten Astronomen schon so viel Kurioses herausgefunden hat, dass man sich die Chance auf weitere Seltsamkeiten nicht entgehen lassen will. Am

15. November 2010 wird Tycho Brahes Grab erneut geöffnet. Auch wenn immer weniger von dem illustren Toten übrig ist, entnimmt man Proben. Im November 2012 wird schließlich bekannt gegeben, dass eine Vergiftung als Todesursache ausgeschlossen werden kann. Stattdessen sei es am wahrscheinlichsten, dass Brahe an einer schweren Blaseninfektion starb.

Also doch wieder die Blase? Na gut. Nachdem die recht komplizierte Todesart nun einigermaßen aufgeklärt ist, müssen wir noch erzählen, dass Tycho Brahe auch schon viel jünger, aber ebenso dämlich hätte ins Gras beißen können. Dafür allerdings deutlich einfacher. 1599 duelliert sich der gute Mann nämlich mit einem rivalisierenden Kommilitonen und wird bei dieser Gelegenheit verletzt. Er stirbt zwar nicht, verliert aber seine Nase. Das Schwert trennt den Riechkolben unmittelbar unterhalb des Knorpels ab, und Tycho Brahe trägt sein Leben lang eine Prothese aus Gold. Dachte er zumindest. Bei der ersten Exhumierung jedoch fand man zufällig Spuren von Kupferoxid an seinem Nasenbein, die eine deutliche Sprache sprechen: Die Prothese bestand aus einer Gold-Kupfer-Legierung. Der Paparazzo der Planeten hat sich zeit seines Lebens einen Bären – äh, einen billigen aufbinden lassen. (B. L.)

Kopf oder Nase?

HERCULE SAVINIEN CYRANO DE BERGERAC (1619–1655)

Hercule Savinien Cyrano wird am 6. März 1619 nicht in Bergerac, sondern in Paris geboren. Nach Beendigung der

Schulzeit verdingt er sich in einem Garderegiment aus gascognischen Kadetten und nimmt am Dreißigjährigen Krieg teil, in dem sich Franzosen und Spanier gegenüberstehen. Bei der Belagerung von Arras wird er »durch einen Schwertstreich in den Hals« verwundet, quittiert den Militärdienst und kehrt nach Paris zurück. Hier hört er ab 1641 die Vorlesungen von Pierre Gassendi, einem französischen Theologen, Naturwissenschaftler und Philosophen, und mausert sich zum Freidenker. Er schreibt eine Tragödie und einen Roman, in Letzterem berichtet ein Ich-Erzähler von seiner Fahrt zum Mond und zur Sonne und von seinen Erlebnissen und Gesprächen mit deren Bewohnern. Der Text nimmt Denkweisen der Aufklärung vorweg und ist ein Vorläufer der Science-Fiction. Recht unverhohlene Kritik am Anthropozentrismus und vielen Ungerechtigkeiten, die in Europa gang und gäbe sind, bringen den Autor in Konflikt mit der Zensur.

1654 ereilt ihn ein tragischer Unfall. Unter ungeklärten Umständen fällt de Bergerac im Stadtpalast seines Protektors, des Herzogs von Arpajon, ein Balken auf den Kopf. Bis heute weiß man nicht, ob es sich um ein Attentat gegen den unbequemen Schreiberling oder eine natürliche Folge der Schwerkraft handelte. Jedenfalls macht sein Schutzbefohlener die Biege – was schon ein wenig verdächtig ist. De Bergerac, der die Attacke des Holzbalkens überlebt hat, findet Zuflucht bei einem Cousin in Sannois. Am 28. Juli 1655 stirbt er, angeblich versöhnt mit der christlichen Kirche.

Niemand weiß, auf welche Weise de Bergerac in Wahrheit dem bevorstehenden Tod ins Auge blickte. Edmond Rostand, ein Schreiberkollege, legt ihm in dem romantisch-komödiantischen Versdrama mit dem einfallsreichen Namen *Cyrano de Bergerac* im Angesicht des Todes jedenfalls Folgendes in den Mund:

»Nein, nicht hier im Sessel!
Und niemand soll mich stützen!
Nur der Stamm!
Er kommt, mir Marmorstiefel anzulegen,
Handschuh' von Blei!
Er kommt. Ich will ihm stramm
Ins Antlitz schauen ...«

(F. Ch.)

Forelle und Schluss

FRANZ SCHUBERT (1797–1828)

Der österreichische Komponist Franz Schubert, der nicht nur ein umfangreiches Werk hinterließ, sondern in der ganzen Welt wegen seines Opus post. 114 – D-667 in A-Dur berühmt geworden ist, das man gemeinhin unter dem Namen *Forellenquintett* kennt, soll an einer Fischvergiftung gestorben sein, die er sich in einer Herberge zugezogen hat. Die Herberge und das Fischgericht existierten tatsächlich. Es stimmt weiterhin, dass Schuberts Bruder Ferdinand an diesem Tag mit dem Komponisten gespeist hat. Die Krankheit und der nachfolgende Tod scheinen jedoch nur zufällige Begleiterscheinungen gewesen zu sein.

Im Gegensatz zum Ableben verschiedener anderer berühmter Komponisten der Zeit wie etwa Beethoven, gibt es zu Schuberts Tod keine medizinischen Aufzeichnungen. Allerdings fand man den Bericht eines Arztes, der ihn während seiner Krankheit besuchte und Typhus diagnostizierte. Im Übrigen ist bekannt, dass Schubert zu diesem Zeitpunkt bereits seit sechs Jahren an Syphilis litt. Heute weiß man Bescheid über die todbringende, damals aber übliche Behandlung mit Quecksilber, dass sie mehr Schaden anrichtete, als sie half. Uns erscheint es daher vernünftiger, die Schuld an Schuberts Tod den Quacksalbern als seinen Fischhändlern anzulasten. (B. L.)

Herzschmerz

ROBERT KOCH (1843–1910)

Der kleine Robert will Forscher werden. Schon früh interessiert er sich für die Natur und seziert kleine Tiere. Er wünscht sich lange Reisen und möchte eines Tages wissenschaftliche Forschungen betreiben. Er wird als drittes von dreizehn Kindern am 11. Dezember 1843 mitten im Harz in Clausthal geboren, das damals zum Königreich Hannover gehört. Die Brüder und Schwestern, die das Erwachsenenalter erreichen (es sind nicht alle), wandern nach Uruguay, Mexiko und in die Vereinigten Staaten aus. Offenbar ist der Harz zu dieser Zeit nicht schön genug, um dort dauerhaft sesshaft zu werden …

Als der mittlerweile große Robert Arzt geworden ist, bleibt er zwar in Deutschland, lässt sich aber in Hamburg nieder. Man kann ja nie wissen. Vielleicht gibt er ja doch eines Tages seinem Fernweh nach. Außerdem entkommt er so dem Harz.

1882 entdeckt Robert Koch den Erreger der Tuberkulose. Sobald es ihm möglich ist, bakteriologische Forschung mit Auslandsreisen zu kombinieren, nutzt er die Gelegenheit und leitet gleich im folgenden Jahr eine Cholera-Expedition nach Ägypten und Indien. Von nun an verbringt er ein Drittel seiner Zeit auf der Suche nach den Erregern der schrecklichsten Tropenkrankheiten auf dem Meer und im Urwald. Neben der Entdeckung des Tuberkuloseerregers forscht Koch auch über Typhus, Milzbrand, Cholera, Lepra, Pest, Tollwut, Malaria und allerlei andere Widerwärtigkeiten und widmet sich mit viel Hingabe der Frage nach der Herkunft der Wundrose.

Élie Metchnikoff, ein Schüler Louis Pasteurs (das ist der, der angeblich die vorbeugenden Impfungen gegen ansteckende Krankheiten erfunden hat), berichtet, dass Kochs Hygiene im Lebensmittelbereich manchmal ... na ja, zu wünschen übrig ließ. Dazu muss man wissen, dass der Deutsche bei seinen Aufenthalten in Paris gern üppig schlemmte. Auf den Bildern, die man von Robert Koch kennt, wirkt er zwar meist eher streng, doch in Wirklichkeit war er durchaus ein Bonvivant. Immerhin hat er sich fünfzigjährig mit einer Studentin eingelassen, die nicht einmal zwanzig Lenze zählte. Okay, das ist sozusagen ein Klassiker, bedarf aber einer eisernen Gesundheit.

Aber nach seinem sechzigsten Geburtstag im Jahr 1903 scheint er abzubauen. Robert Koch vertraut Freunden an, dass es mit ihm bergab geht. Spricht's und macht sich auf nach Japan, wo ihm sein Schüler Shibasaburo Kitasato höchste Verehrung entgegenbringt. Nach seiner Rückkehr 1908 jedoch gibt der Wissenschaftler das Reisen tatsächlich auf.

Am 17. Februar 1910 hält er eine muntere, ziemlich lange Rede zum Geburtstag eines Kollegen, und zwar im Freien in bitterer Kälte. Sechs Wochen später hat er einen Anfall von Angina Pectoris, den er überlebt. Man bringt ihn zur

Genesungskur nach Baden-Baden. Als er am 27. Mai nach einem guten Essen an der Balkontür noch ein bisschen frische Luft schnappen will, bleibt sein Herz stehen. Schluss, aus – Robert Koch ist Geschichte.

Häufig hört man das Gerücht, der große Bakteriologe sei an einer Ansteckung mit seinen Forschungsobjekten gestorben. Aber eigentlich ist sein Tod noch viel dümmer, um nicht zu sagen banal: Der Mann, der sein ganzes Leben lang mit gefährlichen, höchst ansteckenden Substanzen zu tun hatte, starb schließlich an einer lapidaren Herzschwäche. (O. Ch.)

Der appetitliche Senator

VICTOR BIAKA BODA (1913–1950)

»Es klingt wie ausgedacht, passierte aber tatsächlich: Im Jahre 1959 wurde Biaka Boda, ein Senator der Elfenbeinküste, mit einer offiziellen Mission im Landesinneren betraut. Er sollte Material für einen Bericht über die Ernährungsbedürfnisse der Bevölkerung zusammentragen. Aber anstatt Informationsmaterial an die Regierung zu liefern, diente der arme Senator ganz konkret dem Ernährungsbedürfnis der Bevölkerung: Während der Mission wurde Biaka Boda von Menschenfressern verspeist.«

So steht es im Buch *Lexikon der Sonderlinge* von Guy Bechtel und Jean-Claude Carrière. Die ebenso einfache wie rüde Anekdote hat das Potenzial einer Fabel. Leicht kann man sich vorstellen, wie ein ausgehungerter Stamm um ein großes Feuer sitzt und Koteletts und Schinken eines fetten

Würdenträgers herumreicht, der seine Untergebenen mit seiner Korpulenz geradezu verhöhnt. Leider ist an dieser Geschichte so gut wie alles falsch. Nicht nur das Datum, denn die Sache passierte schon 1950 und nicht erst 1959, sondern auch die Umstände und deren Folgen stimmen nicht.

Victor Biaka Boda wird am 25. Februar 1913 in Gagnoa in der früheren französischen Kolonie Elfenbeinküste geboren. Er studiert Medizin in Dakar und praktiziert in Guinea, wo er Sékou Touré kennenlernt, den späteren ersten Präsidenten und Diktator von Guinea. Nach seiner Rückkehr an die Elfenbeinküste schließt er sich der kommunistischen Bewegung Rassemblement Démocratique Africain (RDA) an.

Am 14. November 1948 wird Dr. Biaka Boda auf einen der Sitze im französischen Parlament gewählt, die den afrikanischen Kolonien zustehen. Er ist alles andere als ein fetter Würdenträger. Seine Zeitgenossen erleben ihn als streitlustigen, sehr aktiven Revoluzzer, der sich unermüdlich für die Gleichheit der Kolonisierten mit den Kolonialmächten einsetzt. In der Elfenbeinküste begeistert der junge Mann die Massen mit seiner Kritik am Kolonialismus. Der Gouverneur nimmt sich vor ihm in Acht, und auch der Vorsitzende der Parti Démocratique de Côte-d'Ivoire (PDCI), Félix Houphouët-Boigny, der unter der Hand mit den Franzosen über die Zukunft seines Landes verhandelt, hat mit der Nervensäge seine Probleme.

Im Januar 1950 hält sich Biaka Boda in der ivorischen Stadt Boaflé auf, wo ernste politische Unruhen aufflackern. Und dann verschwindet er plötzlich, ohne die geringste Spur zu hinterlassen. Französische Journalisten sprechen schnell von einem Ritualverbrechen, und die ebenso praktische wie exotische Mär, der afrikanische Senator sei von seinen Mitbürgern gefrühstückt worden, verbreitet sich in Windeseile.

Niemandem fällt der damit einhergehende Antiparlamentarismus und Rassismus auf, niemand stellt die Wahrscheinlichkeit der Story infrage.

Tatsächlich bleibt das Schicksal von Senator Biaka Boda mysteriös. 1953 wird er offiziell für tot erklärt, ohne dass eine Todesursache genannt wird. Wurde er Opfer seiner falschen Freunde bei der RDA? Hat man ihn eliminieren und seine Leiche verschwinden lassen?

Nein – eine Leiche gibt es. Man findet sie vier Tage nach dem Verschwinden Biaka Bodes enthauptet und an einem Baum aufgehängt. Die sterblichen Überreste werden zwar medizinisch untersucht, aber nie der Familie des Politikers überstellt, die bis heute nicht weiß, wo er begraben ist. In seinem Buch *La »Disparition« de Victor Biaka Boda* vermutet sein Neffe Devalois Biaka, dass der unglückliche Senator in einen Hinterhalt geriet. Entweder zwang ihn eine absichtlich herbeigeführte Autopanne, die Nacht bei einem Verräter zu verbringen, oder er wurde mitten in der Nacht von syrischen Hilfstruppen der französischen Armee gefangengenommen und zu Tode gefoltert.

Dass sich Biaka Bode sozusagen in Luft aufgelöst hat, lässt dem Vorsitzenden der PDCI freie Hand. Houphouët wird 1960 Präsident der dann von Frankreich unabhängigen Republik Côte-d'Ivoire und bleibt es bis zu seinem letzten Atemzug 1993.

Indem sie ihn bis in den Tod lächerlich machten, konnten sich sowohl die Partei PDCI als auch die französischen Behörden der Erinnerung an einen unliebsamen, weil glühend eifrigen afrikanischen Nationalisten entledigen. Ein halbes Jahrhundert sollte es dauern, ehe er rehabilitiert und sein Andenken gewürdigt wurde. Heute trägt ein Stadion in seiner Geburtsstadt Gagnoa seinen Namen. (B. F.)

Die Blonde und der Lastwagen

JAYNE MANSFIELD (1933–1967)

Die am 19. April 1933 in Bryn Mawr in Pennsylvania geborene Vera Jayne Palmer beginnt Mitte der 1950er Jahre als Jayne Mansfield eine Hollywood-Karriere. Mit ihrer wallenden blonden Mähne und dem geradezu perfekten Körper dreht sie innerhalb von nur etwa zehn Jahren fast dreißig Filme – ein echter Rekord! –, in denen sie so gut wie immer das vollbusige, blonde Dummchen mimt. Obwohl man sie oft mit ihrer damaligen Rivalin Marilyn Monroe vergleicht, erreicht sie nie deren Klasse. Sie spielt hauptsächlich in B-Movies mit einschlägigen Titeln wie *Sirene in Blond* (1957), *Die Liebesnächte des Herkules* (1960) oder auch *Heimweh nach St. Pauli* (1963). Außerdem posiert sie 1955 als Playmate für das Magazin *Playboy*.

Ihre Karriere endet abrupt am 29. Juni 1967, als sich ihr nagelneuer Buick unter das Heck eines Lastwagens schiebt. Jahrzehntelang hält sich hartnäckig das der posthumen Legende der Schauspielerin natürlich äußerst zuträgliche Gerücht, sie sei von der aus Blechen bestehenden Ladung des LKW enthauptet worden. Die Wahrheit ist deutlich prosaischer: Mansfield fuhr mit hoher Geschwindigkeit auf einer Landstraße in Louisiana, übersah den vor ihr bremsenden Lastwagen und raste hinein. Sie erlitt einen Schädelbruch, der dafür sorgte, dass sie noch an der Unfallstelle starb. (D. A.)

Brechreizend

JOHNNY ALLEN HENDRIX
genannt JIMI HENDRIX (1942–1970)

In dem Song *Belly Button Windows* spricht Jimi Hendrix
als ungeborenes Kind: »Und ich frage mich, ob sie mich
überhaupt wollen …« (*And I'm wondering if they don't want
me around*). Die Antwort erfolgt am 27. November 1942 in
Seattle, als Johnny Allen geboren wird.

Das schweigsame und verträumte Scheidungskind empfindet Konzerte von Elvis Presley und Muddy Waters als tief
bewegendes Erlebnis und wird Gitarrist. Bei seinen ersten
Auftritten in New York 1963 lässt er sprichwörtliche Klang-
bomben und tonale Raketen auf ein sprachloses Publikum
hinabregnen – er spielt so gut, dass man es beinahe nicht
glauben mag. Damit prägt und verändert er insbesondere
den Sound der Rock-Gitarre wesentlich, benutzt kom-
plexere Akkorde und für die Rockmusik ungewöhnliche
Akkordfolgen, wie sie bis dahin eher im Bereich des Jazz
eingesetzt wurden. Häufig setzt er den Tremolohebel ein
und kreiert völlig neue, psychedelisch und sphärisch klin-
gende Sounds auf der E-Gitarre. Mit der Gruppe *The Jimi
Hendrix Experience* verbrennt er sowohl seine Gitarre – im
übertragenen und im Wortsinn – als auch sein Leben bei
Konzerten in aufgeheizter Atmosphäre.

1967 veröffentlicht er unter anderem die Platte *Are you
experienced?* mit den Klassikern *Foxy Lady, Fire* und *Red
House*. Er verfällt dem LSD, dem Alkohol und schließlich
Monika Dannemann, die ihn zur Vernunft zu bringen
versucht. 1969 veröffentlicht der Klangartist eine live auf-
genommene Platte und tritt beim Festival in Woodstock

auf, während seine Landsleute die Hügel in Vietnam mit Napalm abfackeln.

Am 17. September 1970 will sich der *Guitar Hero* nach einer Jamsession in London erholen. Er nimmt mehrere Schlaftabletten aus einer Schachtel, die er neben dem Bett findet, und legt sich hin. Am Morgen findet seine Freundin Monika ihn noch schlafend vor, will ihn nicht stören und geht Zigaretten holen. Als sie zurückkommt, versucht sie, ihn zu wecken. Es gelingt ihr nicht. Sie ruft die Sanitäter. In der Zwischenzeit erstickt Jimi Hendrix an seinem Erbrochenen. Die Ärzte stellen eine auf Tabletten- und Alkoholmissbrauch zurückzuführende Vergiftung fest. Hendrix hat die zehnfache Menge der üblichen Dosis eingeworfen.

Eine andere Version »entlastet« Monika Dannemann. Sie soll den Rockstar im Krankenwagen begleitet haben. Schuld an Hendrix' brutalem Tod sei die Inkompetenz der Sanitäter gewesen. 1994 legt Scotland Yard das Szenario der von den Ereignissen überrollten Geliebten zu den Akten.

Beinahe zeitgleich mit seinem Tod wird Jimi Opfer einer üblen Nachrede, die ihm Heroinmissbrauch nachsagt, obwohl er sich zeitlebens vor Spritzen fürchtete. Ein Freund berichtet: »Als ich ihn kurz vor seinem Tod das letzte Mal sah, war er ein Wrack. Das Wissen, ein Produkt zu sein, hat ihn umgebracht.« (F. Ch.)

Sterbenshunger

ELLEN NAOMI COHEN
genannt MAMA CASS ELLIOT (1941–1974)

Die charismatische Sängerin der Rockgruppe *The Mamas and the Papas*, die Ende der 1960er und Anfang der 1970er Jahre die Charts stürmte, starb ausnahmsweise einmal nicht an Alkohol oder Drogen, wie andere Showgrößen dieser Zeit. Die Mehrheit der Biografien dichten ihr einen noch wesentlich dümmeren Tod an: Im Juli 1974 soll Mama Cass in ihrem Hotelzimmer an einem Sandwich erstickt sein.

Wie so oft hält das Gerücht einer näheren Betrachtung nicht stand. Allerdings muss man sich fragen, ob die Wirklichkeit nicht fast noch absurder ist als die Legende.

Seit ihrer Kinderzeit ist Ellen Naomi Cohen, meist Mama Cass Elliot oder oft nur Elliot genannt, stark übergewichtig. Sie macht die üblichen Stadien durch: Bulimie, Schuldgefühle, Zwangsneurosen, Atembeschwerden. Dabei ist es gerade ihre voluminöse Gestalt, die sie, abgesehen von ihrer klaren Stimme und ihrem mitreißenden Humor, zu einer weltbekannten Rockgröße werden lässt. Selbst der Film wird auf sie aufmerksam. Ihr Leben hätte wundervoll und glücklich sein können – wäre da nicht ihre Korpulenz gewesen, die sie zeitlebens störte, und zwar sowohl mental als auch in ihrer Beweglichkeit. Sie pilgerte von Arzt zu Arzt und machte immer wieder drastische Diäten, für die sich ihr Körper mit Bulimieanfällen rächte. Der sprichwörtliche Jojo-Effekt schwächte ihr ohnehin schon müdes Herz.

Die Sandwich-Legende verdanken wir einem schwatzhaften Arzt. Neben der Leiche von Mama Cass in einem Appartement am Curzon Place in London fanden sich ein

Schinkensandwich und eine Flasche Coca-Cola. Am Abend zuvor hatte die Sängerin noch ein triumphales Konzert im Londoner Palladium gegeben. Nach dem Auffinden der Toten erging sich der herbeigerufene Doktor angesichts der geifernden Journalisten in Vermutungen, ohne die Obduktion abzuwarten. Er behauptete, dass Mama Cass wahrscheinlich an einem Stück Brot erstickt sei, und fügte hinzu, dass es für eine Person ihres Gewichts gefährlich wäre, im Liegen sowohl Weißbrot als auch ein sprudelndes Getränk zu sich zu nehmen.

Klingt das nicht selten dämlich?

Die Obduktion ergab einen Herzinfarkt. Die Atemwege der Sängerin waren frei. Das Sandwich wurde rehabilitiert, zumal die Öffentlichkeit gleichzeitig erfuhr, dass Mama Cass bei ihrer letzten Diät innerhalb von sechs Monaten vierzig Kilo abgenommen hatte. Die Gerüchteküche aber brodelte fröhlich weiter. Nahrung erhielt sie aus einem fast unglaublichen Zufall: Ziemlich genau vier Jahre später fand man in exakt der gleichen Wohnung am Curzon Place, die dem Singer-Songwriter Harry Nilsson gehörte, die Leiche des Drummers von *The Who*, Keith Moon. Er starb am gleichen Ort und im gleichen Alter wie Mama Cass. (B. L.)

Falsch gegürtet

MICHAEL HUTCHENCE (1960–1997)

Kosenloser Sex, billige Drogen und haufenweise Ruhm: Michael Hutchence, Gründungsmitglied und Leadsänger der Rockgruppe INXS, konnte diesem Schreckgespenst vieler Rocksänger nicht entkommen.

Die 1977 gegründete Gruppe hat zunächst nur in Australien Erfolg, wird aber dank des Albums *Kick* schnell einer breiten Öffentlichkeit bekannt und schafft es in die Charts. Vor allem die Singles *Devil Inside* und *Need you tonight* mit dem eingängigen Gitarrenriff gefallen einem Millionenpublikum. Der plötzliche weltweite Erfolg hat Auswirkungen auf die Gruppe und ihren Sänger. Nachdem das Album *X* 1990 noch international Furore macht, beginnt ab 1992 der langsame, aber unaufhaltsame Abstieg. Die Verkaufszahlen gehen zurück.

Michael Hutchence wird darüber nicht nur depressiv, sondern erweist sich als zunehmend gewalttätig. Auch sein Liebesleben ist alles andere als stabil. Nach einer Beziehung mit Kylie Minogue und einem Techtelmechtel mit dem dänischen Model Helena Christensen hat der Sänger eine sehr stürmische Beziehung mit der britischen Fernsehmoderatorin Paula Yates, die zu diesem Zeitpunkt noch mit dem Musiker Bob Geldof verheiratet ist. Die verworrene eheliche Situation stürzt Paula Yates in tiefe Depressionen. Sie stirbt im Jahr 2000 an einer Überdosis Heroin und beschleunigt auch das Ende von Hutchence. Am 22. November 1997 findet man Hutchence tot in seinem Zimmer im Ritz-Carlton in Sydney. Er ist nackt und hängt an der Tür, den Gürtel um den Hals gelegt.

Die Untersuchungen legen den Schluss nahe, dass es sich um einen Suizid handelt, denn bei der Obduktion findet man große Mengen Alkohol und Antidepressiva in seinem Blut. Einige Einzelheiten deuten auch auf autoerotische Spiele hin, die der Sänger häufig praktizierte. Vielleicht ist dabei etwas schiefgegangen. Wie auch immer es am Ende gewesen sein mag: Die Welt hat einen großartigen Musiker weniger. (D. A.)

Schlusswort

Trotz der Sicherheitsvorschriften, die es heutzutage für alles und jedes gibt, füllen dämliche Todesarten nach wie vor die Seiten der Boulevardpresse. So wurde zum Beispiel der amerikanische Regisseur BORIS SAGAL (1923–1981) vom Heckrotor eines Hubschraubers enthauptet; sein Landsmann, der Schauspieler Jon-Erik Hexum, überlebte den Einsatz einer Platzpatrone nicht, und der Soulsänger Marvin Gaye bekam eine versehentlich abgeschossene Kugel ab, weil er die blöde Idee hatte, seinem Vater als Geschenk eine Pistole zu überreichen. Und was soll man erst zu dem jungen italienischen Schauspieler RENATO DI PAOLO (1977–2000) sagen, der seine Rolle als Judas so wörtlich nahm, dass er sich am Tag vor Ostern unabsichtlich erhängte? Ganz zu schweigen von dem Schauspieler DAVID CARRADINE (1936–2009), der ebenfalls das Opfer von Kabeln wurde, die er, wie es heißt, für autoerotische Strangulierspielchen benutzte. (R. I. P., Michael Hutchence!)

Aber das dämliche Sterben ist nichts, was berühmte Leute für sich gepachtet haben. Ein verrückter Tod kann in unserer Mediengesellschaft auch Otto Normalverbraucher zumindest posthum einen gewissen Ruhm bescheren. Auf diese Weise ging zum Beispiel der Name des Rechtsanwalts Gerry Hoy um die Welt. Der gute Mann versetzte einer Fensterscheibe mit der Schulter heftige Stöße, um zu beweisen, dass sie unzerbrechlich war. War sie auch. Dafür sprang jedoch das ganze Fenster aus der Verankerung, und Freund

Gerry legte die vierundzwanzig Stockwerke so schnell wie nie zuvor (und nie mehr danach) zurück. Man belohnte ihn dafür mit dem Darwin Award, einem fast immer posthum verliehenen Preis für Menschen, die sich versehentlich selbst töten oder unfruchtbar machen und dabei ein besonderes Maß an Dummheit an den Tag legen. Genau genommen müssen wir ihnen dankbar sein, dass sie der Spezies Mensch einen Gefallen tun, weil sie die Verbreitung des eigenen Erbguts so effektvoll verhindern. Preisträger waren bisher unter vielen anderen ein Soldat, der mit Handgranaten jonglierte, und zwei belgische Einbrecher, die eine Bank mit so viel Dynamit in die Luft sprengten, dass sie unter den Trümmern der Fassade verschüttet wurden.

Es ist so, wie der französische Autor Louis Guilloux einmal schrieb: »Ich war schon immer der Meinung, dass der eigene Tod nicht misslingen sollte. Man muss den Tod als Erfolg sehen, als große Vollendung oder als Zusammenschluss mit sich selbst.«

Die Furcht, den eigenen Abgang zu vermasseln, raubt nicht nur den Autoren dieses Büchleins die Ruhe, sondern färbt vermutlich auch auf den Leser ab. Jedem von uns droht ein mehr oder weniger dämlicher Tod. Jedem.

Über die Autoren

David Alliot, geboren 1973, arbeitet in einem Verlag und hat Werke über Louis-Ferdinand Céline, Aimé Césaire, Voltaire und das Buchwesen veröffentlicht. Seit etwa fünfzehn Jahren unterrichtet er am Institut National de Formation des Libraires und bildet dort Buchhändler aus.

Olivier Chaumelle, Jahrgang 1968, arbeitet als Produzent beim Radiosender France Culture. Er begeistert sich für skurrile Persönlichkeiten und widmet ihnen häufig Dokumentationen.

Philippe Charlier ist Dozent für Rechtsmedizin und forscht am Labor für Medizinethik in Paris. Er ist Spezialist für gerichtsmedizinische Anthropologie und interessiert sich besonders für den Zustand toter Körper.

Frédéric Chef wurde in Langres geboren und lebt in Reims. Von ihm stammen die von Daniel Casenave illustrierten Publikationen *Les Ardennes en zigzags* und *La Champagne impertinente*. Gemeinsam mit Casenave schrieb er außerdem Szenario und Dialoge des Comics *Villain, l'homme qui tua Jaurès*.

Bruno Fulgini, geboren 1968, arbeitet als Schriftsteller und Historiker. Er ist Beamter im gehobenen Dienst, Dozent für Politikwissenschaften und Autor von sechzehn Büchern über die Geheimnisse französischer Politikgeschichte.

Bruno Leandri erblickte 1951 in Courbevoie das Licht der Welt. Er ist Autor und Drehbuchautor und war lange Zeit Mitarbeiter der monatlich erscheinenden Comiczeitschrift *Fluide glacial*. Außerdem ist er Mitautor der *Grande Encyclopédie du dérisoire*, in der es um die kleinen Mysterien des Alltags geht und das bislang nur auf Französisch erschienen ist.

Register

Liebesspiel in der Gefahrenzone

Felix Fröhlich / Helene Nova
DER HÖHEPUNKT KOMMT
VOR DEM FALL
Die peinlichsten
Sex-Unfälle
192 Seiten
ISBN 978-3-404-60761-7

Passt man nur kurz nicht auf, geschehen die verrücktesten Dinge. Vor allem beim Sex. So hat ein Pärchen, das im Auto zugange war, die Handbremse nicht angezogen und schwups, knallt der Wagen durch die Glasfront eines Fastfood-Restaurants. Doch auch zu Hause ist man nicht sicher, zumindest dann nicht, wenn dort der eifersüchtige Kater der Geliebten lauert …

Geschichten von Sex-Unfällen gehören zu den ganz großen Mythen der Gegenwart und das nicht ohne Grund, denn sie sind einfach irre lustig. Helene Nova und Felix Fröhlich haben die peinlichsten und absurdesten Begebenheiten aus dem Bett gesammelt. Oder dem Garten. Oder der Küche. Oder …

Bastei Lübbe

»Ich warne dringlichst vor diesem Buch! Wer eben noch meinte, ganz normal zu sein, stellt plötzlich fest: Ich bin ein Freak!« Bernhard Hoëcker

Philipp Möller
BIN ISCH FREAK,
ODA WAS?!
Geschichten aus einer
durchgeknallten Republik
336 Seiten
ISBN 978-3-404-60758-7

Die Schulglocke klingelt, das Hoftor fällt hinter mir zu. Meine Tage als Aushilfspauker sind vorbei. Und jetzt? »Bin ich froh, diese Freak-Show endlich hinter mir zu haben«, sage ich so lässig wie möglich. Mein Kollege Geierchen runzelt die Stirn: »Pass ma uff: Schule is 'ne Miniaturlandschaft unserer Jesellschaft. Und wenn de denkst, Möller, die Minifreaks war'n schon crazy – denn schau dir erstma die ausgewachsenen Exemplare an!«
Leben wir tatsächlich in einer Nation der Übertreiber, Spinner und Durchgeknallten? Philipp Möller trifft trinkfreudige Burschenschaftler, kampflustige Veganer und erleuchtete Weltenlehrer und stellt sich immer häufiger die Frage: Wer sind eigentlich die wahren Freaks in unserem Land?

Bastei Lübbe

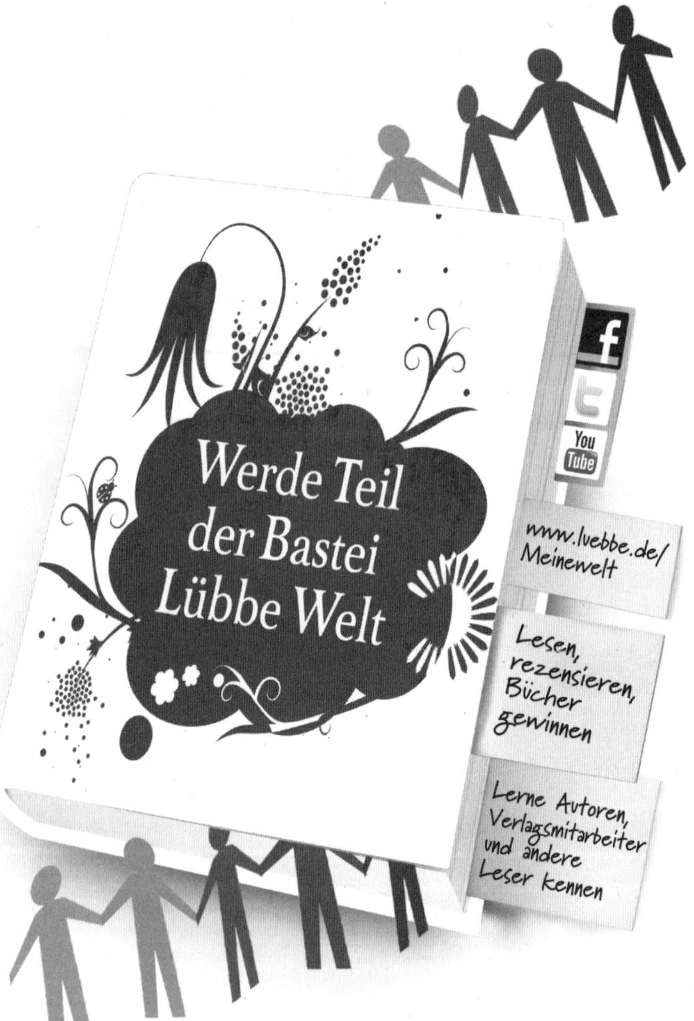
Werde Teil der Bastei Lübbe Welt
You Tube
www.luebbe.de/ Meinewelt
Lesen, rezensieren, Bücher gewinnen
Lerne Autoren, Verlagsmitarbeiter und andere Leser kennen

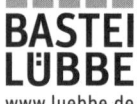